江西财经大学会计系列教材

# 财经法规与会计职业道德

王建辉　主编

中国财政经济出版社

**图书在版编目（CIP）数据**

财经法规与会计职业道德/王建辉主编．—北京：中国财政经济出版社，2010．3
（江西财经大学会计系列教材）
ISBN 978－7－5095－2026－0

Ⅰ．财…　Ⅱ．王…　Ⅲ．①财政法－中国－高等学校－教材②经济法－中国－高等学校－教材③会计人员－职业道德－高等学校－教材　Ⅳ．D922．2　F233

中国版本图书馆 CIP 数据核字（2010）第 024832 号

责任编辑：李静 等　　　　　　责任校对：杨瑞琦
封面设计：耕　者

中国财政经济出版社出版
URL：http：//ckfz. cfeph. cn
E－mail：ckfz @ cfeph. cn

社址：北京市海淀区阜成路甲 28 号　邮政编码：100142
发行处电话：88190406　财经书店电话：64033436
北京富生印刷厂印刷　各地新华书店经销
787×960 毫米　16 开　17.75 印张　321 000 字
2010 年 3 月第 1 版　2012 年 7 月第 4 次印刷
印数：9 061—12 070　定价：35.00 元
ISBN 978—7—5095—2026—0/F・1995
（图书出现印装问题，本社负责调换）
本社质量投诉电话：010—88190744

# 江西财经大学会计系列教材

## 编　委　会

# 序

人类进入了21世纪，世界经济日益走向全球化，我国加入了世界贸易组织（WTO），我国社会主义经济建设更加快速发展，举世瞩目。在新世纪、新经济、新环境中，在国际上，为了适应全球贸易经济和全球资本市场发展的需要，1973年创立的国际会计准则委员会（IASC）改组为国际会计准则理事会（IASB），促使全球的会计准则不断走向高质量，进一步提高了企业财务报告的透明度、可比性和充分披露。在国内，我国的会计事业蓬勃发展，2006年2月15日财政部颁布新的《企业会计准则——基本准则》及38项具体会计准则，并切实加强各方面的监管之后，以摧枯拉朽之势，生气蓬勃地向国际准则趋同。我国原任证监会首席会计师张为国博士，也遴选为国际会计准则理事会（IASB）的理事，从而大大提高了我国在国际会计准则理事会中的地位和话语权。

历史的发展昭示我们：发达的经济需要发达的会计（或簿记）为其服务，因此，一定时间、一定区域的经济发展，必须带动当时当地的会计的发展。15世纪后期地中海海上贸易的发达，带动了意大利半岛各城帮商业簿记的创新与发展；18~19世纪英国产业革命的兴起，产生了“英国簿记”；两次世界大战得天独厚的美国，其国民经济的发展，推动了现代会计在美国的高速发展。同样的道理，为经济各部门服务的会计的发展也必然驱动并促进会计学术和会计教育的发达。

我国在十一届三中全会以来，实施改革开放政策，国民经济各个方面齐头并进，飞速发展。经济越发展，会计越重要。1985年全国人大常委会通过我国第一部《会计法》，1992年我国财政部发布《企业会计准则》（基本准则），随后又发布了若干具体会计准则及征询意见稿，1993年全国人大常委会通过《注册会计师法》，1994年通过《审计法》，2000年国务院公布《企业财务报告条例》，2001年财政部又颁发了新的不分行业的《企业会计制度》，在连续经过多年的准则国际化和“特色化”的研讨之后，终于于2006年2月15日由财政部印发了修订的《企业会计准则——基本准则》和配套的38项具体会计准则，迈上与国际会计准则趋同的轨道。

五年来，随着我国加入WTO，社会主义市场经济一枝独秀。经济的增长，引发了人才、资金等资源的大量需求。在财务会计人才供不应求的形势下，全国各种类型的大专院校无不设有会计学专业，本科和专科的会计教育得到空前的发展。与此同时，面向21世纪的会计学各学科的课程教材也陆续上市，百花齐放，绚丽多彩。江西财经大学会计学院是这奇葩中亮丽的一朵，他从事会计学教学将近半个世纪，为国家和社会培养、输送了各种类型的财经人才。在张蕊博士出任院长期间，做大做强，已开创辉煌的业绩，并曾积极组织老师编撰符合新形势要求的会计系列教材，遴选的主编皆具有硕士、博士学位，他们将自己多年积累的较丰富的教学科研经验，凝聚于教材中，为连续多年来教学成绩的显著提高作出了贡献。在蒋尧明博士续任院长后，为了迎接今年颁发的新修订的企业会计准则在2007年1月1日起的施行，决定在总结原系列教材经验的基础上更新、丰富教材的内容，以推进教学质量的进一步提高，在新的起点上更创辉煌。

高质量教材的编撰，可以促进开展科学研究，提高科研能力，引发辩论，持续探索和研讨，浓厚学术研究气氛。编撰这套教材，要求以科学发展观和“三个代表”的思想教育为指针，贯彻小平理论“面向现代化，面向世界，面向未来”的教育思想，力求做到继承与创新并举，技能、素质培养与道德品质并重。在新教材出版首稿试用后，将尽快收集教师和学生的意见，根据形势的发展与需要，在再版之前再次更新，使教材能及时除旧创新，吸收新鲜的观点和内容，保持常新。

这套教材的编撰和出版，得到我校和我院党政领导的大力鼓励与支持，还得到中国财政经济出版社会计分社徐洁社长的鼎力支持，谨在此一并表示感激之情。再者，这套教材的编写，尽管我们是全力以赴，但限于能力和水平，差错在所难免，敬请批评指正。

**裘宗舜**

**2006年12月**

# 前 言

随着我国市场经济不断深入发展，市场经济成份和企业组织形式出现多样化，产生了多种不同的利益主体，会计工作面临的社会环境日臻复杂。与此同时，社会各界对会计信息的质量要求也越来越高。在这样的环境下，会计人员不仅要有较高的专业技术水平，还必须具有一定的法律知识和职业道德水准，才可能适应新环境的要求。为了贯彻依法治国和以德治国的思想，促进会计人员业务素质、政策水平和职业道德的提高，更好地服务于市场经济，我们按照会计从业资格管理的要求编写了此书。该书具有以下特点：

其一，内容新颖。2009 年 10 月 26 日，财政部印发了新修订的《会计从业资格考试大纲》，自 2010 年 1 月 1 日起施行。为了适应广大读者的需要，该书是按照财政部最新颁布的大纲进行编写的。

其二，重点突出。该书编写中突出了会计从业人员必备的知识结构，力争做到与会计专业技术资格考试科目的有效衔接，层级明晰、结构科学，聚焦考点、重点突出、难度适中。有利于会计从业资格考试，选拔合格的会计从业人员，保证会计从业质量。

其三，实用性强。该书在编写过程中，注重法规理论与实际案例相结合，我们在每一节中都编有实际案例进行分析，从而加深读者对相关法规的理解与认识。为明确各章架构及重点，每章前有学习目的，每章后有小结，为了帮助读者掌握各章内容，每章后还配有大量的练习题。

其四，适用范围广。该书既可作为大专院校会计专业在校学生的教材，又可成为会计人员参加会计从业资格考试的复习资料。附录中选用的主要财经法规，还可为需要了解财经法规知识的读者服务。

本书由王建辉担任主编，负责总体框架设计、拟定编写提纲以及总纂和定稿。程淑珍担任副主编，负责对初稿进行修订。本书各章节撰写分工如下：王建辉担任第一章第一、第二节及第四章的编写；程淑珍担任第一章第三、第四、第五、第六节的编写；严真红担任第二章的编写；唐广担任第三章的编写；蒋珩担任第五章的编写。

本书属江西财经大学规划教材，在编写和出版过程中得到了江西财经大学会计学院领导的大力支持，以及中国财政经济出版社会计分社徐洁社长的热忱帮助，在此一并表示诚挚的谢意！

随着会计改革的不断深化，财经法规与会计职业道德对规范会计行为，整顿会计秩序，发挥会计职能有极大的促进作用，这也是我们编写此书的目的。由于我国的财经法规体系尚未健全，再加上我们的水平有限，书中难免有不妥与疏漏之处，恳请广大读者和专家提出宝贵的意见。

编　者

2010 年 1 月

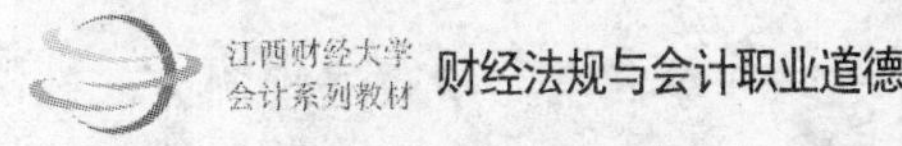


# 目录 CONTENTS

# 第一章 会计法律制度

**本章学习目的**

通过本章的学习，了解我国会计法律制度的构成及会计法规的历史沿革，理解会计法律关系的概念和特征以及构成要素和会计法规形式，掌握会计法规体系的内容；熟悉会计核算的一般要求以及会计监督的主体和内容。掌握会计核算的具体要求，会计人员的任职资格以及违反会计法律制度应承担的责任。

## 第一节 会计法律制度的构成

### 一、会计法规概述

会计法规是会计法律制度的简称，是指国家权力机关和行政机关制定的用以调整社会经济活动中会计关系的规范性文件的总称，包括会计法律、会计行政法规、会计部门规章和会计规范性文件四个层次。

#### （一）会计法规的特征

会计法规作为法律体系的重要组成部分，除具有法律规范的一般性特征外，也具有自身的特点，主要表现在以下几点：

1. 强制性

强制性是一切法律规范的共同特征，会计法规也不例外，同样需要借助于国家政权的强制力保证其实施和运行。会计法规主要是通过其规范性要求来引导会计行为，以保证会计资料的真实与可靠。当会计行为与会计法规相冲突时，会计行为必须无条件地服从会计法规的规定，若违反了会计法规的规定，将承担相应的法律责任。因此，会计法规同样具有强制性。

2. 标准性

会计法规具有明确的评价标准，人们可以根据这些标准判断哪些会计行为是合法的，哪些会计行为是不合法的，使会计法规成为衡量会计行为是非曲直的重要标准。当然，会计法规的标准性也不是一成不变的，随着客观经济环境的变化，会计法规也需要不断地修订和完善，但应保持相对的稳定性和连续性。因此，会计法规的标准性也具有一定的时效性。

3. 普遍适用性

会计法规的效力对象具有广泛性，即在我国范围内任何单位的会计行为都将得到会计法规的承认和保护，任何单位和个人的违法行为均将受到法律的制裁。会计法规的调整对象是所有发生会计行为的单位和个人，并不针对具体的人和事，具有普遍的适用性。

4. 可预测性

会计法规明确规定了哪些会计行为是合法的和应该奖励的，哪些会计行为是不合法和必须禁止的。因此，人们就可以借助会计法规的规范性要求，预测会计行为的未来发展和某一具体行为所应承担的法律后果，具有可预测性。

### （二）会计法规的作用

会计法规的作用是指会计法规对会计行为以及最终对社会所产生的影响。会计行为和社会关系是会计法规的两大作用对象，而会计法规要作用于社会关系必定要对会计行为进行调整。《中华人民共和国会计法》（以下简称《会计法》）第一条“为了规范会计行为，保证会计资料真实、完整加强经济管理和财务管理，提高经济效益，维护社会主义市场经济秩序制定本法”指出了《会计法》的立法宗旨与作用。

1. 会计法规的规范作用

会计法规的规范作用是指会计法规作为行为规则直接作用于会计行为所产生的影响。

（1）指引作用。指引作用是指会计法规对会计行为起到导向、引路的作用，为法人（单位）、财会人员的会计行为提供一个模式、标准和方向，将人们的行为导向合法的轨道。如《会计法》第二条规定：“国家机关、社会团体、公司、企业、事业单位和其他组织（以下统称单位）必须依照本法办理会计事务。”第三条规定：“各单位必须依法设置会计账簿，并保证其真实完整。”

（2）评价作用。评价作用是指会计法规具有判断、衡量会计行为是否合法或违法以及违法性质和程序的作用。《会计法》第六章中有多条授权县级以上地方人民政府财政部门对违法会计行为进行行政处罚的规定。

（3）预测作用。预测作用是指根据会计法规可以预先估计相互间的会计行为及其行为的后果，从而对会计行为作出合理的安排。因为会计法规具有规范性、确定性的特点，可为会计行为提供预测。

（4）教育作用。教育作用是指通过会计法规的实施对法人及财会人员的会计行为所产生的影响。具体来说通过三种方式实现：首先，通过制裁违法行为，对违法者本人以及法人和其他财会人员都具有教育和警戒作用；其次，通过对合法行为加以保护、赞评或奖励，对所有财会人员都有鼓励和示范作用；最后，通过实施会计法规，可以在实践中更高层次上体会到会计法规的教育作用。

（5）强制作用。强制作用指对违法行为具有制裁、惩罚的作用。《会计法》对违反规定的行为有以下制裁、惩罚措施：通报、限期改正、罚款、行政处分、吊销会计从业资格证书和追究刑事责任。

2. 会计法规的社会作用

会计法规的社会作用是加强会计基础工作，建立规范的会计工作秩序，提高会计工作水平。各单位应当依据有关法规和会计法规的规定，加强会计基础工作，严格执行会计法规制度，保证会计工作依法有序地进行。

### （三）会计法规的基本原则

会计法规的基本原则是在《会计法》的立法和具体应用中所应当遵循的准则。它是《会计法》精神和价值的反映，是《会计法》宗旨和本质的具体体现。会计法规的基本原则有：

1. 合法性原则

国家机关、社会团体、企事业单位、个体工商户和其他组织办理会计事项，必须遵守《会计法》的有关规定；会计机构、会计人员必须遵守法律法规，按照《会计法》的规定办理会计事项，进行会计核算，实行会计监督。

2. 统一性原则

会计工作由财政部统一领导、分级管理，各单位必须按照国家统一的会计制度，并按照本地区、本业务主管部门或总后勤部制定的实施办法或补充规定进行会计活动。下级制定的实施办法不得与国家统一的会计制度相抵触。

3. 权威性原则

会计法规制定、发布和实施日期要通过权威机构。这些权威机构是国家的立法或行政部门。如《会计法》由全国人大常委会通过和发布，会计准则的制定、发布由财政部会计准则委员会进行。会计法规之所以能够作为会计核算工作必须遵守的规范和处理会计业务的准绳，关键因素之一就在于它的权威性。

## 二、我国会计法规体系的建立与完善

### （一）我国会计制度的建立

新中国成立后，财政部即成立了会计制度司和会计制度审议委员会，负责我国会计制度的制定与审议工作，先后颁布了《总预算会计制度》、《单位预算会计制度》、《国营企业材料会计处理办法》等规章，初步建立了全国统一的会计制度。1954～1960年，我国会计制度进一步健全，先后制定并颁布了《预算会计账簿凭证报表保管销毁暂行办法》、《关于国营企业会计核算工作规程》、《会计人员职权试行条例》等等。在之后的"文化大革命"期间，会计制度建设处于停滞状态。由于从新中国成立到改革开放期间，我国实行的是社会主义计划经济体制，所有制形式单一，国营企业占绝对的主导地位，利益主体单一，对会计和会计行为规范的要求相对比较简单，所以几十年来没有形成对会计规范的强烈需求，主要工作集中在制定国家统一的会计制度上，而高度统一的会计制度是与该经济体制相适应的，因而对我国经济的发展发挥了一定积极的作用。

### （二）我国会计法规体系的形成

自改革开放以来，市场经济体制的建立与发展，所有制形式产生了很大的变化，建立符合社会主义市场经济要求的社会主义会计法规体系迫在眉睫。在各方的努力下，于1985年1月21日第六届全国人民代表大会常务委员会第九次会议审议通过了《会计法》，这是新中国第一部会计基本法。在以后的几年里，以《会计法》为核心逐步建立了具有中国特色的社会主义会计法规体系。在会计核算制度方面初步形成了由财政部统一管理和协调的工业、供销、粮食、物资、外贸、金融等行业会计核算制度体系；在会计人员管理制度方面国务院颁布了《会计人员职权条例》和《总会计师条例》等。1992年年底，我国第一次颁布了《企业会计准则》和《企业财务通则》，并陆续制定和颁布了13个分行业会计制度。1993年10月31日，第八届全国人大常委会第四次会议审议通过了《中华人民共和国注册会计师法》，1994年1月1日起实施。至此，我国已初步建立了以《会计法》、《注册会计师法》为核心的会计法规体系。

### （三）我国会计法规体系的完善

《会计法》的修订和完善。为满足改革开放、经济体制转变等对《会计法》的需求，解决《会计法》在运行中存在的问题，我国于1993年12月29日和1999年10月31日先后两次修订了《会计法》。

完善其他会计法规的建设。从1994年至2004年，先后颁布了《代理记账管理暂行办法》、《会计基础工作规范》、《事业单位会计准则》、《事业单位会计制度》、《会计人员继续教育暂行规定》、《股份有限公司会计制度》、《会计档案管理办法》、《企业财务会计报告条例》和《企业会计制度》、《金融企业会计制度》、《小企业会计制度》等。至此，初步建立了一套符合我国国情的比较完整的会计法规体系，为后续的会计改革奠定了基础。

最近几年，财政部又进行了一系列重大会计改革，使我国的会计法规体系更加完善，在会计准则体系的建设方面，实现了与国际财务报告准则的实质性趋同。财政部于2006年2月15日发布了包括基本准则和38项具体准则在内的39项企业会计准则，建立了既有中国特色又与国际财务报告准则趋同的新会计准则体系。

## 三、会计法规形式和体系

### （一）会计法规形式

法的表现形式问题实质就是法的效力等级问题。根据宪法和有关法律的规定，我国法律的主要形式有宪法、法律、行政法规、地方性法规、自治条例和单行条例、行政规章、特别行政区的法律和国际条约。会计法规是通过一定的程序由国家立法部门、行政管理部门或授权团体制定和发布的，实现形式是具体的、明确的、正式形成文字的成文规定。我国的法律制度采用成文法形式，会计法规也是成文法。我国目前的会计法规形式主要有：

（1）法律是依据宪法的原则和规定制定的，其地位低于宪法，但高于其他的法律渊源，由全国人大及其常委会制定或修改。在我国，会计法律有《会计法》和《注册会计师法》。

（2）行政法规是最高国家行政机关国务院制定的有关国家行政管理方面的规范性文件，其地位和效力低于宪法和法律。如《企业财务会计报告条例》、《总会计师条例》、国务院批准并由财政部发布的《企业会计准则》、《企业财务通则》等。

（3）行政规章是指国务院各部委和省、自治区、直辖市以及省、自治区人民政府所在地的市和国务院批准的较大的市的人民政府为了管理行政事务所制定的法律规范性文件，如财政部颁布的《企业会计制度》、《金融企业会计制度》、《小企业会计制度》等。

（4）地方性法规是指省、自治区、直辖市以及省、自治区人民政府所在地的市和经国务院批准的较大的市的人民代表大会及其常委会，在其法定权限内制定的法律规范性文件。地方性法规具有地方性，只在本辖区内有效，其地位低于宪法、法律和行政法规，不得与宪法、法律和行政法规相抵触。如 2004 年 10 月 29 日深圳市人民代表大会常务委员会公告第 117 号《深圳市会计条例》。

（5）自治条例和单行条例是民族自治地方的人民代表大会依照法定的自治权，在其职权范围内制定的带有民族区域自治特点的法律规范性文件。如 2005 年 9 月 29 日，内蒙古自治区第十届人大常委会第十八次会议通过并于 2005 年 12 月 1 日起实施的《内蒙古自治区会计条例》。

## （二）会计法规体系

改革开放至今，我国先后制定了一系列的会计法规，会计法律制度体系建设取得了举世瞩目的成就，基本形成了以《会计法》为主体的比较完整的会计法律制度体系。目前，我国会计法律制度体系主要包括四个层次：会计法律、会计行政法规、国家统一的会计制度和地方性会计法规。

1. 会计法律

会计法律是指由全国人民代表大会及其常委会经过一定立法程序制定的有关会计工作的法律——《会计法》。2000 年 7 月 1 日起实行的《会计法》是会计法律制度中层次最高的法律规范，是会计工作的基本法，是制定其他会计法规的依据，也是指导我国会计工作的最高准则。

（1）《会计法》的立法宗旨。《会计法》的立法宗旨是规范会计行为，保证会计资料真实、完整，加强经济管理和财务管理，提高经济效率，维护社会主义市场经济秩序。

（2）《会计法》的适用范围。《会计法》的适用范围包括对人的效力范围、空间上的效力范围、时间上的效力范围。

《会计法》对人的效力范围是指：一是办理会计事务的单位和个人，包括国家机关、社会团体、公司、企业、事业单位和其他组织；二是主管机关和其他经济监督机关，包括各级财政部门以及审计、税务、人民银行、证券监管、保险监管等部门。

《会计法》在空间的效力范围应理解为除中国香港、澳门、台湾地区之外的中华人民共和国领域。中国香港、澳门、台湾地区的会计事务不受《会计法》约束。在中华人民共和国境外的中国投资企业应当执行所在国的法律，不受中国会计法的约束。但是，这些企业在向国内提供财务会计报告和其他会计资料时，应当按照国内法律和投资主体的要求进行。我国驻外使馆，由于不受外国管辖又不与所在国直接发生经济业务事项，故只执行国内会计法律，不执行所在国的会计法律。

《会计法》在时间的效力范围是其开始实施或终止的时间。1999 年 10 月 31 日修订的《会计法》，自 2000 年 7 月 1 日起发生法律效力，对 2000 年 7 月 1 日以前发生的会计行为，没有追溯力。

2. 会计行政法规

会计行政法规是由国务院制定发布或者有关部门拟定经国务院批准发布的、调整经济生活中某些方面会计关系的法律规范。如国务院发布的《企业财务会计报告条例》、《总会计师条例》，经国务院批准并由财政部发布的《企业会计准则》等。

《企业财务会计报告条例》是国务院于 2000 年 6 月 21 日发布的，自 2001 年 1 月 1 日起实施。它是对《会计法》中有关财务会计报告的规定的细化。它主要规定了企业财务会计报告的构成、编制和对外提供的要求、法律责任等。该条例要求企业负责人对本企业的财务会计报告的真实性和完整性负责；强调任何组织或者个人不得授意、指使、强令企业编制和对外提供虚假的或者隐瞒重要事实的财务会计报告；规定有关部门或机构必须依据法律法规，制定企业财务会计报告。该条例还对违法违规行为应承担的法律责任做了明确规定。

《总会计师条例》是对《会计法》中有关规定的细化和补充，共分五章二十三条，是国务院于 1990 年 12 月 31 日发布的，它主要规定了单位总会计师的职责、权限、任免、奖惩等。

《企业会计准则——基本准则》是规范企业会计确认、计量、报告的会计准则，是进行会计核算工作必须遵守的基本要求，体现了会计核算的基本规律。它是由会计核算的前提条件、一般原则、会计要素准则和会计报表准则组成的，是对会计核算要求所作的原则性规定。

3. 国家统一的会计制度

国家统一的会计制度是指国务院财政部门根据《会计法》制定发布的关于会计核算、会计监督、会计机构和会计人员以及会计工作管理的制度。它是国务院财政部门在其职权范围内依法制定、发布的会计方面的法律规范，包括各种会计规章和会计规范性文件。其中会计规章是根据《立法法》规定的程序，由财政部门制定并由部门首长签署命令予以公布的制度办法，如2001年2月20日财政部发布的《财政部门实施会计监督办法》、《代理记账管理办法》、《会计从业资格管理办法》等；会计规范性文件是指主管全国会计工作的行政部门即国务院财政部门制定发布的《企业会计制度》、《金融会计制度》、《小企业会计制度》、《民间非营利组织会计制度》、《会计基础工作规范》、《企业内部控制规范》以及财政部门与国家档案局联合发布的《会计档案管理办法》等。

《企业会计制度》。财政部于2000年12月29日发布了统一的、适用于不同行业和不同经济成分的《企业会计制度》。它适用于除不对外筹集资金、规模较小的企业和金融保险企业外，在中华人民共和国境内设立的所有企业。

《金融会计制度》。《金融会计制度》是财政部于2001年1月27日发布的，它适用于中华人民共和国境内依法成立的各种金融企业，包括银行（含信用社）、保险公司、证券公司、信托投资公司、期货公司、基金管理公司、租赁公司、财务公司等。

《小企业会计制度》。《小企业会计制度》是财政部于2004年4月27日发布的，它适用于在中华人民共和国境内设立的不对外筹集资金、规模较小的企业。该项制度于2005年1月1日起在小企业范围内执行。根据《小企业会计制度》的规定，符合该制度规定的小企业可以按照《小企业会计制度》进行核算，也可以选择执行《企业会计制度》。但是不能在执行《小企业会计制度》的同时，选择执行《企业会计制度》的有关规定。

《会计基础工作规范》。《会计基础工作规范》是财政部于1996年6月17日发布并始实施的。它适用于国家机关、社会团体、企业、事业单位、个体工商户和其他组织的会计基础工作。其内容包括会计机构的设置和会计人员的配备、会计人员的职业道德、会计工作交接、会计核算的一般要求、会计凭证规则、会计账簿规则、财务报告规则、会计监督的内容和要求、建立和健全单位内部会计管理制度的内容和要求等。

《企业内部控制基本规范》。为了加强和规范企业内部控制，提高企业经营管理水平和风险防范能力，促进企业可持续发展，维护社会主义市场经济秩序和社会公众利益，根据国家有关法律法规，财政部会同证监会、审计署、银监会、保监会制定了《企业内部控制基本规范》，自2009年7月1日起在上市公司范围内施行，鼓励非上市的大中型企业执行。执行《企业内部控制基本规范》的上市公司，应当对本公司内部控制的有效性进行自我评价，披露年度自我评价报告，并可聘请具有证券、期货业务资格的会计师事务所对内部控制的有效性进行审计。

其他会计规章和会计规范性文件。国家统一的其他会计规章和会计规范性文件包括《会计资格管理办法》(2005 年 3 月 1 日发布并实施)、《会计电算化管理办法》(1994 年 6 月 30 日发布，自 1994 年 7 月 1 日起施行)、《会计档案管理办法》(1998 年 8 月 21 日发布，自 1999 年 1 月 1 日起施行)、《代理记账管理办法》(2005 年 1 月 22 日发布，自 2005 年 3 月 1 日起施行) 等。

4. 地方性会计法规

地方性会计法规是各省、各自治区、直辖市的人民代表大会及其常委会在与会计法、会计行政法规不相抵触的前提下制定的地方性法规。根据规定，实行计划单列管理的计划单列市、经济特区的人民代表大会及常委会在宪法、法律和行政法规允许范围内制定、实施的有关会计工作的规范文件，也属于地方性会计法规。

## 四、会计法律关系

### (一) 会计法律关系的概念

法律关系是指法律规范在调整人们行为的过程中形成的权利和义务关系。会计法律关系是经济法律关系的重要组成部分，是会计主体在按照会计法规进行会计核算、提供财务报告以及进行会计监督时所形成的权利和义务关系。

### (二) 会计法律关系的构成要素

会计法律关系是法律关系中的一部分，因而其构成要素与法律关系的构成要素是一致的，即由主体、客体和内容三要素构成。三要素缺一不可，缺少任何一个要素，会计法律关系都无法成立。

1. 会计法律关系的主体

会计法律关系的主体是指参与会计法律关系，享有权利与承担义务的当事人，包括法人、公民及其他不具备法人资格的经济组织或团体。会计法规的调整对象是会计信息的供给方，包括单位负责人、会计机构、会计人员、其他人员等和会计信息的需求方，包括投资者、债权人、政府等双方的法律关系，以及上述部门、人员与会计主管机关之间的监督管理关系。根据会计法规的调整对象和有关规定，会计法规主要适用于两类人：一是直接从事会计事务的单位和个人，包括国家机关、社会团体、公司、企业、事业单位及其他组织；二是会计主管机关和其他有关机关，包括县级以上财政部门和审计、税务、银行监管、证券监管、保险监管等部门。可见，会计法律关系主体的资格是由会计法规规定的，它的存在是形成会计法律关系的先决条件。

2. 会计法律关系的内容

会计法律关系的内容是指在会计法律关系中，会计法律关系主体享有的经济权利和承担的经济义务。这是会计法律关系的核心，直接体现了会计法律关系主体的利益和要求。

会计法律关系主体的权利是受到法律保护的，是指会计法律关系主体在会计核算和会计监督中依法享有的自己为一定行为或不为一定行为和要求他人为一定行为或不为一定行为的资格。它包括以下几个方面的含义：

（1）会计法律关系主体在法定范围内依照自己的利益需要，根据自己的意志实施一定的会计行为。

（2）会计法律关系主体有权要求负有义务的一方作出或不作出一定的会计行为，以实现自己的利益。

（3）会计法律关系主体在其合法权利受到侵害或不能实现时，依法请求国家机关给予强制力保护。

《会计法》第十四条规定："会计机构、会计人员必须按照国家统一的会计制度的规定对原始凭证进行审核，对不真实、不合法的原始凭证有权不予接受，并向单位负责人报告；对记载不准确、不完整的原始凭证予以退回，并要求按照国家统一的会计制度的规定更正、补充。"会计法规进一步规定，当主体的上述权利受到侵害时，有权到行政机关、仲裁机关直到法院伸张自己的权利，请求给予强制力保护。

根据权利与义务对称的原则，会计法律关系主体除了享有经济权利外，还应承担相应的经济义务。所谓义务是指会计法律主体为了满足特定的权利主体的权利，在会计法规规定的范围内必须实施或不实施某种行为。这是相对权利而存在的，是会计法规对主体的限制和约束。它包括以下几个方面的含义：

（1）义务主体必须作出或不作出一定行为。这一行为的目的在于满足权利主体的利益需要。

（2）义务主体实施的义务行为是在法定的范围内进行的。超越法律规定的限度，义务主体不受限制和约束。

（3）义务主体不依法履行义务，就应承担相应的法律责任，受到法律的制裁。

《会计法》明确规定，会计法律关系主体在进行会计核算与会计监督时，必须严格遵守会计法规的各项规定，严格履行职责权限。单位负责人、总会计师、会计机构负责人或会计主管人员、会计人员以及其他人员在具体工作中都应认真履行自己的职责，不得失职。各级财政部门以及审计、税务、证券监管等部门应当履行好有关法律法规规定的职责，对有关单位的会计资料实施检查与监督等等。

3. 会计法律关系的客体

会计法律关系的客体是指会计法律关系主体的权利和义务共同指向的对象。根据在具体的会计法律关系中主体所享有的权利和所承担的义务不同，会计法律关系的客体也分为物、行为和智力成果。其中作为会计法律关系客体的物是指能够在会计法律关系中充当权利和义务对象的具有一定经济价值，且能以货币计量的物品，如货币、存货、固定资产等都可以构成会计法律关系的客体。行为是指能够发生法律效力的人们的意志行为，即根据当事人的个人意愿形成的一种有意识的活动，它是在社会生活中引起法律关系产生、变更和消灭的最经常的事实。在会计核算和会计监督中，审核和填制会计凭证、登记账簿、编制会计报表、建立和运行内部会计控制、制止和揭露违法犯罪事件等都是会计行为。智力成果是指人们创造的能够带来经济价值的脑力劳动成果。在众多的智慧成果中有相当一部分进入会计领域，成为会计核算与监督的对象，如商标权、专利权、计算机软件，所以智力成果亦为会计法律关系的客体。

### （三）会计法律关系的产生、变更和消灭

1. 会计法律事实

会计法律关系的产生、变更和终止是和一定的法律事实相联系的。法律事实是指能引起法律关系产生、变更和消灭的客观情况。会计法律事实是指能引起会计法律关系产生、变更和消灭的客观情况，按照是否与人的主观意志有关分为行为和事件两类。行为是指人的意识活动的外部表现，例如，完成经济业务事项、填制和取得原始凭证等。事件是指能导致一定法律后果，而又不以人的意志为转移的客观情况如出生死亡、自然灾害等。

2. 会计法律关系的产生

会计法律关系的产生是指由于有了一定的会计法律事实使得会计法律关系主体间形成了可以享有某项权利和必须履行某项义务的关系。例如，公司聘任了会计人员，这一法律事实就使得公司负责人与会计人员之间、公司各级经营管理人员与会计人员之间、公司各种会计事项的执行者与会计人员之间产生了会计法律关系。

3. 会计法律关系的变更

会计法律关系的变更是指由于有了一定的会计法律事实使得会计法律关系中

主体、内容和客体三要素中的一个、两个或全部发生变化，从而使原有的会计法律关系变更为新的会计法律关系。例如，一个公司成功上市，这个与会计相关的法律事实使得公司的会计法律关系发生变化表现在：就主体而言，增加了证券监管部门和社会公众；就内容而言，公司增加了从证券市场上融资的权利，同时也增加了必须接受证券监管部门和社会公众监督的义务，以及对外提供财务会计报告的义务等。

4. 会计法律关系的消灭

会计法律关系的消灭是指由于有了一定的会计法律事实使得原有的会计法律关系中主体享有的会计权利和应履行的会计义务同时消失。例如，当公司破产清算结束后，公司原有的会计法律权利和会计法律义务同时消失，相应的会计法律关系亦宣告结束。

**【案例1－1】** 一天，某上市公司董事长李某对总经理说："新《会计法》开始实施了，新闻媒体做了大量宣传，看来这是一部很重要的法律。老王，你是总经理，负责公司的日常经营事务，应当把公司的会计工作好好抓一抓。如果我们公司的会计工作出了乱子，你可是第一责任人哟！市场经济越发展，会计工作越重要，尤其像我们这样的上市公司，会计工作更显得重要。我认为，我们公司的会计工作，首要任务是抓好两个环节：一是内部控制制度建设；二是财务会计报告质量。这可是有成千上万双眼睛盯着我们哪，不能疏忽！老王，我对会计工作不太熟悉，事务性工作也太多，公司的财务会计报告你要认真把关，以后，我们公司财务会计报告，最后由你签字和盖章，我就不再走那道程序了。"以上是董事长李某说的一段话，请指出其不合理之处。

**【案例评析】**（1）董事长李某关于"如果我们公司的会计工作出了乱子，你（指总经理王某）可是第一责任人"的说法是不正确的。根据《会计法》第四条的规定："单位负责人对本单位的会计工作和会计资料的真实性、完整性负责。"因此，该公司的会计责任主体应当是董事长李某，而不是总经理王某。

（2）董事长李某关于"我们公司财务会计报告，最后由你（指总经理王某）签字和盖章，我就不再走那道程序了"的说法是不正确的。《会计法》第二十一条规定："财务会计报告应当由单位负责人和主管会计工作的负责人、会计机构负责人（会计主管人员）签字和盖章"。

# 第二节 会计工作管理体制

## 一、我国会计工作管理体制的概述

会计工作管理体制是指会计工作的管理制度和管理方法。是一定的国家或地区在一定的时期根据自己所处的社会经济环境，介入会计活动，对会计活动进行干预、干涉、控制所作出的一系列制度和机制上的安排，以及据此所制定的一系列会计规范。

### （一）会计工作管理体制形成的作用

目前世界上所有的国家都无一例外地运用一定的方式对会计活动进行干预、干涉或控制，也就是说，实际上各国都存在会计工作管理体制的问题。然而，会计活动并不是一开始就受到干预、干涉或控制的。19 世纪以前，国家对会计活动是不加干预的，1494 年卢卡·帕乔利在《算术、几何与比例概要》中指出，账簿处理被认为是商人的秘密，不可示众，政府官员对账簿所做的检查，只是检查账簿记录的真实性；乔伊和米勒在其所著《国际会计》中，认为那个时期“会计人员知道他们在干什么”，只要记账正确，资产负债表平衡就无可非议。直到 18 世纪英国“南海公司事件”爆发后，1844 年英国政府颁布了《股份公司法》，对股份公司的会计记录做了明确要求，国家对会计活动的干预才真正开始。在 1929～1933 年世界性经济危机之后，随着凯恩斯主义的出台，政府对会计活动的干预便活动起来，“加强对会计行为的管制，借助会计管制来达到市场的有效运行，是国家干预市场运行的一个重要手段”。因此，会计工作管理体制的形成，使国家对会计活动进行干预、干涉或控制，有着十分重要的作用。归纳起来主要表现在以下几个方面：

1. 满足国家宏观调控的需要

国家调控宏观经济的事后调控主要是通过信息反馈来改善战略规划和计划，会计信息是这些信息的重要组成部分。国家为了更有效地进行宏观调控，必然要求会计所提供的信息能满足国家宏观调控的需要，国家对会计活动进行干预也就成为一种必然。

2. 协调利益关系的需要

会计信息反映了企业一定时期的财务状况和经营成果，这些财务状况和经营成果体现了一定的经济利益关系。会计所反映的经营成果，不仅是企业向国家交纳所得税的依据，也是向投资者分配利润的依据，还是企业能否如期偿还债务的衡量依据。为了协调有关利益关系人和利益集团之间的利益关系，保证整个社会经济的良性运行，就有必要对会计活动进行有效的约束与引导。

3. 稳定资本市场的需要

资本市场在整个市场体系中处于中介地位和核心地位，其稳定与否，直接影响着一个国家的整体经济发展。1929～1933 年间，资本市场的崩溃导致了世界性的经济危机。众多研究报告认为，会计信息与资本市场之间的关系甚为密切。基于这一点，各国为了稳定资本市场，防止证券市场的剧烈波动，相继对会计活动加以干涉，以保证会计信息的相关性、可靠性和可比性。

### （二）我国会计工作管理体制形成与发展的历史沿革

1. 新中国成立后会计工作管理体制的初步形成

（1）会计管理机构的设立。为适应建国初期统一财经工作的要求，建立全国统一的会计核算和报告制度，1949 年 12 月财政部设立了会计制度处，具体负责统一会计制度的建设工作。1950 年会计制度处升格为会计制度司。会计制度处（司）的成立，标志着我国会计管理工作开始起步。

（2）预算会计管理体制的初步形成。1950 年 12 月，财政部发布了适用于各级财政机关的《各级人民政府暂行总预算会计制度》和适用于各级、各类行政事业单位的《各级人民政府暂行单位预算会计制度》，初步确立了“统一领导、分级管理”的预算会计管理体制。

（3）企业会计管理体制的初步形成。1952 年 1 月，政务院根据《预算决算暂行条例》的有关规定，发布了《国营企业决算报告编送暂行办法》，初步形成了我国企业会计管理体制的雏形。1955 年 1 月，国务院在原《国营企业决算报告编送暂行办法》的基础上，正式发布施行了《国营企业决算报告编送办法》，进一步健全了国营企业会计工作的管理体制。

2. 改革开放后会计工作管理体制的逐步完善

（1）会计管理机构的恢复。为加强对会计工作的领导，经国务院批准，财政部于 1979 年 1 月恢复了管理会计制度的职能机构——会计制度司，1982 年更名为会计事务管理司，标志着我国新时期会计管理体制的恢复和逐步发展。

为适应经济发展对会计工作的需要，国务院各业务主管部门组建了管理本部门财务会计工作的专门机构。20 世纪 80 年代初，山西和贵州两省率先在省财政厅设立会计管理专门机构。20 世纪 80 年代中期以后，各省、自治区、直辖市财政厅（局）也先后设立了会计管理专门机构——会计事务管理处（或称会计处）。

（2）《会计法》的颁布和会计管理法制化的形成。《中华人民共和国会计法》第一次以国家法律的形式对我国的会计管理体制作出了规定。1999 年 10 月修订的《会计法》规定：国务院财政部门主管全国的会计工作，县级以上地方各级人民政府财政部门管理本行政区域内的会计工作。国家实行统一的会计制度，国家统一的会计制度由国务院财政部门根据本法制定并公布。《会计法》对中央和地方、财政部门和其他业务主管部门之间会计管理范围和管理权限的规定使我国“统一领导，分级管理”的政府主导型会计管理体制得以以国家立法的形式确立，标志着我国会计工作管理体制走上了法制化的道路。

3. 适应社会主义市场经济需要的会计工作管理体制的形成

（1）《会计改革与发展纲要》的发布。1995 年，全国会计工作会讨论了《会计改革与发展纲要》，并于 1996 年起施行。《会计改革与发展纲要》提出：为适应转变政府职能的要求，在会计事务的宏观管理中逐步实现以会计法规为主体，法律、行政、经济手段并用，有利于发挥和加强宏观调控，同时可以发挥地方、部门、基层核算单位积极性和创造性的管理体制。

（2）两次政府机构改革对政府管理职能的调整。1998 年 7 月，国务院进行机构改革，财政部会计司对内部机构设置和人员进行了精简，并相应调整了职能。改革后的会计司的主要职责为：管理全国会计工作，拟订全国性的会计法律、规章、制度；指导和管理社会审计工作；组织和管理会计人员的业务培训；负责全国会计职称管理工作；指导和监督会计电算化工作等。1994 年 2 月，根据国务院机构改革方案，财政部会计事务管理司改为会计司。

### （三）会计工作管理体制的类型

会计工作管理体制是一个国家管理会计模式的重要内容，不同的社会经济环境造就了不同的会计工作管理体制。纵观世界各国会计工作管理体制，大体上可以分为两种类型：一种是集中与立法管理型；另一种是自我管理型。

所谓集中与立法管理，是指政府积极参与会计活动的管理，这种管理主要通过行政手段和法律手段来进行，而会计职业团体在会计活动的管理中不占主导地位，只起着协助政府管理的作用。所谓自我管理，是指政府对会计活动的干预较少，除某些必要的立法外，对会计活动的管理完全交给会计职业团体。

法国和日本是集中与立法管理型，英国、美国是自我管理型，而德国的会计管理体制则主要倾向于立法管理。从趋势来看，集中与立法型国家也在部分吸取自我管理的合理因素，而自我管理型的国家也部分吸取了集中立法的内容，两者的差异只是侧重点不同而已。

## 二、会计工作的行政管理

根据我国《会计法》第七条的规定，国务院财政部门主管全国的会计工作，县级以上地方各级人民政府财政部门管理本行政区域内的会计工作。可见，财政部门是我国会计工作的主管机关，其履行的会计行政管理职能主要有：

### （一）会计准则制度及相关标准的制定和组织实施

《会计法》第八条规定，国家实行统一的会计制度。国家统一的会计制度由国务院财政部门根据本法制定并公布。国务院有关部门可以依照本法和国家统一的会计制度制定对会计核算和会计监督有特殊要求的行业实施国家统一的会计制度的具体办法或补充规定，报国务院财政部门审核批准。中国人民解放军总后勤部可以依照本办法和国家统一的会计制度制定军队实施国家统一的会计制度的具体办法，报国务院财政部门备案。因此，对于会计制度的制定权限，《会计法》分了三个层次做了清晰、具体的规定。

1. 国务院财政部门制定国家统一的会计制度

国家统一的会计制度，是指国务院财政部门根据《会计法》制定关于会计核算、会计监督、会计机构和会计人员以及会计工作管理的制度。为保证会计制度的统一性，也便于《会计法》的实施，在全国范围内实施的，或者内容上必须统一规范的会计制度，由国务院财政部门制定。在会计制度制定权限上坚持必要的统一，是我国会计工作管理实践中的一项重要的经验，将这一经验规定在法律中，既肯定了会计制度应当进行必要的统一的原则，又向国务院财政部门做了立法授权。因此，国务院财政部门有权根据管理会计工作的需要，制定国家统一的会计制度。

国家统一的会计核算制度主要是对会计核算的基本原则以及会计科目和会计报表等内容作出的规定，是各单位进行会计核算，编制会计报表所必须遵循的规范。国家统一的会计核算制度，按其性质可分为预算会计制度和企业会计制度两类。

预算会计制度以预算为中心，是国家财政和行政、事业单位进行会计核算的规范。根据《会计法》，财政部发布的预算会计制度包括《事业单位财务规则》（1996 年 10 月 5 日经国务院批准，1997 年 1 月 1 日起施行）、《事业单位财务规则（试行）》（1997 年 5 月 28 日发布）、《事业单位会计制度》（1997 年 7 月 17

日发布)、《行政单位会计制度》(1998 年 1 月 1 日起施行)、《行政事业单位会计决算报告制度》(2002 年 3 月 28 日起施行)等。

为了统一企业会计制度，打破行业界限，财政部于 2000 年 12 月发布了《企业会计制度》(财会字［2000］25 号)，自 2001 年 1 月 1 日起在股份有限公司范围内施行，自 2002 年 1 月 1 日起在外商投资企业施行，并鼓励其他企业先行实施。在分步实施《企业会计制度》的过程中，财政部还于 2001 年年底发布了《金融企业会计制度》(财会字［2001］49 号)，并于 2002 年 1 月 1 日起暂在上市的金融企业施行。2004 年 4 月财政部发布了《小企业会计制度》(财会字［2004］2 号)，并于 2005 年 1 月 1 日施行。

为适应我国市场经济发展，加强政府对市场监管，提高我国对外开放水平，以及推进我国会计国际化的需要，财政部与 2005 年年初起，在总结会计改革经验的基础上，顺应我国市场经济发展对会计提出的新要求，借鉴国际财务报告准则，全面启动了企业会计准则体系建设，并于 2006 年 2 月 15 日发布了《企业会计准则——基本准则》(2006 财政部令第 33 号)和 38 项具体准则(财会［2006］3 号)，2006 年 10 月 13 日发布了《会计准则——应用指南》(财会［2006］18 号)，建立了我国企业会计准则体系。企业会计准则体系自 2007 年 1 月 1 日起在上市公司范围内施行，鼓励其他企业执行。与此同时，财政部还对《企业财务通则》进行了修订，修订后的《企业财务通则》自 2007 年 1 月 1 日起施行。

2. 国务院其他部门制定各行业特殊要求的补充规定

行业对会计核算和会计监督有特殊要求的内容，并且一个行业对其的特殊要求是其他行业所没有的。而在国家统一的会计制度中只有原则规定而没有具体规定的，根据《会计法》的有关规定，由国务院行业主管部门制定实施国家统一的会计制度的补充规定，并报国务院财政部门审核批准，具体内容如下：

(1) 制定主体。国家统一的会计制度制定主体是国务院财政部门，而对会计核算和会计监督有特殊要求的行业实施国家统一的会计制度的具体办法或者补充规定，则应由财政部门以外的其他行业主管部门制定，但必须报国务院财政部门审核批准。

(2) 适用范围。国务院有关部门制定的具体办法或补充规定，只能对会计核算和会计监督有特殊要求的行业适用。也就是说，这些部门只能在自己的行业内，这个行业对会计核算和会计监督有特殊要求时，才能依照《会计法》的规定和国家统一的会计制度制定相应的具体办法或补充规定，这些具体办法或补充规定仅适用于本行业范围。

（3）制定程序。有关部门制定的具体办法或补充规定必须报国务院财政部门审核批准，只有经国务院财政部门审核批准后才能实施，否则不能实施。实施这一程序的目的，仍然在于为了保证会计制度的统一性。

3. 中国人民解放军总后勤部制定军队实施的具体办法

由于部队与地方相比在会计工作的管理规定等诸方面有其一定的特殊性，所以法律对其会计制度的制定权做了单独的规定。根据《会计法》的有关规定，军队实施国家统一的会计制度的具体办法由中国人民解放军总后勤部制定，报国务院财政部门备案。

（1）制定主体。军队制定会计制度的具体办法的主体是中国人民解放军总后勤部，解放军的其他部门，如总政治部、总参谋部等则没有制定权，这主要是由总后勤部分管部队财务会计等工作的性质所决定的。

（2）适用范围。军队制定的会计制度的具体办法适用范围限于军队范围内。

（3）制定程序。军队制定的、在军队实施的国家统一的会计制度的具体办法，要报国务院财政部门备案，不需经过审核批准即可执行。

需要强调的是，不管是国务院有关部门，还是中国人民解放军总后勤部，尽管它们在具体办法或补充规定的制定主体、适用范围及制定程序上存在着不同，但制定的内容仍然要求依照《会计法》和国家统一的会计制度的规定，不得与其相抵触。

### （二）会计市场管理

由于会计工作是一项经济管理活动，为了规范会计工作，保证会计工作在经济管理中的作用，政府部门应当遵循“统一领导、分级管理”的原则，在宏观上对会计工作进行必要的指导、监督和管理，包括制定会计政策、会计标准，进行会计政策和标准执行情况的检查，会计人员专业技术资格的确认，会计人员行使职权的保障，以及会计方面的教育和培训等等。其具体分工为：

1. 国务院财政部门主管全国的会计工作

国务院财政部门主管会计工作，不仅是一种权利，更是法律赋予的一种责任。这样规定，一方面是从国家机构的设置和权责归属来考虑的，另一方面也是根据以往的实践和所积累的经验确定的。新中国成立以来，我国的会计工作一直是由财政部门管理，这是因为财务会计工作与国家财政收支的关系十分密切，是财政工作的一项基础工作，财政部门管理会计工作，有利于相互结合、相互促进，更好地为财政工作服务。财政部门把会计这项基础工作抓好，是维护财经纪律，抓好增收节支，实现财政收支平衡的主要措施。会计工作混乱，财政制度得不到贯彻执行，必然会造成财政收入流失、支出失控，最终给财政工作带来不利影响。因此，绝不能把抓好会计工作视作与财政收支无关或关系不大的额外任务，而应当自觉地把抓好会计工作放在重要位置。另外，还必须看到，《会计法》规定由财政部门管理会计工作，这是国家法律赋予财政部门的责任。如果财政部门放松针对会计工作的管理，造成会计工作混乱，则不仅是一种工作失误，而且是一种违法行为，并相应承担法律责任。各级会计机构和会计人员都应当依照法律的规定，服从国务院财政部门的统一领导，落实法律所规定的各项职责。

国务院财政部门的职责主要包括：拟定有关加强会计工作管理的法律法规草案，制定和执行财政、财务、会计管理的规章制度；研究、拟定有关加强会计工作管理的方针、政策；制定国家统一的会计制度；拟定和监督执行会计规章制度、企业会计准则，制定和监督执行政府总预算、行政和事业单位及行业会计制度；指导和监督注册会计师和会计事务所业务；指导和管理社会审计，审批外国会计公司驻华代表机构的设置；审批国务院有关部门依照《会计法》和国家统一的会计制度制定的、对会计核算和会计监督有特殊要求的行业，实施国家统一的会计制度的具体办法或者补充规定；对国家机关、社会团体、公司、企业、事业单位和其他组织执行会计法律法规和国家统一的会计制度的情况实施监督检查；对违反会计法律法规和国家统一的会计制度的行为，依法予以处罚等。

2. 地方各级财政部门管理本行政区域内的会计工作

“统一领导，分级管理”是划分会计工作管理的重要原则，也体现了管理的效率原则。财政部门主管会计工作，主要是在统一规划、统一领导的前提下，实行分级负责、分级管理，充分调动地区、部门、单位管理会计工作的积极性和创造性。县级以上地方各级人民政府财政部门应当在所管辖的行政区域范围内，依照法律、行政法规和国家统一的会计制度的规定，积极配合国务院财政部门行使会计工作管理权限，根据上级财政的规划和要求，根据本地的实际情况，与各有关部门相互配合，管理好本区域内的会计工作。地方各级人民政府财政部门的职责主要包括会计人员准入、上岗培训、继续教育、技术职称管理等。同时，管理和指导地方各级的会计电算化工作。负责会计软件市场管理，评审商品化会计核算软件；指导和管理全省计算机替代手工记账工作；组织会计电算化的培训与考试；推广会计电算化成果；指导基层单位开展会计电算化工作。

根据《中华人民共和国注册会计师法》第五条规定：“国务院财政部门和省、自治区、直辖市人民政府财政部门，依法对注册会计师、会计师事务所和注册会计师协会进行监督、指导”，明确财政部和省级财政部门具有对会计师事务所的行政管理职能。但是，省级以下财政部门不具有管理会计师事务所的行政职能，任何会计师事务所不得参加由市、区、县财政部门及其会计管理局、会计处、会计科等内部机构召集的管理会计师事务所的会议，对不利于注册会计师行业发展的行政干预予以坚决抵制。

### （三）会计人才评价

《会计法》第六条规定：对认真执行本法，忠于职守，坚持原则，作出显著成绩的会计人员，给予精神的或者物质的奖励。那么，财政部门负责对会计人员的管理，表彰、奖励会计工作先进集体和优秀会计人员；要建立会计人员的业绩考评与诚信记录制度，对忠于职守、坚持原则、作出成绩的会计人员，要给予精神的或物质的奖励；对考评不合格、诚信记录不佳的会计人员，应采取必要的惩戒措施，甚至吊销其会计从业资格证书。

### （四）会计监督检查

根据《会计法》第三十二条的规定，财政部门对各单位的下列情况实施监督：

1. 是否依法设置会计账簿。具体包括：按照法律、行政法规和国家统一会计制度的规定，应当设置会计账簿的单位是否设置账簿；已设置会计账簿的单位，其设置会计账簿的情况是否符合法律、行政法规和国家统一会计制度的要求；各单位是否存在账外设账的违法行为等。

2. 会计凭证、会计账簿、财务会计报告和其他会计资料是否真实、完整。具体包括：各单位对实际发生的经济业务事项是否及时办理会计手续，进行会计核算；各单位填制的会计凭证、登记的会计账簿、编制的财务会计报告是否与实际发生的经济业务事项相符。是否做到账实相符、账账相符、账证相符、账表相符；各单位提供的财务会计报告是否符合法律、行政法规和国家统一会计制度的规定等。

3. 会计核算是否符合本法和国家统一的会计制度的规定。具体包括：各单位会计核算的内容是否真实、完整；各单位采用的会计年度、记账本位币、会计处理方法、会计记录文字等是否符合法律、行政法规和国家统一会计制度的规定；各单位对资产、负债、所有者权益、收入、支出、成本费用、利润的确认、计量、记录和报告是否符合国家统一会计制度的规定；各单位会计档案的保管是否符合国家统一会计制度的规定；各单位会计档案的保管是否符合法定规定要求等。

4. 从事会计工作的人员是否具备从业资格。具体包括：各单位从事会计工作的人员是否取得了会计从业资格证书并接受管理；会计机构负责人是否符合任职条件等。同时规定，财政部门在对各单位会计凭证、会计账簿、财务会计报告和其他会计资料实施监督时，如果发现有重大违法嫌疑的，国务院财政部门及其派出机构可以向与被监督单位有经济业务往来的单位、被监督单位开立账户的金融机构查询有关情况，有关单位和金融机构应予以支持和配合。

同时，根据《会计法》第三十三条的规定：财政、审计、税务、人民银行、证券监管、保险监管等部门应当依照有关法律、行政法规规定的职责，对有关单位的会计资料实施监督检查。

## 三、会计工作的自律管理

### （一）中国注册会计师协会

根据《注册会计师法》第三十三条规定：注册会计师应当加入注册会计师协会，并在第三十五、第三十六、第三十七条中强调：中国注册会计师协会依法拟订注册会计师执业准则、规则，报国务院财政部门批准后施行；应当支持注册会计师依法执行业务，维护其合法权益，向有关方面反映其意见和建议；应当对注册会计师的任职资格和执业情况进行年度检查。

注册会计师协会的宗旨是：服务、监督、管理、协调，即以诚信建设为主线，服务本会会员，监督会员执业质量、职业道德，依法实施注册会计师行业管理，协调行业内、外部关系，维护社会公众利益和会员合法权益，促进行业健康发展。

注册会计师协会的主要职责是：

1. 审批和管理本会会员，指导地方注册会计师协会办理注册会计师注册。

2. 拟订注册会计师执业准则、规则，监督、检查实施情况。

3. 组织对注册会计师的任职资格、注册会计师和会计师事务所的执业情况进行年度检查。

4. 制定行业自律管理规范，对违反行业自律管理规范的行为予以惩戒。

5. 组织实施注册会计师全国统一考试。

6. 组织和推动会员培训工作。

7. 组织业务交流，开展理论研究，提供技术支持。

8. 开展注册会计师行业宣传。

9. 协调行业内、外部关系，支持会员依法执业，维护会员合法权益。

10. 代表中国注册会计师行业开展国际交往活动。

11. 指导地方注册会计师协会工作。

12. 办理法律、行政法规规定和国家机关委托或授权的其他有关工作。

### （二）中国会计学会

中国会计学会是由全国会计领域各类专业组织及个人自愿结成的学术性、专业性、非营利性社会组织。

中国会计学会的宗旨是：以马列主义、毛泽东思想、邓小平理论和“三个代表”重要思想为指导，全面落实科学发展观、构建社会主义和谐社会，遵守中华人民共和国法律，遵守社会道德风尚，坚持百花齐放，百家争鸣和理论联系实际的方针，团结广大会计工作者，组织和推动会计学术研究活动，建立和完善适应社会主义市场经济发展需要的、具有国际影响力的会计理论与方法体系。

中国会计学会接受财政部和民政部的业务指导、监督和管理。中国会计学会的业务范围如下：

1. 组织协调全国会计科研力量，开展会计理论研究和学术交流，促进科研成果的推广和运用。

2. 总结我国会计工作和会计教育经验，研究和推动会计专业的教育改革。

3. 编辑出版会计刊物、专著、资料。

4. 发挥学会的智力优势，开展多层次、多形式的智力服务工作，包括组织开展中高级会计人员培养、会计培训和会计咨询与服务等。

5. 开展会计领域国际学术交流与合作。

6. 发挥学会联系政府与会员的桥梁和纽带作用，接受政府和其他单位委托，组织开展有关工作。

7. 其他符合学会宗旨的业务活动。

## 四、单位会计工作管理

### （一）单位负责人要组织、管理好本单位的会计工作

单位负责人负责单位内部的会计工作管理，应当保证会计机构、会计人员依法履行职责，不得授意、指使、强令会计机构和会计人员违法办理会计事项，对本单位的会计工作和会计资料的真实性、完整性负责。单位负责人是指单位法定代表人或者法律、行政法规规定代表单位行使职权的主要负责人。

1. 单位负责人的会计责任

《会计法》第四条规定，单位负责人对本单位的会计工作和会计资料的真实性、完整性负责。单位负责人对会计工作负责的具体内容包括以下三个方面：依法设置会计机构和会计人员；依法从事会计行为；单位负责人应当承担违法责任。

2. 会计机构和会计人员的基本职责

《会计法》第五条第一款规定：会计机构、会计人员依照本法规定进行会计核算，实行会计监督。它明确规定了会计机构、会计人员的基本职责是进行会计核算、实行会计监督。《会计法》第五条第二款规定：任何单位或者个人不得以任何方式授意、指使、强令会计机构、会计人员伪造、变造会计凭证、会计账簿和其他会计资料，提供虚假财务会计报告。第三款规定：任何单位或者个人不得对依法履行职责、抵制违反本法规行为的会计人员实行打击报复。

### （二）会计人员的选拔任用由所在单位具体负责

我国《会计基础工作规范》第六条规定：各单位应当根据会计业务的需要设置会计机构；不具备单独设置会计机构条件的，应当在有关机构中配备专职会计人员。事业行政单位会计机构的设置和会计人员的配备，应当符合国家统一事业行政单位会计制度的规定。

设置会计机构，应当配备会计机构负责人；在有关机构中配备专职会计人员，应当在专职会计人员中指定会计主管人员。同时，各单位会计人员的选拔任用由所在单位具体负责。会计机构负责人、会计主管人员的任免，应当符合《中华人民共和国会计法》和有关法律的规定。我国《会计基础工作规范》第七条规定：会计机构负责人、会计主管人员应当具备下列基本条件：

（1）坚持原则，廉洁奉公。

（2）具有会计专业技术资格。

（3）主管一个单位或者单位内一个重要方面的财务会计工作时间不少于两年。

（4）熟悉国家财经法律、法规、规章和方针、政策，掌握本行业业务管理的有关知识。

（5）有较强的组织能力。

（6）身体状况能够适应本职工作的要求。

**【案例1-2】**某市财政局到一外资企业检查会计工作，该公司董事长刘某不高兴地说：我们是一个外资企业，只要我们照章纳税不违反税法就可以了，财政部门无权来查我们的会计工作。请问，该说法是否正确？

**【案例评析】**根据《会计法》规定，财政部门有权对各单位依法设账情况、会计资料真实完整情况、会计核算符合国家统一的会计制度情况、会计人员任用情况进行监督，当然也有权监督外资企业的会计工作情况。所以，该公司刘董事长的说法是不正确的。

## 第三节 会计核算

会计核算也称会计反映，以货币为主要计量尺度，对会计主体的资金运动进行的反映。传统意义上的会计核算主要是指对会计主体已经发生或已经完成的经济活动进行的事后核算，也就是会计工作中记账、算账、报账的总称；以货币为主要量度，对企业、机关、事业单位或其他经济组织的生产经营活动或预算执行的过程与结果进行连续地、系统地记录，定期编制会计报表，形成一系列财务、成本指标，据以考核经营目标或计划的完成情况，为经营决策的制定和国民经济计划的综合平衡提供可靠的信息和资料。

会计核算有七种基本核算方法，即：设置会计科目（设置账户）、复式记账、填制和审核凭证、登记账簿、成本核算、财产清查、编制会计报表。这些核算方法构成了一个完整的会计核算方法体系，在实际工作中，必须彼此联系、相互配合地加以运用。一般地说，在经济业务发生后，首先要根据业务内容取得或填制会计凭证并加以审核；同时，按照规定的会计科目，在账簿中设置账户，并根据审核无误的记账凭证，运用复式记账法登记账簿，对生产经营过程中发生的各项费用进行成本计算；通过财产清查将财产物资的实存数与账存数加以核对；最后，在账实相符的基础上编制会计报表。所以，就其工作程序和工作过程来说，主要是三个环节：填制和审核凭证、登记账簿和编制会计报表。在一个会计期间，所发生的经济业务，都要通过这三个环节进行会计处理，将大量的经济业务转换为系统的会计信息。这个转换过程，即从填制和审核凭证到登记账簿，直至编出会计报表周而复始的变化过程，就是一般称谓的会计循环。

会计核算是会计工作的基础，为了力求会计资料真实、正确、完整，保证会计信息的质量，我国会计法律制度对会计核算的总体要求（包括会计核算依据和会计资料基本要求）、填制会计凭证、登记会计账簿、编制财务会计报告、会计档案管理以及其他方面（包括对会计年度、记账本位币、会计处理方法等）做了明确规定。

## 一、总体要求

### （一）会计核算依据

《会计法》第九条规定："各单位必须根据实际发生的经济业务事项进行会计核算，填制会计凭证，登记会计账簿，编制财务会计报告。任何单位不得以虚假的经济业务事项或者资料进行会计核算。"《会计基础工作规范》第三十八条重申了《会计法》的这一规定，即各单位的会计核算应当以实际发生的经济业务为依据，按照规定的会计处理方法进行，保证会计指标的口径一致、相互可比和会计处理方法的前后各期相一致。

经济业务事项即会计核算的对象，实际发生的经济业务事项，是指各单位在生产经营或者预算执行过程中发生的包括引起资金增减变化的经济活动。以实际发生的经济业务事项为依据进行会计核算，是会计核算的重要前提，是填制会计凭证，登记会计账簿，编制财务会计报告的基础，是保证会计资料质量的关键。没有经济业务事项发生，会计核算的对象也不存在；以虚假的经济业务事项为对象进行会计核算，生成的会计信息就是缺乏依据的、不可信的，并且会产生误导作用，损害会计信息使用者的利益。因此，会计核算必须以实际发生的经济业务事项为依据，以虚假的经济业务事项或者资料进行会计核算是违法行为，必须加以制止。当然，并不是所有实际发生的经济业务事项都需要进行会计核算，比如，一项投资计划在制定时无需进行会计核算，在实施这项计划并引起资金变动时，才需要对投资这种经济业务事项进行记录和反映。

### （二）对会计资料的基本要求

会计资料是记录会计核算过程和结果的重要载体，是反映单位财务状况和经营成果、评价经营业绩、选择合作对象、进行投资决策的重要依据。规范会计资料的国家统一的会计制度比较多，主要有：《会计基础工作规范》、《会计档案管理办法》以及财政部发布的一系列会计准则、会计核算制度等。

根据《会计法》第十三条规定："会计凭证、会计账簿、财务会计报告和其他会计资料，必须符合根据统一的会计制度的规定。任何单位和个人不得伪造、变造会计凭证、会计账簿及其他会计资料，不得提供虚假的财务会计报告。"《会计基础工作规范》第四十二条规定："会计凭证、会计账簿、会计报表和其他会计资料的内容和要求必须符合国家统一会计制度的规定，不得伪造、变造会计凭证和会计账簿，不得设置账外账，不得报送虚假会计报表。"这是对《会计法》规定的充实和重申，也是《会计基础工作规范》中为数不多的强制性规范之一。

所谓伪造会计凭证和会计账簿，是以虚假的经济业务为前提来编制会计凭证和会计账簿，旨在以假充真；变造会计凭证和会计账簿，是用涂改、挖补等手段来改变会计凭证和会计账簿的真实内容，以歪曲事实真相；设置账外账，是在按照规定设置的会计账簿之外，另外还设一套或多套会计账簿，将一项经济业务在不同的会计账簿上作出不同的反映，或者不通过规定的会计账簿进行一项经济业务的核算，而是在另设的会计账簿上予以反映，藉以隐瞒真实情况；报送虚假会计报表，是通过上述手段造成会计资料的内容不实或直接篡改报表上的数据，使会计报表虚假不实，用以误导会计信息的使用者。伪造、变造会计凭证和会计账簿，设置账外账以及编报虚假的会计报表等，都是严重的违法行为，它们直接或间接地导致隐匿收入、偷逃国家税收、转移国家资金。干扰经济发展和改革、助长腐败行为以致最终损害国家和社会公众的利益，因此必须坚决制止并纠正。

需要注意的是，国家关于会计核算的规定，适用于手工记账，同时也适用于电算化的会计核算。实行会计电算化的单位添置会计凭证和等级会计账簿的有关要求，应当符合财政部《会计电算化工作规范》等有关规定。

## 二、会计凭证

会计凭证是指具有一定格式、用以记录经济业务事项发生和完成情况的书面证明，也是登记账簿的依据。单位在按照《会计法》和《会计基础工作规范》的有关规定办理会计手续、进行会计核算时，必须以会计凭证为依据。会计凭证按其来源和用途，分为原始凭证和记账凭证两种。

### （一）原始凭证的填制和审核

原始凭证是在经济业务事项发生时，由经办人员直接取得或者填制、用以表明某项经济业务事项已经发生或其完成情况并明确有关经济责任的一种原始书面会计凭证。它是会计核算的原始依据，来源于实际发生的经济事项。原始凭证种类很多，既有外来的，也有单位内部自制的；既有国家统一印刷的具有固定格式的发票，也有由发生经济业务事项双方认可并自行填制的凭证等。

及时填制或取得原始凭证，是会计核算工作得以正常进行的前提条件。由于原始凭证一般都是由经济业务事项经办人员取得或填制的，涉及的人员较广。因此，《会计法》第十四条第二款规定，办理《会计法》第十条所规定的经济业务事项时必须填制或取得原始凭证并及时送交会计机构。《会计基础工作规范》对原始凭证的取得和填制做了更具体的规定。根据《会计法》和《会计基础工作规范》规定，各单位填制和取得原始凭证时，要求做到内容完整、手续齐全、填制规范、书写清楚、送交及时。

原始凭证的处理首先是进行审核，经审核无误、合法的原始凭证才能开始进行账务处理。会计机构、会计人员必须按照国家统一的会计制度的规定对原始凭证进行审核。对不真实、不合法的原始凭证有权不予接受，并向单位负责人报告，请求查明原因，追究有关当事人的责任；对记载不准确、不完整的原始凭证予以退回，并要求经办人员按照国家统一的会计制度的规定进行更正、补充。

### （二）记账凭证的填制和审核

记账凭证，是对经济业务事项按其性质加以归类，确定会计分录，并据以登记会计账簿的凭证。记账凭证必须根据原始凭证和有关资料进行编制。

记账凭证是登记会计账簿的直接依据，它是会计资料形成过程中，由原始凭证所记载的内容向会计账簿传递，保证会计资料质量的一个重要环节。因此，《会计法》对编制记账凭证的程序和要求作了规定，突出强调了以下两项原则性的要求，一是编制记账凭证必须以原始凭证及有关资料为依据；二是作为记账凭证编制依据的原始凭证和有关资料必须经过审核无误，以保证记账凭证的质量。此外，各单位在编制记账凭证时，除了必须遵守上述两项原则性的要求外，还必须符合记账凭证要素齐全，记账凭证编号连续。一笔经济业务需填制两张以上记账凭证的，应采用分数编号法。“摘要”栏对经济业务内容的说明，文字简练、准确。会计分录对应关系及金额正确；记账凭证（除结账和更正错误的记账凭证外）必须附有原始凭证，并注明原始凭证张数等。

记账凭证必须审核是否附有原始凭证；记账凭证和原始凭证是否相符（附件的张数、经济业务内容、金额）；内容是否填写齐全（摘要、日期、数字、文字、签章）；会计分录的使用是否正确（会计科目、借贷方向、记录金额）；编号有无重号、漏号现象。

## 三、会计账簿

会计账簿是指由一定格式、相互联系的账页所组成，用来序时地、分类地记载和反映有关经济业务的会计簿籍。会计账簿的主要作用是对会计凭证提供的大量分散数据或资料进行分类归集整理，以全面、连续、系统地记录和反映经济活动情况，是编制财务会计报告，检查、分析和控制单位经济活动的重要依据。会计账簿包括总账、日记账、明细账和其他辅助性账簿。

各单位应当按照《会计法》规定设置会计账簿，并保持其会计信息真实、完整。新建单位和原有单位在年度开始时，会计人员均应根据核算工作的需要设置、应用账簿，即平常所说的“建账”。企业建立新账的依据应以经合法中介机构审验评估的审计报告、资产评估报告（须经有关部门确认或备案）、验资报告为基础，通过评估调整（即资产评估机构的评估报告，并经有关部门确认的资产评估基准日评估价值，与资产评估基准日的账面价值的差额调整）和会计调整（即资产评估基准日与会计建账基准日之间的会计账项调整）后的财务账项作为建账依据。建账基准日应以公司成立日即营业执照签发日或营业执照变更日为准，由于会计核算以年度、季度、月度进行分期核算，实际工作中，一般以公司成立当月月末或下月月初为基准日。如果公司设立之日是在月度中的某一天，一般以下一个月份的月初作为建账基准日。

依法建账册，不仅是国家法律的强制要求，也是加强单位经营管理的客观需要。建立会计账册当然首先是一项非常重要的会计基础工作。只有借助会计账册，才能进行会计信息的收集、整理、加工、储存和提供；也只有通过会计账册，才能连续、系统、全面、综合地反映单位的财务状况和经营成果。而依赖会计账册提供的信息，能从本质上揭示出一个单位各个环节、各类经济活动的基本状况和存在问题，使经营管理者比较全面地了解和掌握经营情况，及时采取必要的措施弥补不足，克服困难，改善经营管理。所以，建立会计账册也应该是单位自身的需要。即使是对那些在法律和法规中没有明确要求其建账的单位（虽然这样的单位很少也很小），只要它们有经营活动，特别是有盈利性的经营活动，也会有随时了解经营情况、计算经营成果的实际需要，也就有建立会计账册的必要。

### （一）会计账簿的设置

依法设置会计账簿是单位进行会计核算的最基本的要求，所有实行独立核算的国家机关、社会团体、公司、企业、事业和其他组织都必须依法设置、登记会计账簿，保证其真实、完整。针对会计账簿设置和登记中存在的种种问题，《会计法》不仅规定各单位必须依法建账，还对各单位设置会计账簿的种类作出了规定。根据规定，各单位应当依法设置的会计账簿包括以下几项：

1. 总账。也称总分类账。一般有订本账和活页账两种。各单位可以根据采用的记账方法和财务处理程序的需要设置总账。

2. 明细账。明细账也称明细分类账，是根据总账科目所属的明细科目设置的，用于分类登记某一类经济业务事项，提供有关明细核算资料。可采用订本式、活页式、三栏式、多栏式、数量金额式。

3. 日记账。日记账是一种特殊的序时明细账，包括先进日记账和银行存款日记账，必须采用订本式。

4. 其他辅助型账簿。其他辅助性账簿也称备查账簿，在实际会计实务中，主要包括各种租借设备、物资的辅助登记或有关应收、应付款项的备查簿，担保、抵押备查簿等。

### （二）会计账簿的登记

对于会计账簿的登记，《会计法》规定了以下基本要求。

1. 必须依据经过审核的会计凭证登记会计账簿。依据会计凭证登记会计账簿是基本的会计记账规则；依据经过审核无误的会计凭证登记会计账簿，是保证会计账簿记录质量的重要环节。

2. 登记会计账簿时必须按照记账规则进行。登记会计账簿的基本规则如下：

（1）登记会计账簿时，应当将会计凭证日期、编号、业务内容摘要、金额和其他有关资料逐项记入账内，做到数字准确、摘要清楚、登记及时、字迹工整。

（2）各种账簿要按页次顺序连续登记，不得跳行、隔页。

（3）凡需结出余额的账户，应当定期结出余额。现金日记账和银行存款日记账必须逐日结出余额。

（4）会计账簿记录发生错误时，应当按照国家统一的会计制度规定的方法更正。

（5）及时对账。对账就是核对账目，即将会计账簿的有关数字与库存实物、货币资金、有价证券、往来单位或者个人等进行相互核对，保证账证相符、账账相符、账表相符、账实相符，根据《会计基础工作规范》规定，各单位的对账工作每年至少进行一次。

（6）定期结账。结账是在将本期内所发生的经济业务全部登记入账的基础上，按照规定的方法对该期内的账簿记录进行小结，结算出本期发生额合计和余额，并将其余额结转下期或者转入新账。按照不同的会计期间，结账可分为月结、季结和年结等。

3. 实行会计电算化的单位，其会计账簿的登记、更正，也应当符合国家统一的会计制度的规定。

4. 会计账簿的设置和登记，应当符合有关法律、行政法规和国家统一的会计制度规定。除《会计法》和国家统一的会计制度外，其他法律、行政法规对会计账簿的设置和登记有规定的各有关单位也必须严格执行。如《中华人民共和国税收征收管理法》第十二条规定："从事生产、经营的纳税人、扣缴义务人按照国务院财政、税务主管部门的规定设置账簿，根据合法、有效凭证记账，进行核算。"

5. 禁止账外设账。各单位发生的各项经济业务事项应当在依法设置的会计账簿上统一登记、核算，不得违反《会计法》和国家统一的会计制度的规定私设会计账簿登记、核算。

## 四、财务会计报告

### （一）财务报告的概念及组成

财务报告是企业对外提供的反映企业某一特定日期财务状况和某一会计期间经营成果，现金流量等会计信息的文件。财务报告是会计核算工作的结果，是企业经营活动的总结。财务报表是财务报告的核心，实际工作中称为会计报表，它是对企业财务状况，经营成果和现金流量的结构性描述。

为了达到财务报表有关决策有用和评价企业管理受托责任的目标，根据《企业会计准则第 30 号——财务会计列报》规定，企业向外提供的财务报表至少应当包括：资产负债表、利润表、现金流量表、所有者权益（或股东权益，下同）变动表，以及附注，简称"四表一注"。对于小型企业规模较小，所编制的财务报表可以不包括现金流量表。

财务报告是企业财务会计确认与计量的最终结果体现，它反映了企业财务状况、经营成果和现金流量等情况，从而可以预测未来的发展趋势。因此，财务报告是向投资者等财务报告使用者提供决策有用信息的媒介和渠道，是沟通投资者，债权人等使用者与企业管理层之间信息的桥梁和纽带。

财务报表区别于现行法律、行政法规中使用的会计报表，除了包括会计报表本身外，还包括附注，附注是财务报表的重要组成部分。而会计报表没有包括附注。财务报表是财务报告的核心内容，但是除了财务报表之外，财务报告还应当包括其他相关信息，具体可以根据有关法律法规的规定和外部使用者的信息需求而定。例如，企业可以在财务报告中披露其承担的社会责任，对社区的贡献，可持续发展能力等信息。这些信息对于报表使用者的决策也是相关的，尽管属于非财务信息，无法包括在财务报表中。如果有规定或者使用者有需求，企业应当在财务报告中予以披露，当然企业也可以自愿在财务报告中披露相关信息。

### （二）财务报表的组成和适用范围

财务报表至少应当包括资产负债表、利润表、现金流量表、所有者权益（或股东权益，下同）变动表和附注。本准则及应用指南适用于个别财务报表和合并财务报表以及中期财务报表和年度财务报表。

现金流量表的编制和列报，还应遵循《企业会计准则第 31 号——现金流量表》及其应用指南；合并财务报表的编制和列报，还应遵循《企业会计准则第 33 号——合并财务报表》及其应用指南；中期财务报表的编制和列报，还应遵循《企业会计准则第 32 号——中期财务报告》。

财务报表格式和附注分别按一般企业、商业银行、保险公司、证券公司等企业类型予以规定。企业应当根据其经营活动的性质，确定本企业适用的财务报表格式和附注。

除不存在的项目外，企业应当按照具体准则及应用指南规定的报表格式进行列报。

政策性银行、信托投资公司、租赁公司、财务公司、典当公司应当执行商业银行财务报表格式和附注规定，如有特别需要，可以结合本企业的实际情况，进行必要调整和补充。

担保公司应当执行保险公司财务报表格式和附注规定，如有特别需要，可以结合本企业的实际情况，进行必要调整和补充。

资产管理公司、基金公司、期货公司应当执行证券公司财务报表格式和附注规定，如有特别需要，可以结合本企业的实际情况，进行必要调整和补充。

### （三）财务会计报告的编制要求

1. 企业应当于年度终了编报财务会计报告。国家统一的会计制度规定企业应当编报半年报、季报和月度财务会计报告的，从其规定。

2. 企业编报财务会计报告应当根据真实的交易、事项以及完整、准确的账簿记录等资料，并按照国家统一的会计制度规定的编制基础、编制依据、编制原则和方法进行编制。

3. 企业应当依据《企业财务会计报告条例》和国家统一的会计制度规定，对会计报表中各项会计要素进行合理的确认和计量，不得随意改变会计要素的确认和计量标准。

4. 企业应当依照有关法律、行政法规和《企业财务会计报告条例》规定的结账日进行结账，不得提前或者延迟。年度结账日为公历年度每年的 12 月 31

日；半年度、季度、月度结账日分别为公历年度每半年、每季、每月的最后一天。

5. 企业在编制年度财务会计报告前，应当全面清查资产、核实债务。

6. 企业在编制财务会计报告前，除应当全面清查资产、核实债务外，还应当完成下列工作：

（1）核对各会计账簿记录与会计凭证的内容、金额等是否一致，记账方向是否相符。

（2）依照《企业财务会计报告条例》规定的结账日进行结算。

（3）检查相关的会计核算是否按照国家统一的会计制度的规定进行。

（4）对于国家统一的会计制度没有规定统一核算方法的交易、事项，检查其是否按照会计核算的一般原则进行确认和计量以及相关账务处理是否合理。

（5）检查是否存在会计差错、会计政策变更等原因需要调整前期或者本期相关项目。

7. 企业应当按照国家统一的会计制度规定的会计报表格式和内容，根据登记完整、核对无误的会计账簿记录和其他有关资料编制会计报表，做到内容完整、数字真实、计算准确，不得漏报或者任意取舍。

8. 企业报表之间、会计报表各项目之间，凡有对应关系的数字，应当相互一致。

9.《企业财务会计报告条例》及有关法律、法规规定的其他要求。

### （四）财务报表列报的基本要求

1. 列报基础

企业应当以持续经营为基础，根据实际发生的交易和事项，按照《企业会计准则——基本准则》和其他各项会计准则的规定进行确认和计量，在此基础上编制财务报表。企业不能以附注披露代替确认和计量。

（1）企业管理层应当评价企业的持续经营能力，对持续经营能力产生重大怀疑的，应当在附注中披露导致对持续经营能力产生重大怀疑的影响因素。

（2）企业正式决定或被迫在当期或将在下一个会计期间进行清算或停止营业的，表明其处于非持续经营状态，应当采用其他基础编制财务报表，并在附注中声明财务报表未以持续经营为基础列报、披露未以持续经营为基础的原因和财务报表的编制基础。

2. 列报期间

企业至少应当按年编制财务报表。年度财务报表涵盖的期间短于一年的，应当披露年度财务报表的涵盖期间，以及短于一年的原因。

财务报表项目的列报应当在各个会计期间保持一致，不得随意变更，但下列情况除外：

（1）会计准则要求改变财务报表项目的列报。

（2）企业经营业务的性质发生重大变化后，变更财务报表项目的列报能够提供更可靠、更相关的会计信息。

3. 列报项目

（1）根据重要性判断列报。性质或功能不同的项目，应当在财务报表中单独列报，不具有重要性的项目除外。性质或功能类似的项目，其所属类别具有重要性的，应当按其类别在财务报表中单独列报。重要性，是指财务报表某项目的省略或错报会影响使用者据此作出经济决策的，该项目具有重要性。判断项目性质的重要性，应当考虑该项目的性质是否属于企业日常活动等因素；判断项目金额大小的重要性，应当通过单项金额占资产总额、负债总额、所有者权益总额、营业收入总额、营业成本总额、净利润等直接相关项目金额的比重加以确定。

（2）根据规定列报。报表列示准则规定在财务报表中列报的项目，应当单独列报；其他会计准则规定单独列报的项目，应当增加单独列报项目。

4. 列报金额

财务报表中的资产项目和负债项目的金额、收入项目和费用项目的金额不得相互抵消，其他会计准则另有规定的除外。

资产项目按扣除减值准备后的净额列示，不属于抵消。非日常活动产生的损益，以收入扣减费用后的净额列示，不属于抵消。

5. 列报比较数据

当期财务报表的列报，至少应当提供所有列报项目上一可比会计期间的比较数据，以及与理解当期财务报表相关的说明，其他会计准则另有规定的除外。

财务报表项目的列报发生变更的，应当对上期比较数据按照当期的列报要求进行调整，并在附注中披露调整的原因和性质，以及调整的各项目金额。对上期比较数据进行调整不切实可行的，应当在附注中披露不能调整的原因。切实可行，是指企业在作出所有合理努力后仍然无法采用某项规定。

6. 显著披露项目

企业应当在财务报表的显著位置披露下列各项：

（1）编报企业的名称。

（2）资产负债表日或财务报表涵盖的会计期间。

（3）人民币金额单位。

（4）财务报表是合并财务报表的，应当予以标明。

## 五、会计档案

### （一）会计档案的概念及内容

1. 会计档案的概念

会计档案是指会计凭证、会计账簿和会计报表以及其他会计资料等会计核算的专业材料，它是记录和反映经济业务的重要历史资料和证据。《会计基础工作规范》第四十五条对会计档案管理问题作出了规定。

2. 会计档案的内容

根据《会计档案管理办法》第五条的规定，会计档案的内容有四类：

（1）会计凭证类：原始凭证，记账凭证，汇总凭证，其他会计凭证。

（2）会计账簿类：总账，明细账，日记账，固定资产卡片，辅助账簿，其他会计账簿。

（3）财务报告类：月度、季度、年度财务报告，包括会计报表、附表、附注及文字说明，其他财务报告。

（4）其他类：银行存款余额调节表，银行对账单，其他应当保存的会计核算专业资料，会计档案移交清册，会计档案保管清册，会计档案销毁清册。

### （二）会计档案的装订和保管规定

《会计档案管理办法》第六条规定："各单位每年形成的会计档案，应当由会计机构按照归档要求，负责整理立卷，装订成册，编制会计档案保管清册。"同时还规定："当年会计档案，在会计年度终了后，可暂由本单位财务会计部门保管一年，期满之后原则上应由财务会计部门编制清册移交本单位的档案部门保管。"

1. 会计档案的整理立卷

会计年度终了后，对会计资料进行整理立卷。会计档案的整理一般采用"三统一"的办法，即：分类标准统一、档案形成统一、管理要求统一，并分门别类按各卷顺序编号。

（1）分类标准统一。一般将财务会计资料分成一类账簿，二类凭证，三类报表，四类文字资料及其他。

（2）档案形成统一。案册封面、档案卡夹、存放柜和存放序列统一。

（3）管理要求统一。建立财务会计资料档案簿、会计资料档案目录；会计凭证装订成册，报表和文字资料分类立卷，其他零星资料按年度排序汇编装订成册。

2. 会计档案的装订

会计档案的装订主要包括会计凭证、会计账簿、会计报表及其他文字资料的装订。

（1）会计凭证的装订。一般每月装订一次，装订好的凭证按年分月妥善保管归档。根据《会计档案管理办法》的规定，会计凭证装订的基本要求是：

首先，应做好装订前的准备工作，包括：第一，分类整理，按顺序排列，检查日数、编号是否齐全；第二，按凭证汇总日期归集（如按上、中、下旬汇总归集）确定装订成册的本数；第三，摘除凭证内的金属物（如订书针、大头针、回形针），对大的张页或附件要折叠成同记账凭证大小，且要避开装订线，以便翻阅保持数字完整；第四，整理检查凭证顺序号，如有颠倒要重新排列，发现缺号要查明原因。再检查附件有否漏缺，领料单、入库单、工资、奖金发放单是否随附齐全；第五，记账凭证上有关人员（如财务主管、复核、记账、制单等）的印章是否齐全。

其次，应按要求装订会计凭证。会计凭证装订时的要求是：其一，用“三针引线法”装订，装订凭证应使用棉线，在左上角部位打上三个针眼，实行三眼一线打结，结扣应是活的，并放在凭证封皮的里面，装订时尽可能缩小所占部位，使记账凭证及其附件保持尽可能大的显露面，以便于事后查阅；其二，凭证外面要加封面，封面纸用质好的牛皮纸印制，封面规格略大于所附记账凭证；其三，装订凭证厚度一般不超过2.5厘米，方可保证装订牢固，美观大方。

最后，应做好装订后的工作。会计凭证装订后还应做好两项工作：一是，每本封面上填写好凭证种类、起止号码、凭证张数、会计主管人员和装订人员签章；二是，在封面上编好卷号，按编号顺序入柜，并要在显露处标明凭证种类编号，以便于调阅。

（2）会计账簿的装订。各种会计账簿年度结账后，除跨年使用的账簿外，其他账簿应按时整理立卷。根据《会计档案管理办法》的规定，会计账簿装订的基本要求是：

首先是账簿装订前的要求：第一，按账簿启用表的使用页数核对各个账户是否相符，账页数是否齐全，序号排列是否连续；第二，按会计账簿封面、账簿启用表、账户目录、该账簿按页数顺序排列的账页、会计账簿装订封底的顺序装订。

其次是活页账簿的装订要求：其一，保留已使用过的账页，将账页数填写齐全，去除空白页和撤掉账夹，用质好的牛皮纸做封面、封底，装订成册；其二，多栏式活页账、三栏式活页账、数量金额式活页账等不得混装，应按同类业务、同类账页装订在一起；其三，在本账的封面上填写好账目的种类，编好卷号，会计主管人员和装订人（经办人）签章。

最后是账簿装订后的要求：一是，会计账簿应牢固、平整，不得有折角、缺角，错页、掉页、加空白纸的现象；二是，会计账簿的封口要严密，封口处要加盖有关印章；三是，封面应齐全、平整，并注明所属年度及账簿名称、编号，编号为一年一编，编号顺序为总账、现金日记账、银行存（借）款日记账、分户明细账；四是，会计账簿按保管期限分别编制卷号，如现金日记账全年按顺序编制卷号；总账、各类明细账、辅助账全年按顺序编制卷号。

(3) 会计报表的装订。会计报表编制完成及时报送后，留存的报表按月装订成册谨防丢失。小企业可按季装订成册。

根据《会计档案管理办法》的规定，会计报表装订的基本要求是：第一，会计报表装订前要按编报目录核对是否齐全，整理报表页数，上边和左边对齐压平，防止折角，如有损坏部位修补后，完整无缺地装订。第二，会计报表装订顺序为：会计报表封面、会计报表编制说明、各种会计报表按会计报表的编号顺序排列、会计报表的封底；其中，封面的填写要求为：单位名称填写全称或规范简称；题名填写财务决算或会计月、季报表；保管期限填写永久或10年或5年；年度、案卷号、件数、页数均用阿拉伯数字填写等。第三，按保管期限编制卷号。

3. 会计档案的保管

根据《会计档案管理办法》的规定，会计档案应按要求保管。

(1) 会计档案的保管要求。根据《会计档案管理办法》的规定，会计档案保管的基本要求是：一是，会计档案室应选择在干燥防水的地方，并远离易燃品堆放地，周围应备有适应的防火器材；二是，采用透明塑料膜作防尘罩、防尘布，遮盖所有档案架和堵塞鼠洞；三是，会计档案室内应经常用消毒药剂喷洒，经常保持清洁卫生，以防虫蛀；四是，会计档案室保持通风透光，并有适当的空间、通道和查阅地方，以利查阅，并防止潮湿；五是，设置归档登记簿、档案目录登记簿、档案借阅登记簿，严防毁坏损失、散失和泄密；六是，会计电算化档案保管要注意防盗、防磁等安全措施。

单位合并后原各单位解散或一方存续其他方解散的，原各单位的会计档案应当由合并后的单位统一保管；单位合并后原各单位仍存续的，其会计档案仍应由原各单位保管。

（2）会计档案的借阅。《会计档案管理办法》第七条规定：各单位保存的会计档案不得借出。如有特殊需要，经本单位负责人批准，可以提供查阅或者复制，并办理登记手续。查阅或者复制会计档案的人员，严禁在会计档案上涂画、拆封和抽换。同时规定：各单位应当建立健全会计档案查阅、复制登记制度。根据这项规定，会计档案借阅的基本要求是：

首先，会计档案为本单位提供利用，原则上不得借出，有特殊需要须经上级主管单位或单位领导、会计主管人员批准。

其次，外部借阅会计档案时，应持有单位正式介绍信，经会计主管人员或单位领导人批准后，方可办理借阅手续；单位内部人员借阅会计档案时，应经会计主管人员或单位领导人批准后，办理借阅手续。借阅人应认真填写档案借阅登记簿，将借阅人姓名、单位、日期、数量、内容、归期等情况登记清楚。

再次，借阅会计档案人员不得在案卷中乱画、标记，拆散原卷册，也不得涂改抽换、携带外出或复制原件（如有特殊情况，须经领导批准后方能携带外出或复制原件）。

最后，借出的会计档案，会计档案管理人员要按期如数收回，并办理注销借阅手续。

（3）会计档案的保管期限。各种会计档案的保管期限，按其特点可分为永久性和定期性两类。凡是在立档单位会计核算中形成的，记述和反映会计核算的，对工作总结、查考和研究经济活动具有长远利用价值的会计档案，应永久保存。根据《会计档案管理办法》第八条的规定：会计档案的保管期限分为永久、定期两类，其中，定期保管期限分别为 3 年、5 年、10 年、15 年、25 年等五种，见表 1－1、表 1－2。会计档案的保管期限，从会计年度终了后的第一天算起，如：2009 年度终了日为 12 月 31 日，保管期限按 2010 年 1 月 1 日开始计算。

**表 1－1　　企业和其他组织会计档案保管期限表**

| 序　号 | 档案名称 | 保管期限 | 备　注 |
|---|---|---|---|
| 一 | 会计凭证类 | | |
| 1 | 原始凭证 | 15 年 | |
| 2 | 记账凭证 | 15 年 | |
| 3 | 汇总凭证 | 15 年 | |

续表

| 序号 | 档案名称 | 保管期限 | 备注 |
| --- | --- | --- | --- |
| 二 | 会计账簿类 | | |
| 4 | 总账 | 15年 | 包括日记总账 |
| 5 | 明细账 | 15年 | |
| 6 | 日记账 | 15年 | 现金和银行存款日记账保管25年 |
| 7 | 固定资产卡片 | | 固定资产报废清理后保管5年 |
| 8 | 辅助账簿 | 15年 | |
| 三 | 财务报告类 | | 包括各级主管部门汇总财务报告 |
| 9 | 月、季度财务报告 | 3年 | 包括文字分析 |
| 10 | 年度财务报告（决算） | 永久 | 包括文字分析 |
| 四 | 其他类 | | |
| 11 | 会计移交清册 | 15年 | |
| 12 | 会计档案保管清册 | 永久 | |
| 13 | 会计档案销毁清册 | 永久 | |
| 14 | 银行余额调节表 | 5年 | |
| 15 | 银行对账单 | 5年 | |

**表1-2　财政总预算、行政单位、事业单位和税收会计档案保管期限表**

| 序号 | 档案名称 | 财政总预算 | 行政事业单位 | 税收会计 | 备注 |
| --- | --- | --- | --- | --- | --- |
| 一 | 会计凭证类 | | | | |
| 1 | 国家金库编送的各种报表及缴库退库凭证 | 10年 | | 10年 | |
| 2 | 各收入机关编送的报表 | 10年 | | | |
| 3 | 行政单位和事业单位的各种会计凭证 | | 15年 | | 包括：原始凭证、记账凭证和传票汇总表 |
| 4 | 各种完税凭证和缴、退库凭证 | | | 15年 | 缴款书存根联在销号后保管2年 |

续表

| 序号 | 档案名称 | 财政总预算 | 行政事业单位 | 税收会计 | 备　注 |
| --- | --- | --- | --- | --- | --- |
| 5 | 财政总预算拨款凭证及其他会计凭证 | 15 年 | | | 包括：拨款凭证和其他会计凭证 |
| 6 | 农牧业税结算凭证 | | | 15 年 | |
| 二 | 会计账簿类 | | | | |
| 7 | 日记账 | | 15 年 | 15 年 | |
| 8 | 总账 | 15 年 | 15 年 | 15 年 | |
| 9 | 税收日记账（总账）和税收票证分类出纳账 | | 25 年 | | |
| 10 | 明细分类、分户账或登记簿 | 15 年 | 15 年 | 15 年 | |
| 11 | 现金出纳账、银行存款账 | | 25 年 | 25 年 | |
| 12 | 行政单位和事业单位固定资产明细账（卡片） | | | | 固定资产报废清理后保管 5 年 |
| 三 | 财务报告类 | | | | |
| 13 | 财政总预算 | 永久 | | | |
| 14 | 行政单位和事业单位决算 | 10 年 | 永久 | | |
| 15 | 税收年报（决算） | 10 年 | | 永久 | |
| 16 | 国家金库年报（决算） | 10 年 | | | |
| 17 | 基本建设拨、贷款年报（决算） | 10 年 | | | |
| 18 | 财政总预算会计旬报 | 3 年 | | | 所属单位报送的保管 2 年 |
| 19 | 财政总预算会计月、季度报表 | 5 年 | | | 所属单位报送的保管 2 年 |
| 20 | 行政单位和事业单位会计月、季度报表 | | 5 年 | | 所属单位报送的保管 2 年 |
| 21 | 税收会计报表（包括票证报表） | | | 10 年 | 电报保管 1 年，所属税务机关报送的保管 3 年 |
| 四 | 其他类 | | | | |
| 22 | 会计移交清册 | 15 年 | 15 年 | 15 年 | |
| 23 | 会计档案保管清册 | 永久 | 永久 | 永久 | |

为了全面反映会计档案情况，立档部门应设置“会计档案备查表”及时记载会计档案的保存数、借阅数和归档数，做到心中有效、不出差错。会计档案管理部门由各级人民政府财政部门和档案行政管理部门共同负责会计档案工作的指导、监督和检查。

### （三）会计档案的移交

《会计档案管理办法》规定：移交本单位档案机构保管的会计档案，原则上应当保持原卷册的封装。个别需要拆封重新整理的，档案机构应当会同会计机构和经办人员共同拆封整理，以分清责任。会计档案的移交应分情况办理：

1. 单位因撤销、解散、破产或者其他原因而终止的会计档案

单位因撤销、解散、破产或者其他原因而终止的，在终止和办理注销登记手续之前形成的会计档案，应当由终止单位的业务主管部门或财产所有者代管或移交有关档案馆代管。法律、行政法规另有规定的，从其规定。

2. 单位分立后的会计档案

单位分立后原单位存续的，其会计档案应当由分立后的存续方统一保管，其他方可查阅、复制与其业务相关的会计档案；单位分立后原单位解散的，其会计档案应当经各方协商后由其中一方代管或移交档案馆代管，各方可查阅、复制与其业务相关的会计档案。单位分立中未结清的会计事项所涉及的原始凭证，应当单独抽出由业务相关方保存，并按规定办理交接手续。

3. 单位因业务移交其他单位办理所涉及的会计档案

单位因业务移交其他单位办理所涉及的会计档案，应当由原单位保管，承接业务单位可查阅、复制与其业务相关的会计档案，对其中未结清的会计事项所涉及的原始凭证，应当单独抽出由业务承接单位保存，并按规定办理交接手续。

4. 建设单位在项目建设期间形成的会计档案

建设单位在项目建设期间形成的会计档案，应当在办理竣工决算后移交给建设项目的接受单位，并按规定办理交接手续。

5. 单位之间的会计档案交接

单位之间交接会计档案的，交接双方应当办理会计档案交接手续。移交会计档案的单位，应当编制会计档案移交清册，列明应当移交的会计档案名称、卷号、册数、起止年度和档案编号、应保管期限、已保管期限等内容。交接会计档案时，交接双方应当按照会计档案移交清册所列内容逐项交接，并由交接双方的单位负责人负责监交。交接完毕后，交接双方经办人和监交人应当在会计档案移交清册上签名或者盖章。

### （四）会计档案的销毁

根据会计法规定：会计档案保管期满需要销毁时，由本单位档案部门提出销毁意见，会同财务会计部门共同鉴定，严格审查，编造会计档案销毁清册。各单位在按规定销毁会计档案时，应当由档案部门和财务会计部门共同派员监销。各级主管部门销毁会计档案时，还应当有同级财政部门、审计部门派员参加监销。各级财政部门销毁会计档案时，由同级审计机关派员参加监销。监销人在销毁会计档案以前，应当认真进行清点核对，销毁后，在销毁清册上签名盖章，并将监销情况报告本单位领导。

在对保管期满的会计档案鉴定时，档案部门应及时会同财会部门，根据会计档案保管期限的规定和会计档案的实际价值，对保管期满的会计档案的保管期限进行重新认定。鉴定会计档案采取直接鉴定法，即逐卷（册）、逐件、逐页鉴定。对保管期满应予销毁的会计档案，由档案部门和财会部门进行终审鉴定，提出鉴定销毁意见，双方都认为确无保存价值的，才能作出销毁结论，认定意见不一致时，应当缓销。

1. 可以销毁的会计档案

根据《会计档案管理办法》第十条的规定：保管期满的会计档案，除本办法第十一条规定的情形外，可以按照以下程序销毁：

（1）由本单位档案机构会同会计机构提出销毁意见，编制会计档案销毁清册，列明销毁会计档案的名称、卷号、册数、起止年度和档案编号、应保管期限、已保管期限、销毁时间等内容。

（2）单位负责人在会计档案销毁清册上签署意见。

（3）销毁会计档案时，应当由档案机构和会计机构共同派员监销。国家机关销毁会计档案时，应当由同级财政部门、审计部门派员参加监销。财政部门销毁会计档案时，应当由同级审计部门派员参加监销。

（4）监销人在销毁会计档案前，应当按照会计档案销毁清册所列内容清点核对所要销毁的会计档案；销毁后，应当在会计档案销毁清册上签名盖章，并将监销情况报告本单位负责人。

2. 不得销毁的会计档案

根据《会计档案管理办法》第十一条的规定，下列会计档案不得销毁：

（1）保管期满但未结清的债权债务原始凭证和涉及其他未了事项的原始凭证，不得销毁，应当单独抽出立卷，保管到未了事项完结时为止。单独抽出立卷的会计档案，应当在会计档案销毁清册和会计档案保管清册中列明。

（2）正在项目建设期间的建设单位，其保管期满的会计档案不得销毁。

对各单位会计档案的管理要求：

（1）必须加强对会计档案管理工作的领导。

（2）要建立会计档案的立卷、归档、保管等制度。

（3）会计档案要妥善保管、有序存放、方便查阅，严防毁损、散失和泄密。

### （五）实行会计电算化单位会计档案管理的有关规定

按《会计档案管理办法》和《会计基础工作规范》的规定，对实行会计电算化单位的会计档案管理增加了以下管理要求：

1. 有关电子数据、会计软件资料等应当作为会计档案进行管理。

2. 采用电子计算机进行会计核算的单位，应当保存打印出的纸质会计档案。具备采用磁带、磁盘、光盘、微缩胶片等磁性介质保存会计档案条件的，由国务院主管部门统一规定，并报财政部、国家档案局备案。

3. 保管期限与纸介质的同类档案相同。

4. 对于因升级换版、新购而停止使用的会计核算软件系统，应作为会计档案永久保存。

## 六、其　他

我国会计法律制度还对会计年度、记账本位币、会计处理方法、会计核算内容以及会计信息质量要求等做了明确规定。

### （一）会计年度

我国《会计法》第十一条、《会计基础工作规范》第三十九条规定：会计年度自公历1月1日起至12月31日止。

会计年度是指以年度为计量单位进行会计核算的时间区间，是反映单位财务状况、核算经营成果的时间界限。会计上将连续不断的经营过程人为地划分为若干相等的时间段，分段进行结算，分段编制财务会计报告，分段反映单位的财务状况和经营成果。这种分段进行会计核算的时间区间，在会计上称为会计期间（会计期间是一种会计假设）。每个会计年度还可以按照公历日期划分为：会计半年度、会计季度、会计月份。

### （二）记账本位币

记账本位币是指日常登记账簿和编制财务会计报告用以计量的货币，也就是单位进行会计核算业务时所使用的货币。根据《会计法》的规定，会计核算以人民币为记账本位币。随着我国对外开放的进一步扩大，外商投资企业在我国得到迅速发展，同时我国向外国的投资和对外贸易也日渐增多，这就涉及两种或两种以上货币的业务往来，而在一些单位的日常经营活动中，人民币以外的其他货币收支逐步占主导地位。为了便于这些单位对外开展业务，简化会计核算手续，方便我国境内财务会计报告使用者的阅读和使用，《会计法》规定，业务收支以人民币以外的货币为主的单位，可以选定其中一种货币为记账本位币，但是编制的财务会计报告应当折算为人民币。境外单位向国内有关部门编报的会计报表，应当折算为人民币反映。

### （三）会计处理方法

1. 会计处理方法的内容

会计处理方法是指在会计核算中所采用的具体方法。会计处理方法包括会计确认、计量、记录和报告四个方面。主要包括：收入确认方法、企业所得税的会计处理方法、存货计价方法、坏账损失的核算方法、固定资产折旧方法、编制合并会计报表的方法、外币折算的会计处理方法等。

2. 会计处理方法的选择和选择后的规定

由于各企业经济活动性质和经营规模存在差异，会计准则和国家统一的会计制度不可能要求所有单位的会计核算方法完全一致，并且，企业的经营环境处于不断变化之中，也不可能要求他们自始至终采用同一种会计核算方法。例如，在企业对外股权投资过程中，如果其拥有的被投资单位股权发生了实质性变化，其对外投资的核算方法就应相应的改变。因此，在具体的会计准则和国家统一的会计制度中，对某些交易和会计事项提供了多种可供选择的具体方法。企业会计处理方法的选择项目主要包括：

（1）发出存货的计价方法。

（2）坏账损失的核算方法。

（3）长期投资的核算方法。

（4）收入的确认方法。

（5）计提折旧的方法。

（6）外币会计报表折算的方法。

（7）所得税的核算方法。

3. 会计处理方法的变更

采用不同的处理方法，会影响会计资料的一致性、可比性，进而影响会计资料的使用。因此，《会计法》第十八条规定：“各单位采用的会计处理方法，前后各期应当保持一致，不得随意变更；确有必要变更的，应当按照国家统一的会计制度的规定进行变更，并将变更的原因、情况及影响在财务会计报告中予以说明，以便于会计资料使用者了解会计处理方法变更及其对会计资料影响的情况。”

在下述两种情况下，企业可以变更会计政策：

（1）法律、行政法规和国家统一的会计制度要求变更。也就是说，实施了新的会计准则或会计制度，或修订了原有的会计准则或会计制度，要求变更会计政策。如因存货会计准则的实施，企业应改变过去计提存货跌价准备的方法，按照新准则规定的方法计提。

（2）会计政策变更能提供更为可靠、相关的会计信息。变更会计政策以后，能够使提供的企业财务状况、经营成果和现金流量等信息更为相关、更为可靠。

### （四）会计核算的主要内容

会计核算的内容，是指应当及时办理会计手续、进行会计核算的会计事项。《会计法》对会计核算的基本内容作过规定，《会计基础工作规范》第三十七条重申了《会计法》的这一规定，即要求对下列会计事项，必须及时办理会计手续、进行会计核算。

1. 款项和有价证券的收付

款项是作为支付手段的货币资金。可以作为款项收付的货币资金，包括库存现金、银行存款和其他货币资金，如外埠存款、银行汇票存款、银行本票存款、在途货币资金、信用证存款、保函押金和各种备用金等。有价证券是具有一定财产权利或者支配权利的票证，如股票、国库券、其他企业债券等。款项的收付是经常发生的，在有的单位其发生额还很大。有价证券收付的频繁程度在多数单位要低一些，但发生额一般都比较大。款项和有价证券收付的业务涉及到较易受损的资产，绝大部分业务本身又直接造成一个单位货币资金的增减变化，影响单位的资金调度能力，所以通常要求进行严密、及时和准确的核算。目前实际工作中在这方面存在的突出问题是，有的单位款项收付未纳入单位的统一核算，而是转入了“小金库”；或者单位资金管理失控，被非法挪用，甚至发生贪污、抽逃等问题。因此，必须加强对款项、有价证券的管理，建立健全内部控制等管理制度。

2. 财物的收发、增减和使用

财物是一个单位用来进行或维持经营管理活动的具有实物形态的经济资源，包括原材料、燃料、包装物、低值易耗品、在产品、自制半成品、产成品、商品等流动资产和机器、机械、设备、设施、运输工具、家具等固定资产。财产物资在许多单位构成资产的主体，并在资产总额中占有很大比重。财物的收发、增减和使用业务，是会计核算中的经常性业务，有关的核算资料往往是单位内部进行业务成果考核，控制和降低成本费用的重要依据。此外，财物会计核算还对各种财产物资的安全、完整有重要作用。对国有企业、事业行政单位来说，这也是保护国家财产的一个重要关口，但在有的国有单位，这个关口的职能被大大削弱，经常发生国家财产被毁损、浪费，或者被不法分子侵吞，造成了国有资产的浪费和严重流失。作为会计人员，应当加强对财产物资的核算和管理。

3. 债权债务的发生和结算

债权是一个单位收取款项的权利，包括各种应收和预付的款项。债务则是一个单位需要以其货币资金等资产或者劳务清偿的义务，包括各项借款、应付和预收款项以及应交款项等。债权和债务都是一个单位在自己的经营活动中必然要发生的事项。对债权债务的发生和结算的会计核算，涉及单位与其他单位以及单位与其他有关方面的经济利益，关系到单位自身的资金周转，同时从法律上讲，债务还决定一个企业的生成问题，因而债权债务是会计核算的一项重要内容。会计基础工作薄弱的单位，往往不能正确、及时办理债权债务的会计核算，使单位的信誉和经济利益蒙受损失。也有的单位利用应收应付款项账目隐藏、转移资金、利润或费用，涉嫌违法乱纪。对此问题，会计人员必须进行制止和纠正。

4. 资本、基金的增减

资本一般是企业单位的所有者对企业的净资产的所有权，因此亦称所有者权益，具体包括实收资本、资本公积、盈余公积和未分配利润。基金，主要是指机关、事业单位某些特定用途的资金，如事业发展基金、集体福利基金、后备基金等。资本、基金的利益关系人比较明确，用途也基本定向。办理资本、基金增减的会计核算，政策性很强，一般都应以具有法律效力的合同、协议、董事会决议或政府部门的有关文件等为依据，切忌盲从单位领导人个人或其他指示人未经法定程序认可或未办理法定手续的任何处置意见。

5. 收支与成本费用的计算

收入是一个单位在经营活动中由于销售产品、商品，提供劳务、服务或提供资产的使用权等取得的款项或收取款项的权利。支出从狭义上理解，仅指行政事业单位和社会团体在履行法定职能或发挥特定的功能时所发生的各项开支以及企业和企业化的事业单位在正常经营活动以外的支出或损失；如从广义上理解，支出是一个单位实际发生的各项开支或损失。费用的涵义比支出窄，通常使用范围也小一些，仅指企业和企业化的事业单位因生产、经营和管理活动而发生的各项耗费和支出。成本一般仅限于企业和企业化的事业单位在生产产品、购置商品和提供劳务或服务中所发生的各项直接耗费，如直接材料、直接工资、直接费用、商品进价以及燃料、动力等其他直接费用。收入、支出、费用、成本都是重要的会计要素，体现着对一个单位的经营管理水平和效率从不同角度进行的度量，是计算一个单位经营成果及其盈亏情况的主要依据。对这些要素进行会计核算的特点，是连续、系统、全面和综合。在实际工作中，问题突出的有虚报收入（人为压低或拔高），虚列支出和乱挤乱摊成本、费用等。这已成为严重影响会计信息质量的根源之一，会计人员有责任制止和纠正这种现象的继续发生。

6. 财务成果的计算和处理

财务成果主要是企业和企业化的事业单位在一定的时期内通过从事经营活动而在财务上所取得的结果，具体表现为盈利或是亏损。财务成果的计算和处理，包括利润的计算、所得税的计算交纳和利润的分配（或亏损的弥补）等，这个环节上的会计核算主要涉及到所有者和国家的利益。在实际工作中存在的问题，主要是“虚盈实亏”和“虚亏实盈”，一般视单位的所有制性质而异，呈典型的利益驱动倾向，其共同特点是损害国家或社会公众利益，是一种严重的违法行为。

7. 需要办理会计手续、进行会计核算的其他事项

## （五）会计信息质量要求

2006 年 2 月 15 日财政部颁布的《企业会计准则》将“会计核算基本原则”称为“会计信息质量要求”，明确提出了为保证会计信息质量必须遵守的若干基本准则。会计信息质量要求是对企业财务报告中所提供会计信息质量所作的规定，是使财务报告中所提供会计信息对投资者等使用者决策有用应具备的基本特征。根据《企业会计准则》的规定，会计信息质量要求包括可靠性、相关性、可理解性、可比性、实质重于形式、重要性、谨慎性和及时性等，其中，可靠性、相关性、可理解性和可比性是会计信息的首要质量要求，是企业财务报告中所提供会计信息应具备的基本质量特征；实质重于形式、重要性、谨慎性和及时性是会计信息的次级质量要求，是对可靠性、相关性、可理解性和可比性等首要质量要求的补充和完善，尤其是在对某些特殊交易或者事项进行处理时，需要根据这些质量要求来把握其会计处理原则，另外，及时性还是会计信息相关性和可靠性的制约因素，企业需要在相关性和可靠性之间寻求一种平衡，以确定信息及时披露的时间。

1. 可靠性

可靠性要求企业应当以实际发生的交易或者事项为依据进行确认、计量和报

告，如实反映符合确认和计量要求的各项会计要素及其他相关信息，保证会计信息真实可靠、内容完整。真实可靠是指会计信息值得使用者信赖的程度，它又分为如实反映、可验证性和中立性。

2. 相关性

相关性要求企业提供的会计信息应当与财务报告使用者的经济决策需要相关，有助于财务报告使用者对企业过去、现在或者未来的情况作出评价或者预测。

3. 可理解性

可理解性要求企业提供的会计信息应当清晰明了，便于财务报告使用者理解和使用。

4. 可比性

可比性要求企业提供的会计信息应当具有可比性。具体包括两个要求：一是，同一企业对于不同时期发生的相同或者相似的交易或者事项，应当采用一致的会计政策，不得随意变更；二是，不同企业发生的相同或者相似的交易或者事项，应当采用规定的会计政策，确保会计信息口径一致、相互可比，即对于相同或者相似的交易或者事项，不同企业应当采用一致的会计政策，以使不同企业按照一致的确认、计量和报告基础提供有关会计信息。

5. 实质重于形式

实质重于形式要求企业应当按照交易或者事项的经济实质进行会计确认、计量和报告，不应仅以交易或者事项的法律形式为依据。如果企业仅仅以交易或者事项的法律形式为依据进行会计确认、计量和报告，那么就容易导致会计信息失真，无法如实反映经济现实和实际情况。

6. 重要性

重要性要求企业提供的会计信息应当反映与企业财务状况、经营成果和现金流量有关的所有重要交易或者事项。

7. 谨慎性

谨慎性要求企业对交易或者事项进行会计确认、计量和报告时应当保持应有的谨慎，不应高估资产或者收益、低估负债或者费用。但是，谨慎性的应用并不允许企业设置秘密准备，如果企业故意低估资产或者收益，或者故意高估负债或者费用，将不符合会计信息的可靠性和相关性要求，损害会计信息质量，扭曲企业实际的财务状况和经营成果，从而对使用者的决策产生误导，这是会计准则所不允许的。

8. 及时性

及时性要求企业对于已经发生的交易或者事项，应当及时进行确认、计量和报告，不得提前或者延后。

**【案例1－3】** 2009年10月，某有限责任公司出纳员王某在审查原始凭证时，发现业务员李某提供的住宿费发票和张某提供的购货发票存在问题：李某的住宿费发票大小写金额不一致；张某提供的购买办公用品的发票经审查是伪造的发票，王某应如何处理？

**【案例评析】**

1. 根据《会计法》的规定，会计机构、会计人员对不真实、不合法的原始凭证，有权不予受理，并向单位负责人报告，请求查明原因，追究有关当事人的责任。对于记载不准确、不完整的原始凭证予以退回，并要求经办人员按照国家统一会计制度的规定进行更正、补充。

2. 本案中，王某发现李某提供的发票大小写金额不一致，应仔细研究分析发票金额大小写不一致的原因，若是人为涂改所致，则属于不合法的原始凭证不予受理，同时应向单位负责人报告；若是发票填写错误，则应退回，要求开票单位重开发票。

对于张某所提供的伪造的购买办公用品的发票，王某有权不予受理，并向单位负责人报告，请求查明原因，追究有关当事人的责任。

## 第四节 会计监督

所谓会计监督，是指会计工作人员依据《会计法》赋予的职权，将《会计法》规定的各项内容适用于具体的人和事，对单位经济业务事项的合法性、真实性和有效性所进行的监察、督促，落实法律规定应依法办理的业务内容。

会计监督是实施《会计法》惟一具体、有效的执业环节。从其范围说，它首先是内部监督但绝不仅限于内部监督，同时也具有外部监督和社会监督的性质。如第十四条规定，“会计人员对不真实、不合法的原始凭证有权不予接受”。各单位所取得的原始凭证绝大部分是由外单位出具的，当甲单位会计人员依法拒绝接受乙单位不真实、不合法的原始凭证时，甲单位会计人员正是履行了其监督职权。无疑，甲单位的会计监督就不只是内部会计监督了其具有外部会计监督的性质。事实上是内部兼外部监督的性质。

现行《会计法》规定：“会计机构、会计人员依照本法规定进行会计核算，实行会计监督”。值得注意的是，会计人员“实行会计监督”已超出本单位，与第十四条规定“对不真实、不合法的原始凭证有权不予接受”前后精神是一致的。《会计法》进一步规定：会计人员对违反本法和国家统一的会计制度规定的会计事项有权拒绝办理或者按照职权予以纠正，会计人员发现会计账簿记录与实物、款项及有关资料不相符的，按规定有权自行处理的，应当及时处理；同时还明令：任何单位或者个人不得对依法履行职责、抵制违反本法规定行为的会计人员实行打击报复（第五条），单位负责人应当保证会计机构、会计人员依法履行职责（第二十八条），单位负责人对依法履行职责的会计人员实行打击报复，构成犯罪的，依法追究刑事责任，尚不构成犯罪的依法给予处分（第四十六条）。《中华人民共和国刑法》第二百五十四条同时严正规定："公司、企业、事业单位、机关、团体的领导人，对依法履行职责、抵制违反会计法、统计法行为的会计、统计人员实行打击报复，情节严重的，处五年以下有期徒刑或者拘役"。可见，各单位会计人员行使监督职权绝不是个人的随意行为，而是法律赋其权利并受《会计法》保护。

理论上讲，会计监督是会计的基本职能之一，是对会计核算和管理工作进行连续、系统、全面的监控和经常性的检查，便于及时发现并纠正会计工作中可能存在的偏差和错误，依法查处可能存在的舞弊造假，确保会计核算和会计管理工作健康、有序、高效的运行。有效的会计监督可以是保证会计信息真实合法、准确规范的重要举措，也是保证反映的经济活动的信息质量，防范经营风险的关键环节，是我国经济监督制度的重要组成部分。有效实施会计监督具有重要意义：一是，有利于维护国家财经法规。财经法规是一切经济单位从事经济活动必须遵循的基本准绳和依据。会计监督正是依据国家财经法规，对各单位经济活动的真实性、合法性、可行性等进行检查，从而促进各单位严格遵守国家财经法规。会计工作是财政经济工作的基础，一切财务收支都要通过会计这个"关口"。因此，有效地发挥会计监督职能，对于防范和制止违犯财经法规的行为，保护国家和集体财产的安全完整具有非常重要的意义。二是，有利于强化单位内部的经营管理。会计监督是经济管理的一种手段，其最终目的是促进各单位改善经营管理，提高经济效益。通过对单位经济活动的真实性、合法性、合理性等方面的监督，保证各单位的经济活动在遵守国家财经法纪的同时，符合本单位的计划、定期、预算和经营管理要求，以便提高经济效益，或避免不必要的经济损失。

根据我国《会计法》的规定，我国会计监督体系由三个层次构成：一是内部监督，即单位负责人对本单位会计工作的领导和监督以及会计机构和会计人员对本单位经济活动过程的监督；二是社会监督，即社会中介机构对各有关单位会计工作的监督；三是政府监督，即国家会计主管部门对会计监督工作的再监督。三者相辅相成，但又存在很大差异。

## 一、单位内部会计监督

### （一）单位内部会计监督的概述

1. 单位内部会计监督的概念

单位内部会计监督，是指一个单位为了保护其资产的安全完整，保证其经营活动符合国家法律、法规和内部规章要求，提高经营管理效率，防止舞弊，控制风险等目的，而在单位内部采取的一系列相互联系、相互制约的制度和方法。

2. 单位内部会计监督的分类

单位内部会计监督可以按不同的标准进行分类：

（1）按监督实行的时间，可以分为事前监督、事中监督和事后监督。事前监督是对将要发生的经济活动进行会计监督，事中监督是对正在发生的经济活动进行会计监督，事后监督是对已经发生的经济活动进行会计监督。事前监督与事中监督有利于及时发现问题、及时采取补救措施，防患于未然；事后监督便于全面、真实、准确地检查经济活动的全过程，提高会计监督的准确性。因此，应结合具体情况，灵活选择监督的方法。

（2）按监督的要求不同，可以分为政策性监督和技术性监督。政策性监督是检查单位的经济活动是否符合国家有关政策、法规，着眼于经济活动的真实性和合法性。技术性监督是检查单位的经济活动是否符合财务会计的核算技术要求，着眼于经济活动的准确性、完整性和全面性。

3. 单位内部会计监督与内部控制

从《会计法》规定的单位内部会计监督制度的内容看，其本质是一种内部控制制度，或者说是吸收和借鉴了内部控制制度的基本精神和内容，但并不完全等同于内部控制。

根据新《企业内部控制基本规范》的规定，内部控制，是由企业董事会、监事会、经理层和全体员工实施的、旨在实现控制目标的过程。内部控制的目标是合理保证企业经营管理合法合规、资产安全、财务报告及相关信息真实完整，提高经营效率和效果，促进企业实现发展战略。企业建立与实施有效的内部控制，应当包括下列要素：

（1）内部环境。内部环境是企业实施内部控制的基础，一般包括治理结构、机构设置及权责分配、内部审计、人力资源政策、企业文化等。

（2）风险评估。风险评估是企业及时识别、系统分析经营活动中与实现内部控制目标相关的风险，合理确定风险应对策略。

（3）控制活动。控制活动是企业根据风险评估结果，采用相应的控制措施，将风险控制在可承受度之内。

（4）信息与沟通。信息与沟通是企业及时、准确地收集、传递与内部控制相关的信息，确保信息在企业内部、企业与外部之间进行有效沟通。

（5）内部监督。内部监督是企业对内部控制建立与实施情况进行监督检查，评价内部控制的有效性，发现内部控制缺陷，并及时加以改进。

可见，单位内部会计监督是内部控制的重要组成部分。

根据《会计法》规定，各单位应当建立、健全本单位内部会计监督制度。这种制度是在为了规范单位内部会计工作，保证会计资料质量，促使其经济活动符合法律、国家统一会计制度以及内部规章的要求，保护其资产的安全完整，提高经济效率、防止舞弊、控制风险而采用的同一系统相互联系、相互制约的制度。这种制度的实质，就是一种在单位实施的内部控制制度，是将会计管理和内部监督结合在一起的内部管理控制制度。

## （二）单位内部会计监督的主体和对象

1. 单位内部会计监督的主体

根据《会计法》等法律、行政法规的规定，各单位的会计机构、会计人员对本单位的经济活动进行会计监督。《会计基础工作规范》进一步明确规定：单位内部会计监督的主体是各单位的会计机构、会计人员。

虽然单位内部会计监督的主体是各单位的会计机构、会计人员，但内部会计监督不仅仅是会计机构、会计人员的事情，单位负责人应当积极支持、保障会计机构、会计人员依法行使好会计监督职权。根据规定，单位负责人负责单位内部会计监督制度的组织实施，对本单位内部会计监督制度的建立及有效实施承担最终责任。

2. 内部会计监督的对象

内部会计监督的对象是单位的经济活动。根据《会计法》和其他有关会计法规的规定，会计人员进行会计监督的对象和内容是本单位的经济活动。具体内容包括：

（1）对会计凭证、会计账簿和会计报表等会计资料进行监督，以保证会计资料的真实、准确、完整和合法。

（2）对各种财产和资金进行监督，以保证财产、资金的安全、完整与合理使用。

（3）对财务收支进行监督，以保证财务收支符合财务制度的规定。

(4) 对经济合同、经济计划及其他重要经营管理活动进行监督，以保证经济管理活动的科学、合理。

(5) 对成本费用进行监督，以保证用尽可能少的投入，获得尽可能多的产出。

(6) 对利润的实现与分配进行监督，以保证按时上交税金和进行利润分配等等。

### (三) 单位内部会计监督的基本要求

根据《会计法》的规定，各单位应当建立、健全本单位内部会计监督制度和内部控制制度。单位内部会计监督制度应当符合以下要求：

1. 记账人员与经济业务事项或会计事项的审批人员、经办人员、财物保管人员的职责权限应当明确，并相互分离、相互制约。

2. 重大对外投资、资产处置、资金调度和其他重要经济业务事项的决策和执行的相互监督、相互制约的程序应当明确。

3. 财产清查的范围、期限和组织程序应当明确。

4. 对会计资料定期进行内部审计的办法和程序应当明确。

### (四) 会计机构和会计人员在单位内部会计监督中的职权

1. 依法开展会计核算和监督，对违反《会计法》和国家统一会计制度规定的会计事项，有权拒绝办理或者按照职权予以纠正。

2. 对单位内部的会计资料和财产物资实施监督。

## 二、会计工作的政府监督

### (一) 会计工作的政府监督的概念

会计工作的政府监督是指财政、审计、税务等政府机关代表国家对各单位的财务会计工作进行的监督，以及对发现的违法会计行为实施的行政处罚，是一种外部监督。它是我国经济监督体系的重要组成部分，与单位内部监督起互补作用。

### (二) 会计工作的政府监督主体

在《会计法》第四章第三十二、三十三条做了有关规定，各单位必须自觉接受财政、审计、税务等机关依法进行的监督，如实地提供会计凭证、会计账簿、会计报表和其他会计资料以及有关情况，不得拒绝、隐匿或者谎报情况。县级以上人民政府财政部门为各单位会计工作的监督检查部门，对各单位会计工作行使监督权，对违法会计行为实施行政处罚。审计、税务、人民银行、证券监管、保险监管等部门依照有关法律、行政法规规定的职责和权限，可以对有关单位的会计资料实施监督检查。如《税收征收管理法》规定，税务机关有权检查纳税人的账簿、记账凭证、报表和有关资料。

### （三）政府会计监督的对象和范围

由于会计工作的政府监督主体不同，其监督的对象和服务也不同。

1. 财政监督

财政监督是指各级财政部门在资金积累、分配和使用过程中，对企业的经济活动及其成果所实行的监督。财政部门实施会计监督检查的对象是会计行为，并对发现的有违法会计行为的单位和个人实施行政处罚。违法会计行为是指公民、法人和其他组织违反《会计法》和其他有关法律、行政法规、国家统一会计制度的行为。财政部门对各单位下列事项实施监督：

（1）是否依法设置会计账簿。具体包括：各单位设置会计账簿是否规范，是否符合法律、法规和国家统一会计制度的要求；各单位会计账簿的设置是否符合惟一的原则，是否存在账外设账行为；各单位是否存在设置虚假会计账簿的行为等。

（2）会计凭证、会计账簿、财务会计报告和其他会计资料是否真实完整。各单位对实际发生的经济业务事项是否及时办理会计手续，进行会计核算；各单位填制的会计凭证、登记的会计账簿、编制的财务会计报告是否与实际发生的经济业务事项相符，是否做到账实相符、账证相符、账账相符、账表相符；各单位提供的财务会计报告是否符合法律、行政法规和国家统一会计制度的规定等。

（3）会计核算是否符合《会计法》和国家统一会计制度的规定。具体包括：会计核算的内容是否真实、完整；采用的会计年度、记账本位币、会计处理方法、会计记录文字等是否符合法律、行政法规和国家统一会计制度的规定；对资产、负债、所有者权益、收入、支出、费用、成本、利润的确认、计量、记录和报告是否符合国家统一会计制度的规定；会计档案保管是否符合法定要求等。

（4）从事会计工作的人员是否具备会计从业资格。具体包括：从事会计工作的人员是否取得了会计从业资格证书并接受管理；会计机构负责人是否符合任职条件等。

此外，国务院财政部门和省、自治区、直辖市人民政府财政部门，依法对注册会计师、会计师事务所和注册会计师协会进行监督、指导。财政部门对会计师事务所出具审计报告的程序和内容进行监督。

2. 审计监督

政府审计监督，是各级人民政府审计部门依据我国宪法和法律对各级政府的财政收支、国家的财政金融机构财务收支和企事业单位的财务收支进行审计监督。财政收支和财务收支是会计工作的重要内容，因而审计监督是政府监督会计工作的手段之一。

3. 税务监督

税务监督主要是指各级税务机关在税收征收管理过程中，对纳税人的纳税及影响纳税的其他工作所实行的监督。税务机关根据国家税收法律、法规，通过日常税收征管工作，一方面，对纳税人依法建账、建立健全有利于正确计算和反映纳税所得情况的各项基础工作进行监督，以推动各单位加强包括会计工作在内的基础管理；另一方面，督促纳税人依法纳税，遵纪守法，堵塞各种漏洞，纠正和查处违反税法的行为，保证包括《会计法》、《会计基础工作规范》在内的各项财经法纪的贯彻实施。

4. 其他方面的监督

其他方面的监督包括：其一，工商监督，即工商行政管理部门在注册登记和年检的过程中，对工商企业会计报表及其注册资本情况的检查；其二，证券监督，即国家证券监督管理委员会对上市公司财务报表的监督；其三，人民银行及保险部门的有关监督。

## 三、会计工作的社会监督

### （一）会计工作的社会监督的概念

会计工作的社会监督主要是指由注册会计师及其所在的会计师事务所依法对委托单位的经济活动进行的审计、鉴证的一种监督制度。在《会计法》第四章第三十一条作了相关规定，会计工作的外部监督，主要是由注册会计师依法承办的社会审计。注册会计师依法接受委托，对有关会计事项（如财务报告）进行审计并出具具有法律公证性的审计报告，以此为委托人和有关方服务。注册会计师审计的基本对象是被审计单位的财务会计资料，其审计工作具有法律公证性，因此，其监督也是会计监督体系的重要内容之一。该条还强调了国家财政部门对注册会计师部门有监督权。另外，在《会计法》第四章第三十条还作了相关规定，任何单位和个人对违反有关会计法规的单位和个人有权进行监督，并且受国家法律保护。可见，单位和个人检举违反《会计法》和国家统一会计制度规定的行为，也属于会计工作社会监督的范畴。

### （二）注册会计师审计与内部审计的关系

注册会计师审计是指注册会计师接受委托对被审计单位的会计报表及相关资料进行独立审查，并出具审计意见的行为，其实质是确立或者解除被审计单位的受托经济责任。

内部审计是一种独立客观的保证工作与咨询活动，它以系统、专业的方法对风险管理、控制及治理过程的有效性进行评价和改善，从而帮助组织实现其目标。它是由被审计单位内部机构或人员，对其内部控制的有效性、财务信息的真实性和完整性以及经营活动的效率和效果等开展的一种评价活动。

从注册会计师审计与内部审计各自的定义看，两者之间既有联系又有区别。

1. 注册会计师审计与内部审计的联系

内部审计与注册会计师审计都是现代审计体系的组成部分。注册会计师审计为了提高审计效率往往需要借助内部审计，而内部审计部门也经常要求注册会计师提供管理建议书。其共同点是：

（1）相同的审计对象，即都是以财务审计为起点，注册会计师审计主要是财务报表审计，并拓展到代编财务信息、执行商定程序、财务咨询等活动；内部审计则是以企业财务活动为基础，拓展到以管理领域为主的一种审计活动。

（2）相似的审计手段。注册会计师审计与内部审计用以实现各自目标的某些手段通常是相似的，如询问、函证、盘点、分析程序等。

2. 注册会计师审计与内部审计的区别

注册会计师审计与内部审计同委托方及被审计单位的关系不同，本质上相互独立，并在各自的领域中实施审计。因此，注册会计师审计与内部审计有很大区别，表现在：

（1）审计独立性不同。内部审计受本部门、本单位直接领导，仅仅强调与其他职能部门相对独立，与双向独立的注册会计师审计不可同日而语。

（2）审计方式不同。内部审计根据本部门、本单位经营管理的需要自觉施行，而注册会计师审计则是受托进行。

（3）审计内容和目的不同。内部审计的内容主要是审查各项内部控制制度的执行情况、提出各项改进措施；而注册会计师审计依据独立审计准则，主要围绕会计报表进行，是对审计后的会计报表发表审计意见。

（4）审计职责和作用不同。内部审计的结果只对本部门、本单位负责，对外不起鉴证作用，并向外界保密；而注册会计师审计需要对投资者、债权人以及社会公众负责，对外出具的审计报告具有鉴证作用。

### （三）会计师事务所业务范围

1. 依据《注册会计师法》承办的审计业务

注册会计师及其所在的会计师事务所依法承办下列审计业务：

（1）审查企业财务会计报告，出具审计报告。

（2）验证企业资本，出具验资报告。

（3）办理企业合并、分立、清算事宜中的审计业务，出具有关报告。

（4）法律、行政法规规定的其他审计业务。

2. 会计咨询、会计服务业务

为便于会计师事务所更好地执行《注册会计师法》所规定的业务，根据财政部《关于会计师事务所承办会计咨询、会计服务业务的有关问题的通知》的规定，会计师事务所可以承办会计咨询、会计服务业务，主要包括：

（1）设计会计制度。

（2）担任会计顾问。

（3）代理纳税申报。

（4）代理记账。

（5）办理投资评估、资产评估和项目可行性研究中的有关业务。

（6）提供会计咨询、税务咨询和管理咨询。

（7）代理申请工商注册登记，协助拟订合同、章程和其他业务文件。

（8）培训会计、审计和财务管理人员。

（9）其他会计咨询、会计服务业务。

**【案例1-4】**A公司是在B市设立的一家中外合资经营企业。2009年5月，A公司接到通知，B市财政局将对该公司会计工作情况进行检查。公司董事长兼总经理王某不以为然，认为作为中外合资经营企业，不受《会计法》的约束，财政部门无权对本公司进行检查。要求：

1. 分析B公司董事长兼总经理王某的观点是否正确？

2. 财政部门的监督属于什么监督？

3. 我国的会计监督体系包括哪几部分？

**【案例评析】**

1. 根据《会计法》的规定，县级以上人民政府财政部门为各单位会计工作的监督检查部门，对各单位会计工作行使监督权。财政部门有权依法对中外合资企业的会计工作进行监督检查。所以，王某认为中外合资经营企业不受《会计法》约束的观点不正确。

2. 财政部门的监督属于政府会计监督。

3. 我国的会计监督体系包括：（1）以单位会计机构、会计人员为主体的单位内部会计监督。（2）以财政部门为主体的政府会计监督。（3）以注册会计师及所在的会计师事务所为主体的社会会计监督。

## 第五节　会计机构和会计人员

会计机构是指各单位办理会计事务的职能部门，而会计人员是指从事会计工作的人员。建立、健全会计机构，配备与工作要求相适应的、具有一定素质和数量的会计人员是做好会计工作、充分发挥会计职能和作用的重要保证。

### 一、会计机构的设置

#### （一）单位会计机构的设置

《会计法》规定："各单位应当根据会计业务的需要，设置会计机构，或者在有关机构中设置会计人员并指定会计主管人员；不具备设置条件的，应当委托经批准设立从事会计代理记账业务的中介机构代理记账。"

一个单位是否单独设置会计机构，往往取决于以下几个因素：一是单位规模的大小；二是经济业务和财务收支的繁简；三是经营管理的要求。

#### （二）会计机构负责人（会计主管人员）的任职资格

会计机构负责人（会计主管人员）是指在一个单位内具体负责会计工作的中层领导人员。在公司制企业中，它通常是由单位负责人提名并报董事会或其他权力机构批准任用的组织、领导会计机构或会计人员依法进行会计核算，实行会计监督的负责人。

《会计法》第三十八条规定："从事会计工作的人员，必须取得会计从业资格证书。担任单位会计机构负责人（会计主管人员）的，除取得会计从业资格证书外，还应当具备会计师以上专业技术职务资格或者从事会计工作三年以上经历。"

### （三）会计人员回避制度

《会计基础工作规范》规定："国家机关、国有企业、事业单位任用会计人员应当实行回避制度。单位领导人的直系亲属不得担任本单位的会计机构负责人、会计主管人员。会计机构负责人、会计主管人员的直系亲属不得在本单位会计机构中担任出纳工作。"

直系亲属包括夫妻、直系血亲关系（如祖父母、父母、子女以及养父母、养子女）、三代以内旁系血亲（如自己的兄弟姐妹及其子女、父母的兄弟姐妹及其子女）及近姻亲关系（如配偶的父母、兄弟姐妹、儿女的配偶、儿女配偶的父母）。

1. 夫妻关系。夫妻关系是血亲关系和姻亲关系的基础和源泉，它是亲属关系中最核心、最重要的部分，当然需要回避。

2. 直系血亲关系。直系血亲关系是指具有直接血缘关系的亲属。法律上讲的有两种情况：一种是出生于同一祖先，有自然联系的亲属，如祖父母、父母、子女等；第二种是指本来没有自然的或直接的血缘关系，但法律上确定其地位与血亲相等，如养父母和养子女之间的关系。直系血亲关系是亲属关系中最为紧密的关系之一，也应当列入回避范围。

3. 三代以内旁系血亲以及近姻亲关系。旁系血亲是指源于同一祖先的非直系的血亲。所谓三代，就是从自身往上或者往下数三代以内，除了直系血亲以外的血亲，就是三代以内旁系血亲，实际上就是自己的兄弟姐妹及其子女与父母的兄弟姐妹及其子女。所谓近姻亲，主要是指配偶的父母、兄弟姐妹、儿女的配偶及儿女配偶的父母。因为三代以内旁系血亲以及近姻亲关系在亲属中也是比较亲密的关系，所以也需要回避。

## 二、代理记账

代理记账是指从事代理记账业务的社会中介机构接受委托人的委托，办理记账、算账、报账等会计业务。《代理记账管理办法》规定，依法应当设置会计账簿但不具备设置会计机构或从业人员条件的单位，应当委托代理记账机构办理会计业务。

代理记账机构是随着我国经济的发展而产生的一种合法的社会性会计服务机构。其申请和设立条件有四项：一是至少有三名持有会计从业资格的专职从业人员；二是主管代理记账业务的负责人必须具有会计师以上的专业技术资格；三是有健全的代理记账业务规范和财务会计管理制度；四是依法经过工商行政管理部门或者其他管理部门核准登记。

### （一）代理记账的业务范围

代理记账机构可以接受委托，受托办理委托人的以下业务：

1. 根据委托人提供的原始凭证和其他资料，按照国家统一会计制度的规定进行会计核算，包括审核原始凭证、填制记账凭证、登记会计账簿和编制财务会计报告等。

2. 对外提供财务会计报告。代理记账机构为委托人编制的财务会计报告，经代理记账机构负责人和委托人签名并盖章后，按照有关法律、行政法规和国家统一的会计制度的规定对外提供。

3. 向税务机关提供税务资料。

4. 委托人委托的其他会计业务。

### （二）委托代理记账的委托人的义务

1. 对本单位发生的经济业务事项，应当填制或者取得符合国家统一会计制度规定的会计凭证。

2. 应当配备专人负责日常货币收支和保管。

3. 及时向代理机构提供真实、完整的原始凭证和其他相关资料。

4. 对于代理记账机构退回的要求按照国家统一会计制度规定进行更正、补充的原始凭证，应当及时予以更正、补充。

### （三）代理记账机构及其从业人员的义务

1. 按照委托合同办理记账业务，遵守有关法律、行政法规和国家统一会计制度，依法遵守职责。

2. 对在执行业务中知悉的商业秘密，负有保密业务。

3. 对委托人示意其作出不当的会计处理，提供不实的会计资料以及其他不符合法律、行政法规和国家统一会计制度规定的要求，应当拒绝。

4. 对委托人提出的有关会计处理原则问题应当予以解释。

### （四）法律责任

委托人对代理记账机构在业务约定书约定范围内的行为承担责任。代理记账机构对其专职从业人员和兼职人员的业务活动承担责任。

代理记账机构在执行业务中违反《会计法》和国家统一会计制度规定的，

由财政机关依据法律、行政法规的规定处理。代理记账机构违反代理记账规定和国家有关规定造成委托人会计核算混乱，损害国家和委托人利益的，委托人故意向代理记账机构隐瞒真实情况或者委托人会同代理记账机构共同提供不真实会计资料的，应承担相应的法律责任。

## 三、会计从业资格

会计从业资格是指进入会计职业、从事会计工作的一种法定资质，是进入会计职业的“门槛”。《会计法》第三十八条规定：“从事会计工作的人员，必须取得会计从业资格证书。”因此，会计从业资格是法定的从事会计工作的资质。有志从事会计工作的人员必须首先取得会计从业资格证书，才能从事会计工作。

### （一）会计从业资格证书的适用范围

《会计从业资格管理办法》第二条和第三十八条规定：在国家机关、社会团体、公司、企业、事业单位和其他组织从事下列会计工作的人员（包括香港特别行政区、澳门特别行政区、台湾地区人员以及外籍人员在中国大陆境内从事会计工作的人员），必须取得会计从业资格，持有会计从业资格证书：

1. 会计机构负责人（会计主管人员）。
2. 出纳。
3. 稽核。
4. 资本、基金核算。
5. 收入、支出、债权债务核算。
6. 工资、成本费用、财务成果核算。
7. 财产物资的收发、增减核算。
8. 总账。
9. 财务会计报告编制。
10. 会计机构内会计档案管理。

### （二）会计从业资格的取得

1. 会计从业资格的取得实行考试制度

国家对会计从业资格实行考试制度。也就是说，要取得会计从业资格证书的人员都必需通过考试才能取得会计从业资格。考试科目为：财经法规与会计职业道德、会计基础、初级会计电算化（或者珠算五级）。会计从业资格考试大纲由财政部统一制定并公布。

此外，据《会计从业资格管理办法》第十条规定：省、自治区、直辖市、计划单列市财政厅（局），新疆生产建设兵团财务局，中共中央直属机关事务管理局、国务院机关事务管理局、铁道部、中国人民武装警察部队后勤部和中国人民解放军总后勤部负责组织实施会计从业资格考试有关工作。

2. 会计从业资格报名条件

申请参加会计从业资格考试的人员，应当符合下列基本条件：

（1）遵守会计和其他财经法律、法规。

（2）具备良好的道德品质。

（3）具备会计专业基本知识和技能。

同时，《会计从业资格管理办法》规定，被依法吊销会计从业资格证书的人员，自被吊销之日起5年内（含5年）不得参加会计从业资格考试，不得重新取得会计从业资格证书。

3. 会计从业资格部分考试科目免试条件

申请人符合基本报名条件且具备国家教育行政主管部门认可的中专以上（含中专，下同）会计类专业学历（或学位）的，自毕业之日起2年内（含2年），免试会计基础、初级会计电算化（或者珠算五级）。会计类专业包括：会计学、会计电算化、注册会计师专门化、审计学、财务管理、理财学。

### （三）会计从业资格证书管理

《会计从业资格管理办法》第十九条规定："会计从业资格证书是具备会计从业资格的证明文件，在全国范围内有效。持有会计从业资格证书的人员不得涂改、转让会计从业资格证书。"会计从业资格证书既是持有人从事会计工作的会计行业准入证，是会计人员从事会计工作的合法依据，同时也是国家管理会计工作的重要手段，是保证会计人员素质、提高会计队伍整体水平的有效措施。

对于会计从业资格证书的管理，《会计从业资格管理办法》明确提出了上岗注册登记、离岗备案、调转登记等方面的有关规定和要求：

1. 上岗注册登记

会计从业资格证书实行注册登记制度。持证人员从事会计工作，应当自从事会计工作之日起90日内，填写注册登记表，并持会计从业资格证书和所在单位出具的从事会计工作的证明，向单位所在地的会计从业资格管理机构办理注册登记。

2. 离岗备案

持证人员离开会计工作岗位超过6个月的，应当填写注册登记表，并持会计从业资格证书，向原注册登记的会计从业资格管理机构备案。

3. 调转登记

持证人员在同一会计从业资格管理机构管辖范围内调转工作单位，且继续从事会计工作的，应当自离开原工作单位之日起90日内，填写调转登记表，持会计从业资格证书、调出单位开具的已办理会计工作移交证明和调入单位开具的从事会计工作证明，向调入单位所在地的会计从业资格管理机构办理调入手续。

持证人员在不同会计从业资格管理机构管辖范围调转工作单位，且继续从事会计工作的，应当填写调转登记表，持会计从业资格证和原单位开具的已办理会计工作移交证明向原注册登记会计从业资格管理机构办理调出手续；并自办理调出手续之日起90日内，持会计从业资格证书、调转登记表和调入单位开具的从事会计工作证明，向调入单位所在地的会计从业资格管理机构办理调入手续。

4. 变更登记

持证人员的学历或学位、会计专业技术职务资格等发生变更以及发生接受继续教育、受到表彰奖励、被处罚等情况应向所属会计从业资格管理机构办理从业档案信息变更登记。

### （四）会计人员继续教育

会计人员继续教育是指取得会计从业资格的人员持续接受一定形式的、有组织的理论知识、专业技能和职业道德的教育和培训活动，从而不断提高和保持其专业胜任能力和职业道德水平。

1. 会计人员继续教育的对象和特点

会计人员继续教育的对象为所有持有所在财政部门统一颁发的会计从业资格证书的人员（即持证人员）。根据教育对象分为高级、中级、初级三个层次。高级层次的培训对象为具有高级会计专业技术职务的会计人员及尚不具备高级会计专业技术资格，但在大中型企业或省级主管部门担任总会计师、会计机构负责人的会计人员。中级层次的培训对象为已经取得或受聘中级会计专业技术职务及具有相当水平的会计人员；初级层次的培训对象为具有初级会计专业资格的人员及未取得会计专业技术资格的持有会计从业资格证书的人员。

会计人员继续教育不同于一般学历教育，其特点主要有三：

（1）针对性。会计人员继续教育根据不同层次的继续教育对象确定不同的教育内容，采取不同的教育方式，解决实际问题。

（2）适应性。即联系实际工作需要，学以致用。在继续教育过程中，培训对象可以根据自己的工作实际选择相关内容的继续教育培训。另外持证人员要本着学什么用什么的原则，自己缺什么就去学什么，差什么就去补什么。

（3）灵活性。即继续教育培训内容、方法、形式等方面具有灵活性。培训内容丰富多彩，不同层面的持证人员可以结合本职工作和知识结构的需要选择相应的继续教育培训内容。继续教育培训的方法有面授、函授、录像和网络教学。

2. 会计人员继续教育的内容

会计人员继续教育的内容主要包括：会计理论与实务；财务、会计法规制度；会计职业道德规范；其他相关的知识与法规。内容要讲究“新”和“实”。

3. 会计人员继续教育的形式和学时要求

会计人员继续教育的形式包括接受培训和自学两种。根据《会计从业资格管理办法》第二十条规定，持证人员应当接受继续教育，提高业务素质和会计职业道德水平，每年参加继续教育不得少于24小时。《会计人员继续教育规定》第十一条规定，会计人员每年接受培训（面授）的时间累计不应少于24小时。培训时间的计算以实际教学时间为准。

## 四、会计专业职务与会计专业技术资格

### （一）会计专业职务

会计专业职务是区别会计人员业务技能的技术等级。会计专业职务分为高级会计师、会计师、助理会计师和会计员。高级会计师为高级职务，会计师为中级职务，助理会计师和会计员为初级职务。

会计各等级专业职务的任职条件包括：

1. 会计员的主要工作职责和基本条件

会计员主要负责具体审核和办理财务收支，编制记账凭证，登记会计账簿，编制会计报表和办理其他会计事务等。

会计员的基本任职条件有：

（1）初步掌握财务会计知识和技能。

（2）熟悉并能贯彻执行有关会计法规和财务会计制度。

（3）能担负一个岗位的财务会计工作。

（4）大学专科或中等专业学校毕业，在财务会计工作岗位上实习一年期满。

2. 助理会计师的主要工作职责和基本条件

助理会计师主要负责草拟一般的财务会计制度、规定、办法；解释、解答财务会计法规、制度中的一般规定；分析检查某一方面或某些项目的财务收支和预算的执行情况等。

助理会计师的基本任职条件包括：

（1）掌握一般的财务会计基础理论和专业知识。

（2）熟悉并能正确执行有关的财经方针、政策和财务会计法规、制度。

（3）能担负一个方面或某个重要岗位的财务会计工作。

（4）取得硕士学位，或取得第二学士学位或研究生班结业证书，具备履行助理会计师职责的能力。

（5）大学本科毕业，在财务会计工作岗位上见习一年期满。

（6）大学专科毕业并担任会计职务两年以上，或中等专业学校毕业并担任会计员职务四年以上。

3. 会计师的主要工作职责和基本条件

会计师主要负责草拟比较重要的财务会计制度、规定、办法；解释、解答财务会计法规、制度中的重要问题；分析检查财务收支和预算的执行情况；培养初级会计人才等。

会计师的基本任职条件包括：

（1）系统地掌握财务会计理论和专业知识。

（2）掌握并能正确贯彻执行有关的财经方针、政策和财务会计法规、制度。

（3）具有一定的财务会计工作经验，能担负一个单位或管理一个地区、一个部门或一个系统某个方面的财务会计工作。

（4）取得博士学位，并具有履行会计师职责的能力。

（5）取得硕士学位并担任助理会计师职务两年左右。

（6）取得第二学士学位或研究生班结业证书，并担任助理会计师职务二至三年年。

（7）大学本科或大学专科毕业并担任助理会计师职务四年以上。

（8）掌握一门外语。

4. 高级会计师的主要工作职责和基本条件

高级会计师主要负责草拟和解释、解答一个地区、系统或部门的经济核算和财务会计工作；培养中级以上会计人才等。

高级会计师的基本任职条件包括：

（1）较系统地掌握经济、财务会计理论和专业知识。

（2）具有较高的政策水平和丰富的财务会计工作经验，能担负一个地区、部门或系统的财务会计管理工作。

（3）取得博士学位，并担任会计师职务 2～3 年。

（4）取得硕士学位、第二学士学位或研究生班结业证书，或大学本科毕业并担任会计师职务5年以上。

(5) 较熟练地掌握一门外语。

对各级会计专业职务的学历和从事财务会计工作年限的要求，一般都应具备；但对确有真才实学、成绩显著、贡献突出、符合任职条件的，在确定其相应专业职务时，可以不接受本科以上学历和工作年限的限制。

### (二) 会计专业技术资格

1. 会计专业技术资格的含义及分类

会计专业技术资格，是指担任会计专业职务的任职资格。会计专业技术资格分为：初级资格、中级资格和高级资格。

取得初级资格，单位可根据有关规定按照下列条件聘任相应的专业技术职务：第一，助理会计师：大专毕业担任会计员职务满2年；中专毕业担任会计员职务满4年；不具备规定学历，担任会计员职务满5年。第二，不符合上述条件的人员，只可聘任会计员职务。取得中级资格并符合国家有关规定，可聘任会计师职务。高级资格（高级会计师资格）实行考试与评审结合的评价制度，具体办法另行规定。

2. 会计专业技术资格考试

(1) 应具备的基本条件。报名参加会计专业技术资格考试的人员，应具备以下基本条件：一是，坚持原则，具备良好的职业道德品质；二是，认真执行《会计法》和国家统一会计制度以及有关财经法律、法规、规章制度，无严重违反财经法规的行为；三是，履行岗位职责，热爱本职工作；四是，具备会计从业资格，持有会计从业资格证书。

(2) 应具备的具体条件。在具备上述基本条件的基础上，报考不同档次会计专业技术资格的人员，还应具备报考相应档次资格的具体条件。

报名参加会计专业技术初级资格考试的人员，还必须具备教育部门认可的高中毕业以上学历。

报名参加会计专业技术中级资格考试的人员，还必须具备下列条件之一：①取得大学专科学历，从事会计工作满5年；②取得大学本科学历，从事会计工作满4年；③取得双学士学位或研究生班毕业，从事会计工作满2年；④取得硕士学位，从事会计工作满1年；⑤取得博士学位。

报名参加会计专业技术高级资格考试的人员，还必须具有会计师、审计师、财税经济师等中级专业技术资格或注册税务师、注册资产评估师资格之一，并从事会计、财税和相应管理工作的在职专业人员。

上述考试报名条件中所说的学历，是指国家教育部门承认的学历；会计工作年限是指取得相应学历前、后从事会计工作时间的总和。凡通过全国统一考试，取得经济、统计、审计专业技术中、初级资格，并具备上述基本条件的人员，均可报名参加相应级别的会计专业技术资格考试。

## 五、会计工作岗位设置

会计工作岗位是指一个单位会计机构内部根据业务分工而设置的职能岗位。在会计机构内部定人员、定岗位，明确分工，各司其职，有利于会计程序化、规范化，有利于落实责任和会计人员钻研分管的业务，有利于提高工作效率和工作质量。

### （一）设置会计工作岗位的基本原则

财政部发布的《会计基础工作规范》及《内部控制基本规范》，对会计人员配备、会计岗位设置的原则作了规定，包括：

1. 会计工作岗位的设置应适合本单位会计业务的需要

通常，业务活动规模大、业务过程复杂、经济业务量大和管理严格的单位，会计机构会相应比较大，会计人员相应比较多，会计机构内部的岗位职责分工也相应比较细；相反，业务活动规模小、业务活动过程简单、经济业务量少和管理要求不严的单位，会计机构就会相应较小，会计人员相应较少，会计机构内部的岗位职责分工也就相应较粗。

2. 会计工作岗位的设置应符合内部牵制制度的要求

《会计基础工作规范》第十二条规定，会计工作岗位可以一人一岗、一人多岗或者一岗多人。但出纳人员不得兼管稽核、会计档案保管和收入、费用、债权债务账目的登记工作。

内部牵制制度，又称钱账分管制度，是内部控制制度的重要组成部分。内部牵制制度是指凡是涉及款项和财务收付、结算及登记的任何一项工作，必须由两人或两人以上分工处理，以起到相互制约作用的一种制度。它是内部会计控制制度的重要内容，制定该项制度时，应当与会计人员岗位责任制度结合起来考虑。实行内部牵制制度，主要是为了加强会计人员相互制约、相互监督、相互核对，提高会计核算工作的质量，防止会计事务处理中发生的失误和差错以及营私舞弊等行为的发生。

3. 会计工作岗位的设置应便于有计划地进行岗位轮换或实行强制休假制度

《会计基础工作规范》第十三条规定：“会计人员的工作岗位应有计划地进

行轮岗。”定期或不定期地轮换会计人员的工作岗位有利于会计人员全面熟悉会计核算与监督业务，不断提高会计业务技能和业务素质。

《内部控制基本规范》及其应用指南进一步规定：企业关键财会岗位，可以实行强制休假制度，并在最长不超过5年的时间内进行岗位轮换。实行岗位轮换的关键财会岗位，由企业根据实际情况确定并在内部公布。

4. 会计工作岗位的设置应有利于落实岗位责任制

会计工作岗位责任制是指明确各项会计工作的职责范围、具体内容和要求，并落实到每个会计工作岗位或会计人员的一种会计工作责任制度。

### （二）主要会计工作岗位

会计工作岗位一般分为：

1. 总会计师（或行使总会计师职权）岗位。
2. 会计机构负责人（会计主管人员）岗位。
3. 出纳岗位，稽核岗位。
4. 资本、基金核算岗位。
5. 收入、支出、债权债务核算岗位。
6. 工资核算、成本费用核算、财务成果核算岗位。
7. 财产物资的收发、增减核算岗位。
8. 总账岗位。
9. 对外财务会计报告编制岗位。
10. 会计电算化岗位。
11. 会计档案管理岗位等。

## 六、会计人员的工作交接

会计人员工作交接，也称会计工作交接，是指会计人员工作调动或者因故离职时，与接替人员办理交接手续的一种工作程序。交接是会计工作的一项重要制度，也是会计基础工作的重要内容。这项制度有利于分清移交人员和交接人员的责任，使会计工作前后衔接，保证会计工作的顺利进行，防止账目不清、财务混乱。

### （一）交接的范围

《会计法》第四十一条第一款规定：“会计人员工作调动或者离职，必须与接管人员办清交接手续。”第二款规定：“一般会计人员办理交接手续，由会计机构负责人（会计主管人员）监交；会计机构负责人（会计主管人员）办理交接手续，由单位负责人监交，必要时主管单位可以派人会同监交。”

## （二）交接的程序

根据《会计法》的要求，一般会计人员办理交接手续，由单位的会计机构负责人（会计主管人员）负责监交。具体办理会计工作交接应按以下程序进行：

1. 提出交接申请

交接申请的内容通常应当包括申请人的姓名、申请调动工作或者离职的缘由、时间、会计交接的具体安排、有无重大报告事项或者建议等。

2. 做好办理移交手续前的准备工作

（1）对已经受理的经济业务尚未填制会计凭证的，应当填制完毕。

（2）尚未登记的账目应当登记完毕，结出余额，并在最后一笔余额后加盖经办人员印章。

（3）整理好应该移交的各项资料，对未了事项和遗留问题要写出书面说明材料。

（4）编制移交清册，列明应当移交的会计凭证、会计账簿、财务会计报告、公章、现金、有价证券、支票簿、发票、文件以及其他会计资料和物品等内容；实行会计电算化的单位，从事该项工作的移交人员应在移交清册上列明会计软件及密码、会计软件数据盘、磁带等内容。

（5）会计机构负责人（会计主管人员）移交时，应将全部财务会计工作、重大财务收支问题和会计人员的情况等，向接替人员介绍清楚。

3. 移交点收

移交人员在离职前，必须将本人经管的会计工作，在规定的期限内，全部向接替人员移交清楚。接替人员应认真按照移交清册列明的内容，进行逐项接收。具体要求是：

（1）现金要根据会计账簿记录余额进行当面点交，不得短缺。如有不一致或“白条抵库”现象，移交人员应在规定期限内负责查清处理。

（2）有价证券的数量要与会计账簿记录一致。由于一些有价证券如债券、国库券等面额与发行价格可能会不一致，因此，在对这些有价证券的实际发行价格、利（股）息等按照会计账簿余额进行交接的同时，对上述有价证券的数量（如张数等）也应当按照有关会计账簿记录点交清楚。

（3）所有会计资料必须完整无缺。如有短缺，必须查明原因，并在移交清册中加以说明，由移交人员负责。

(4) 银行存款账户余额要与银行对账单核对相符。如有未达账项，应编制银行存款余额调节表调节相符；各种财产物资和债权债务的明细账户余额，要与总账有关账户的余额核对相符；对重要实物要实地盘点，对余额较大的往来账户要与往来单位、个人核对。

(5) 移交人员经管的票据、印章及其他会计用品等，也必须交接清楚。

(6) 实行会计电算化的单位，交接双方应将有关电子数据在计算机上进行实际操作，确认有关数据正确无误后，方可交接。

4. 专人监督

会计人员在办理交接手续时，要有专人负责监督，以起到督促、公正作用。具体要求是：

(1) 一般人员办理交接手续，由单位的会计机构负责人、会计主管人员负责监交。

(2) 会计机构负责人、会计主管人员办理交接手续，由单位领导人负责监交，必要时上级主管部门可以派人会同监交。

5. 交接后的有关事宜

(1) 会计工作交接完毕后，交接双方和监交人在移交清册上签名或盖章，并应在移交清册上注明：单位名称，交接日期，交接双方和监交人的职务、姓名，移交清册页数以及需要说明的问题和意见等。

(2) 接替人员应继续使用移交前的账簿，不得擅自另立账簿，以保证会计记录前后衔接，内容完整。

(3) 移交清册一般应填制一式三份，交接双方各执一份，存档一份。

### （三）交接人员的责任

在会计工作交接中，合理、公正地区分移交人员和接替者的责任是非常必要的。根据规定，交接工作完成后，移交人员所移交的会计凭证、会计账簿、财务会计报告和其他会计资料是在其经办会计工作期间内发生的，应当对这些会计资料的合法性、真实性承担法律责任。即使接替人员在交接时因疏忽没有发现所接会计资料在合法性、真实性方面的问题，如事后发现仍由原移交人员负责，原移交人员不能以会计资料已经移交为理由而推脱责任。

**【案例1-5】** 长河公司成立于2009年6月8日，为了加强公司的财务工作，公司专门建立了财务处，由王某出任财务处处长，并任命李某担任公司的出纳。王某很重视税务工作，7月10日派人向当地税务机关申请办理了税务登记，7月12日根据需要设置了会计账簿，并制定了本公司的财务会计处理办法。同年8

月，公司财务部门计算缴纳增值税，王某要求按照本公司的财务会计处理办法计算纳税，而李某则认为公司的财务会计处理办法在某些方面与国家有关税收的法律、法规相冲突，认为应当按照国家相关法律、法规的规定计算缴纳增值税，王某则坚持认为本公司有自身的情况，不同意李某的意见。李某觉得王某的法律意识淡薄，在这样的人领导下工作没有前途，便辞去了出纳工作，马上离开了公司。由于李某辞职比较突然，公司一时找不到合适的人担任出纳，王某便让曾经做过出纳工作的会计档案保管员黄某兼任出纳工作。公司通知李某到公司办理交接手续，并让董事会秘书陈某进行监督；李某则以事务繁忙且自己不会有什么问题为由不同意到公司来。根据我国有关法律、法规的规定回答下列问题：（1）长河公司会计账簿的设置和税务登记事项是否合法？为什么？（2）就公司财务会计处理办法的适用问题，王某与李某的主张哪一个正确？为什么？（3）王某让黄某担任出纳工作的做法是否合法？为什么？（4）李某就工作交接所提出的主张是否合法？为什么？(5）公司委派陈某监督交接的做法是否合法？为什么？

**【案例评析】**

（1）不合法。从事生产经营的纳税人应当自领取营业执照（公司成立）之日起30日内申请税务登记，自领取营业执照之日起15日内依国家规定设置会计账簿。

（2）李某的主张是正确的，因为税法规定，当纳税人自己的会计处理办法与国家有关税收的法律、法规不一致时，应当按照国家有关税收的法律、法规执行。

（3）不合法。会计法要求实行内部牵制制度，其中，出纳人员不得兼管稽核、会计档案保管、收入、费用和债权债务的登记工作。黄某不能既担任会计档案保管工作，又兼管出纳工作。

（4）不合法。会计人员调动或因故离职，必须与接管人员办清交接手续，没有办清交接手续的不得调动或离职。

（5）不合法。会计机构负责人和会计主管人员办理交接手续时，由单位负责人监督；一般的会计人员办理交接手续时，由会计机构负责人或会计人员负责监督。本案中李某属于一般的会计人员，其工作交接应当由会计机构负责人王某负责监督。

**【案例1－6】**某纺织厂为国有企业，下设办公室、行政科、会计科、档案科等职能科室。

2009年7月，经上级主管单位任命，会计科科长甲的丈夫乙担任该厂厂长。同月，甲的侄女丙调到该厂会计科担任出纳工作。丙已取得会计从业资格。

8 月，厂长乙对厂行政机构和人员进行了调整和精简。撤销档案科，原由档案科保管的会计档案移交会计科保管。档案科移交会计档案前，会同会计科对保管期满的会计档案进行销毁。档案科科长与会计科科长甲共同在会计档案销毁清册上签字，并进行了监销。因厂长乙在外地出差，故未将此事报告厂长乙。之后，会计科科长甲指定出纳丙兼管会计档案保管工作。

9 月，丙调到当地一家外贸公司财务部工作，调离前与接任的丁自行办理了会计工作交接手续。丙未办理会计从业资格调转手续。

分析：以上行为分别属于什么行为，应如何处理？

**【案例评析】**

1. 会计科科长甲与其丈夫厂长乙应当回避。根据《会计基础工作规范》的规定，国有单位负责人的（直系）亲属不得担任本单位的会计机构负责人。

2. 丙担任出纳工作不符合法律规定。根据《会计基础工作规范》的规定，会计机构负责人的直系亲属不得在本单位会计机构中担任出纳工作。

3. 档案科与会计科在销毁会计档案过程中不符合法律规定之处是：未请单位负责人乙在会计档案销毁清册上签字，也未将监销情况报告乙。

4. 会计科科长甲指定出纳丙兼管会计档案保管工作不符合法律规定。根据《会计法》和《会计基础工作规范》的规定，出纳人员不得兼管会计档案保管工作。

5. 丙自行与丁办理会计工作交接手续不符合法律规定。根据《会计基础工作规范》的规定，一般会计人员办理交接手续，由单位的会计机构负责人负责监交。

6. 丙应当办理会计从业资格调转手续。根据《会计从业资格管理办法》的规定，持证人员在同一会计从业资格管理机构管辖范围内调转工作单位，且继续从事会计工作的，应当自离开工作单位之日起 90 日内，填写调转登记表，持会计从业资格证书及调入单位开具的从事会计工作的证明，办理调转登记。

## 第六节 法律责任

### 一、法律责任的概念

法律责任，是指违反法律规定的行为应当承担的法律后果，也就是对违法者的制裁。它是一种通过对违法行为进行惩罚来实现法律规则的要求。规定法律责任的目的在于保障法律的遵守与执行，强制当事人的行为与法律所要求的标准统一起来，符合已经确立的秩序。一个法律制度，如果没有可强制实施的惩罚手段，就会被证明无力限制非合法的、反社会的和犯罪等因素，从而就难以实现其在社会中维持秩序与正义的基本职能。因此，法律责任关系到法律的功效，是法律制度的一个必要组成部分。

为了保证《会计法》的有效实施，惩治会计违法行为，《会计法》第六章规定了明确的法律责任，主要包括行政责任和刑事责任两个种类。对于违反《会计法》中关于会计核算、会计监督、会计机构、会计人员的有关规定，应当承担法律责任。

### （一）行政责任

行政责任是行政法律关系主体在国家行政管理活动中因违反了行政法律规范，不履行行政上的义务而产生的责任。《会计法》中规定的行政责任的形式有两种：即行政处罚和行政处分。

1. 行政处罚

行政处罚是指特定的行政主体基于一般行政管理职权，对其认为违反行政法上的强制性义务、违反行政管理程序的行政管理相对人所实施的一种行政制裁措施。行政处罚的形式包括：责令限期整改、罚款和吊销会计从业资格证书。

2. 行政处分

行政处分是国家工作人员违反行政法律规范所应承担的一种行政法律责任，是行政机关对国家工作人员故意或者过失侵犯行政相对人的合法权益所实施的法律制裁。行政处分的形式有：警告、记过、记大过、降级、降职、撤职、留用察看、开除等八种。由于行政处分只是内部的纪律制裁形式，《会计法》第四十二条规定，行政处分的对象仅限于直接负责的主管人员和其他直接责任人员中的国家工作人员，而且这种行政处分是必须给予的，是不可选择的，不以其是否被罚款为前提。行政处分的实施单位只能是国家工作人员所在单位或者有关单位。

### （二）刑事责任

刑事责任是指犯罪行为应当承担的法律责任，即对犯罪分子依据刑事法律的规定追究的法律责任。刑事责任与行政责任不同，两者的主要区别是：

1. 追究的违法行为不同。追究行政责任是一般违法行为，追究刑事责任的是犯罪行为。

2. 追究责任的机关不同。追究行政责任由国家特定的行政机关依照有关法律的规定决定，追究刑事责任只能由司法机关依照《刑法》的规定决定。

3. 承担法律责任的后果不同。追究刑事责任是最严厉的制裁，可以判处死刑，比追究行政责任严厉得多。

刑事责任由司法机关依据《刑法》的规定对犯罪分子进行制裁。我国《刑法》规定，刑罚分为主刑和附加刑，主刑分为管制、拘役、有期徒刑、无期徒刑和死刑。附加刑分为罚金、剥夺政治权利、没收财产。

## 二、不依法设置会计账簿等会计违法行为的法律责任

### （一）不依法设置会计账簿等应承担法律责任的会计违法行为

1. 不依法设置会计账簿的行为。是指违反《会计法》和国家统一会计制度规定，应当设置会计账簿的单位不设置会计账簿或者未按规定的种类、形式及要求设置会计账簿的行为。

2. 私设会计账簿的行为。是指不在依法设置的会计账簿上对经济业务事项进行统一登记核算，而另外私自设置会计账簿进行登记核算的行为，俗称“两本账”、“账外账”或“小金库”之类。

3. 未按照规定填制、取得原始凭证或者填制、取得的原始凭证不符合规定的。根据《会计法》和国家统一会计制度的规定，办理经济业务事项，必须取得真实合法的原始凭证或者填制原始凭证，并及时送交会计机构审核；对不符合规定的原始凭证，如不真实、不合法、不准确、不完整的原始凭证，会计机构有权不予接受或退回。

4. 以未经审核的会计凭证为依据登记会计账簿或者登记会计账簿不符合要求的行为。根据《会计法》和国家统一会计制度的规定，会计人员应当根据审核无误的会计凭证登记会计账簿，登记账簿时，应当将会计凭证日期、编号、业务内容摘要、金额等事项逐项记入账内。登记完毕后，记账人员要在记账凭证上签名或者盖章。各种账簿要按页次顺序连续登记，不得跳行、隔页。如果会计账簿记录发生错误，不得采取涂改、挖补等手段更正，而应当按照规定采取划线更正等方法进行更正。

5. 随意变更会计处理方法的行为。会计处理方法的变更会直接影响会计资料的质量和可比性，因此，不得违反《会计法》和国家统一会计制度的规定，随意变更会计处理方法。

6. 向不同的会计资料使用者提供的财务会计报告编制依据不一致的行为。财务会计报告应当根据登记完整、核对无误的会计账簿记录和其他有关会计资料

编制，使用的计量方法、确认原则、统计标准应当一致，做到数字真实、计算准确、内容完整、说明清楚。不得向不同的会计资料使用者提供编制依据不一致的财务会计报告。

7. 未按照规定使用会计记录文字或者记账本位币的行为。根据《会计法》的有关规定，会计记录的文字应当使用中文。在民族自治地区，会计记录可以同时使用当地通用的一种民族文字。在中华人民共和国境内的外商投资企业、外国企业和其他外国组织的会计记录可以同时使用一种外国文字。会计核算以人民币为记账本位币。业务收入以人民币以外的货币为主的单位，可以选定其中一种货币作为记账本位币，但是编报的财务会计报告应当折算成人民币。

8. 未按照规定保管会计资料，致使会计资料毁损、缺失的行为。根据《会计法》的有关规定，各单位对会计凭证、会计账簿、财务会计报告和其他会计资料应当建立会计档案，妥善保管。

9. 未按照规定建立并实施单位内部会计监督制度，或者拒绝依法实施的监督，或者不如实提供有关会计资料及有关情况的行为。根据《会计法》的有关规定，各单位应当建立、健全本单位内部会计监督制度，并接受有关监督检查部门依法实施的监督检查，如实提供会计凭证、会计账簿、财务会计报告和其他会计资料以及有关情况，不得拒绝、隐匿、谎报。

10. 任用会计人员不符合《会计法》规定的行为。根据《会计法》的有关规定，从事会计工作的人员必须取得会计从业资格证书。担任单位会计机构负责人（会计主管人员）的，还应当具备会计师以上专业技术职务资格或者从事会计工作3年以上经历。设置总会计师的单位，任用总会计师应当符合国家规定的资格条件。

### （二）对不依法设置会计账簿等会计违法行为的处罚规定

根据《会计法》第四十二条的规定，有下列行为之一的，由县级以上人民政府财政部门责令限期改正，可以对单位并处5千元~5万元的处罚；对其直接负责的主管人员和其他直接责任人员，可以处2千元~2万元的罚款；属于国家工作人员的，还应当由其所在单位或者有关单位依法给予行政处分；情节严重的，还应追究刑事责任。

1. 责令限期改正

所谓责令限期改正，是指要求违法行为人在一定期限内停止违法行为并将其违法行为恢复到合法状态。违法单位或者个人应当按照县级以上人民政府财政部门的责令限期改正决定的要求，停止违法行为，纠正错误。如私设会计账簿的单位，应当取消私设的会计账簿，并根据实际发生的经济业务将在私设的会计账簿上登记的事项转移到依法设置的会计账簿上，统一进行登记、核算；任用会计人员不符合规定的单位，应当将不具备任职资格的会计人员予以解聘或者转任其他岗位，并任用具备规定资格条件的人员作会计人员。

2. 罚款

县级以上人民政府财政部门根据违法行为的性质、情节及危害程度，在责令限期改正的同时，可以对单位并处 3 千元以上 5 万元以下的罚款，对其直接负责的主管人员和其他直接责任人员，可以处 2 千元以上 2 万元以下的罚款。

3. 给予行政处分

对国家工作人员违反会计法规制度的行为，视情节轻重，应当由其所在单位或者其上级单位或者行政监察部门给予警告、记过、记大过、降级、降职、撤职、留用察看和开除等行政处分。

4. 吊销其会计从业资格证书

对违法情节严重的会计人员，由县级以上人民政府财政部门吊销其会计从业资格证书。

5. 依法追究刑事责任

我国《刑法》并没有对上述所列行为单独明确规定为犯罪，但是，行为人为偷逃税款、骗取出口退税、贪污、挪用公款等目的，从事了上述行为，造成严重后果，按照刑法的有关规定，构成犯罪的，应当依据《刑法》的规定分别定罪、量刑。

## 三、其他会计违法行为的法律责任

1. 伪造、变造会计凭证、会计账簿，编制虚假财务会计报告的法律责任

《会计法》第四十三条第一款规定："伪造、变造会计凭证、会计账簿，编制虚假财务会计报告，构成犯罪的，依法追究刑事责任。"第二款规定："有前款行为，尚不构成犯罪的，由县级以上人民政府财政部门予以通报，可以对单位并处 5 千元以上 10 万元以下的罚款；对其直接负责的主管人员和其他直接责任人员，可以处 3 千元以上 5 万元以下的罚款；属于国家工作人员的，还应当由其所在单位或者有关单位依法给予撤职直至开除的行政处分；对其中的会计人员，并由县级以上人民政府财政部门吊销会计从业资格证书。"

2. 隐匿或者故意销毁依法应保存的会计资料的法律责任

《会计法》第四十四条第一款规定："隐匿或者故意销毁依法应保存的会计凭证、会计账簿、财务会计报告，构成犯罪的，依法追究刑事责任。"第二款规

定："有前款行为，尚不构成犯罪的，由县级以上人民政府财政部门予以通报，可以对单位并处5千元以上10万元以下的罚款；对其直接负责的主管人员和其他直接责任人员，可以处3千元以上5万元以下的罚款；属于国家工作人员的，还应当由其所在单位或者有关单位依法给予撤职直至开除的行政处分；对其中的会计人员，并由县级以上人民政府财政部门吊销会计从业资格证书。"

3. 授意、指使、强令会计机构、会计人员及其他人员伪造、变造会计凭证、会计账簿，编制虚假财务会计报告或者隐匿、故意销毁依法应保存的会计资料的法律责任

《会计法》第四十五条规定："授意、指使、强令会计机构、会计人员及其他人员伪造、变造会计凭证、会计账簿、编制虚假财务会计报告或者隐匿、故意销毁依法应保存的会计凭证、会计账簿、财务会计报告，构成犯罪的，依法追究刑事责任；尚不构成犯罪的，可以处5千元以上5万元以下的罚款；属于国家工作人员的，还应当由其所在单位或者有关单位依法给予降级、撤职、开除的行政处分。"

4. 单位负责人对依法履行职责、抵制违反《会计法》规定行为的会计人员实行打击报复应负的责任

《会计法》第四十六条规定："单位负责人对依法履行职责、抵制违反本法规定行为的会计人员以降级、撤职、调离工作岗位、解聘或者开除等方式实行打击报复，构成犯罪的，依法追究刑事责任；尚不构成犯罪的，由其所在单位或者有关机关依法给予行政处分。对受打击报复的会计人员，应当恢复其名誉和原有职务、级别。"《刑法》第二百五十五条规定："公司、企业、事业单位、机关、团体的领导人，对依法履行职责、抵制违反会计法、统计法行为的会计、统计人员实行打击报复，情节恶劣的，处3年以下有期徒刑或者拘役。"

5. 在实施监督管理中滥用职权、玩忽职守、徇私舞弊或者泄露国家秘密、商业秘密的法律责任

财政部门及有关行政部门的工作人员在实施监督管理中滥用职权、玩忽职守、徇私舞弊或者泄露国家秘密、商业秘密，构成犯罪的，依法追究刑事责任；尚不构成犯罪、依法给予行政处分。

6. 将检举人姓名和检举材料转给被检举单位和被检举个人的法律责任

《会计法》中规定："违反本法第三十条规定，将检举人姓名和检举材料转给被检举单位和被检举个人的，由所在单位或者有关单位依法给予行政处分。"这是对将检举人姓名和检举材料转给被检举单位和被检举人个人的行为应当承担的法律责任的规定。根据这一规定，将检举人姓名和检举材料转给被检举单位和

被检举人个人的，必须依法给予行政处分。

7. 纳税人未按照规定设置、保管账簿或者保管记账凭证和有关资料的，未按照规定将财务、会计制度或者财务、会计处理办法报送税务机关备查的

纳税人未按照规定设置、保管账簿或者保管记账凭证和有关资料的，未按照规定将财务、会计制度或者财务、会计处理办法报送税务机关备查的，税务机关自检查发现之日起3日内向纳税人发出责令限期改正通知书，逾期不改正的，可以处以2千元以下的罚款；情节严重的，处以2千元以上1万元以下的罚款。

8. 扣缴义务人未按照规定设置、保管代扣代缴、代收代缴税款账簿或者保管代扣代缴、代收代缴税款记账凭证及有关资料的

扣缴义务人未按照规定设置、保管代扣代缴、代收代缴税款账簿或者保管代扣代缴、代收代缴税款记账凭证及有关资料的，由税务机关责令限期改正，逾期不改正的，可以处以2千元以下的罚款；情节严重的，处以2千元以上5千元以下的罚款。

9. 纳税人违反税收征管法规定，在规定的保存期限以前擅自损毁账簿、记账凭证和有关资料的

纳税人违反税收征管法规定，在规定的保存期限以前擅自损毁账簿、记账凭证和有关资料的，税务机关可以处以2千元以上1万元以下的罚款；情节严重，构成犯罪的，移送司法机关依法追究刑事责任。

10. 违反《会计法》同时违反其他法律规定的行为的处罚

单位的经济活动是一项综合的经济活动过程，会计行为不仅对本单位的经济活动产生影响，也会影响到其他单位经济活动和有关部门的管理活动。因此，《会计法》第四十九条规定："违反本法规定，同时违反其他法律规定的，由有关部门在各自职权范围内依法进行处罚。具体可参照《中华人民共和国证券法》、《中华人民共和国审计法》等。

**【案例1－7】**某市洪都公司（国有企业）张某自2005年起任总经理。2009年12月，因公司业绩突出收到组织部门预备提拔考核，准备升任某市某局副局长。在考核中，组织部门接到举报，举报人说张某在任职期间有指使和放任财务人员做假账、打击压制坚持原则的会计人员等问题，随即该市财政、审计、统计方面组成联合调查组对洪都公司近年，特别是张某任总经理期间的账目进行了全面的检查，结果发现：

1. 洪都公司设置大小两套账，大账对外，小账对内。

2. 不按规定进行会计资料保管，致使原始资料被毁灭、丢失严重。

3. 3个月前，张某因不满会计李某多次不听从做违法会计账的指令，尤其不

满向上级主管部门反映真实情况，将其调回车间。

4. 任命没有会计从业资格证书的张某的儿子担任会计科科长。

5. 近3年的账面中的伪造、变造会计凭证虚增利润等违法问题系在张某的强令或授意下所为。

请分析：(1) 上述情况是否违法。(2) 指出违法行为的法律后果。

**【案例评析】**

1. 第1、第2、第4条属于违反国家统一会计制度的行为。

根据《会计法》规定，不依法设置账簿、私设会计账簿的行为；未按规定保管会计资料，致使会计资料毁损、灭失的行为；任用会计人员不符合规定的行为，均属于违反会计制度规定的行为要承担一定的法律责任。其责任后果是：

(1) 责令限期改正。

(2) 罚款。

(3) 给予行政处分。

(4) 吊销会计从业资格。

(5) 依法追究刑事责任。

2. 第3条属于单位负责人对依法履行职责、抵制违法行为的会计人员实行打击报复的行为。要依法承担法律责任。如果构成打击报复会计人员罪，处3年以下有期徒刑或者拘役；不构成犯罪的，由其所在单位或有关单位依法给予行政处分。

对受打击报复的会计人员采取恢复其名誉、恢复原有职位、级别的补救措施。

3. 第4条违背了回避制度，根据回避制度，国有企业单位负责人的直系亲属不得担任本单位会计机构负责人。

4. 第5条属于授意、指使、强令会计机构和会计人员及其他人员伪造、变造会计凭证、账簿、编制虚假财务会计报告的行为，构成犯罪的，依法追究刑事责任；不构成犯罪的，可以处5 000元以上5万元以下的罚款；属于国家工作人员的，还应当由所在单位或者有关单位给予降级、开除的行政处分。

**【案例1-8】** 某部门在组织对A上市公司进行例行检查时发现以下事实：2002年，A公司由于经营管理和市场方面的原因，经营业绩滑坡，为了获得配股资格，A公司的负责人林某要求公司财务总监吕某对该披露的财务数据进行调整，以保证公司的净资产收益率符合配股条件。吕某组织公司会计人员万某以虚做营业额、隐瞒费用和成本开支等方法调整了公司财务数据。A公司根据调整后的财务资料于2002年10月申请配股并获得批准发行。要求：

根据以上事实和《会计法》的规定，指出哪些当事人存在何种违法行为?并分别说明各违法行为的法律后果?

【案例评析】

1. A公司吕某、万某存在编制虚假财务会计报告的行为。根据《会计法》的规定，对于伪造、变造会计凭证、会计账簿或者编制虚假财务会计报告的行为，构成犯罪的，依法追究刑事责任；尚不构成犯罪的，由县级人民政府财政部门予以通报。可以对单位（A公司）并处5 000元以上10万元以下的罚款，对其直接负责的主管人员（吕某、万某）处3 000元以上5万元以下的罚款，对其中的会计人员（吕某、万某），应由县级以上人民政府财政部门吊销会计从业资格证书。

2. 林某存在授意、指使他人编制虚假财务会计报告的行为。根据《会计法》的规定，授意、指使、强令会计机构、会计人员伪造、变造会计凭证、会计账簿，编制虚假财务会计报告或者隐匿、故意销毁依法应当保存的会计凭证、会计账簿、财务会计报告的行为，构成犯罪的，依法追究刑事责任；尚不构成犯罪的，可以处以5 000元以上5万元以下的罚款。

## 本章小结

会计法律制度是指国家权力机关和行政机关制定的各种会计规范性文件的总称，包括会计法律、会计行政法规、会计规章等。它是调整会计关系的法律规范。

会计工作管理体制是指国家划分会计工作管理权限的制度。

会计核算是会计工作的重要组成部分，是会计的基本职能之一。会计核算的法律规定是各单位进行会计核算应当遵循的基本规范。

会计监督是我国经济监督体系的重要组成部分。目前我国已形成了三位一体的会计监督体系，包括单位内部监督、以注册会计师为主体的社会监督和以政府财政部门为主体的政府监督。

会计机构是各单位办理会计事务的职能机构，会计人员是直接从事会计工作的人员。各单位应建立健全会计机构，配备数量和素质都相当的、具备从业资格的会计人员，这是各单位做好会计工作，充分发挥会计职能作用的重要保证。

对于违反《会计法》中关于会计核算、会计监督、会计机构、会计人员的有关规定，应当承担法律责任。

## 练习题

### 一、单项选择题

1. 属于会计行政法规的是(　　)。

A. 《会计法》　　B. 《企业财务会计报告条例》

C. 《财政部门实施会计监督办法》　　D. 《企业会计制度》

2. 《会计从业资格管理办法》属于(　　)。

A. 会计法律　　B. 会计规章

C. 会计行政法规　　D. 会计规范性文件

3. 《企业会计准则——存货》属于(　　)。

A. 会计法律　　B. 会计规范性文件

C. 会计规章　　D. 会计行政法规

4. 属于国家统一的会计制度的是(　　)。

A. 《代会计法办法》　　B. 《企业财务会计报告条例》

C. 《总会计师条例》　　D. 《会计基础工作规范》

5. 会计工作由财政部门主管，并明确在管理体制上实行(　　)。

A. 统一领导，分级管理　　B. 统一规划，分级管理

C. 统一领导，条块管理　　D. 统一规划，集中管理

6. 根据《会计法》的规定，有权制定国家统一的会计制度的政府部门是(　　)。

A. 国务院　　B. 国务院财政部门

C. 国务院各业务主管部门　　D. 省级人民政府财政部门

7. 根据《会计法》的有关规定，一个会计主体应当设置(　　)套账簿。

A. 1 套　　B. 2 套

C. 3 套　　D. 4 套

8. 根据《会计法》的规定，各单位内部的会计工作管理，应当由(　　)负责。

A. 总会计师　　B. 单位会计机构责任人

C. 单位分管会计工作领导　　D. 单位负责人

9. 《会计法》规定，(　　)应当保证会计机构、会计人员依法履行职责，不得授意、指使、强令会计人员违法办理会计事项。

A. 单位负责人　　B. 会计机构负责人

C. 分管单位会计工作的副职领导　　D. 监事长

10. 属于单位内部会计管理制度的是(　　)。

A. 行政单位会计制度　　B. 股份有限公司会计制度

C. 会计专业技术资格考试制度　　D. 会计人员岗位责任制度

11. 伪造会计凭证和会计账簿是指(　　)。

A. 在正规账簿之外，设置另外一套账簿

B. 用涂改的方法改变会计凭证或账簿的真实内容

C. 采用销毁原始凭证的方法隐瞒真实业务内容

D. 以虚假的经济业务为前提编制会计凭证或账簿

12. 会计凭证按(　　)不同，可分为原始凭证和记账凭证。

A. 取得途径　　B. 填制程序和用途

C. 有无固定格式　　D. 审核机构

13. 账证相符是指会计账簿记录与会计凭证有关内容核对相符。下列各项中，属于账证相符的是(　　)。

A. 银行存款日记账与银行对账单相符

B. 固定资产总分类账与固定资产卡片相符

C. 总分类账与科目汇总表核对相符

D. 汇总记账凭证与记账凭证核对相符

14. 依法建账是会计核算中的最基本要求之一。这里所说的“依法建账”的“法”是指(　　)。

A. 《会计法》

B. 《会计基础工作规范》

C. 《公司法》

D. 《会计法》、《会计基础工作规范》和其他一些法律、行政法规

15. 下列关于总账的说法，正确的是(　　)。

A. 总账是根据总账科目开设的账簿　　B. 总账一般使用活页账

C. 总账一般逐日逐笔序时登记　　D. 应收、应付款项的备查簿也属于总账

16. 能反映企业在某一特定日期财务状况的会计报表是(　　)。

A. 资产负债表　　B. 现金流量表

C. 利润表　　D. 利润分配表

17. 《企业财务会计报告条例》规定的会计期间不包括(　　)。

A. 年度　　B. 半年度

C. 月度　　D. 半个月

18. 会计档案分为永久和定期。定期保管的会计档案，其最短期限为(　　)。

A. 5 年　　B. 3 年

C. 2 年　　D. 10 年

19. 关于会计文字记录说法错误的是(　　)。

A. 我国境内所有的公司、企业的会计记录文字都必须使用中文

B. 民族自治地区可以只以本民族的文字作为会计记录文字

C. 我国境内的外国经济组织的会计记录，在使用中文的前提下，可以同时使用一种外国文字

D. 使用中文是强制性的，使用其他通用文字是备选的

20. 根据《会计法》，关于会计核算中记账本位币的说法正确的是(　　)。

A. 不论什么企业，都必须以人民币为记账本位币

B. 企业可以随意选用会计核算中的记账本位币

C. 业务收支以人民币以外的货币为主的企业，可以该货币作为记账本位币

D. 记账本位币可以随意变动

21. 在我国，单位内部会计监督的主体一般是指(　　)。

A. 财政、税务、审计机关　　B. 注册会计师及其事务所

C. 本单位的会计机构和会计人员　　D. 本单位的内部审计机构及其人员

22.《会计法》明确规定，各单位会计机构内部应当建立(　　)。

A. 会计人员岗位责任制　　B. 稽核制度

C. 会计档案管理制度　　D. 财产清查制度

23. 对企业会计工作进行国家监督的主体是(　　)。

A. 注册会计师　　B. 国家审计署

C. 各级人民代表大会　　D. 政府财政部门

24. 依据《会计法》，有关部门有权代表国家行使会计监督权。下列说法，正确的是(　　)。

A. 审计部门有权对各单位的会计资料进行监督检查

B. 税务部门有权对纳税人的会计资料进行监督检查

C. 保险监管部门有权对各保险公司和投保人的会计资料进行监督检查

D. 证券监管部门有权对所有股份有限公司的会计资料进行监督检查

25.《会计法》关于会计机构负责人、会计主管人员任免应当经过主管单位同意的规定，适用于(　　)。

A. 国有企业、事业单位　　B. 国有大、中型企业和业务主管单位

C. 国有大、中型企业　　D. 所有企业、事业单位

26. 代理记账机构所持有的代理记账许可证书的核发机关是(　　)。

A. 县以上工商行政管理部门　　B. 县以上税务部门

C. 县以上财政部门　　D. 县以上审计部门

27. 从事会计人员继续教育的培训单位，必须向(　　)申请，经批准取得许可证书后，才能从事该工作。

A. 工商行政管理部门　　B. 会计人员继续教育主管部门

C. 会计从业资格管理部门　　D. 审计部门

28. 不属于会计专业职务等级的是(　　)。

A. 注册会计师　　B. 高级会计师

C. 会计师　　D. 会计员

29. 某单位由出纳人员兼管稽核工作。该做法违反了(　　)。

A. 会计机构内部稽核制度的规定　　B. 会计机构内部牵制制度的规定
C. 会计岗位责任制的规定　　D. 会计监督制度的规定

30. 会计工作交接时，接替人员在交接时因疏忽没有发现所接会计资料的真实性、完整性方面的问题，如事后发现，则该问题应由(　　)负责。

A. 会计机构负责人　　B. 接替人员
C. 原移交人员　　D. 接替人员和原移交人员共同

31. 属于刑罚主刑的是(　　)。

A. 有期徒刑　　B. 罚金
C. 剥夺政治权利　　D. 没收财产

32. 某国有企业因内部管理混乱等原因造成会计报表资料不合法、不真实，对此问题首先应当承担法律责任的责任人是(　　)。

A. 单位的会计人员　　B. 单位的会计机构负责人
C. 单位的会计主管人员　　D. 单位领导人

33. 《会计法》适用的行政处罚是(　　)。

A. 警告　　B. 行政拘留
C. 责令停产停业　　D. 拘役

34. 对于授意、指使、强令他人伪造、变造会计凭证、会计账簿的行为，县级以上人民政府财政部门可对违法行为处以(　　)的罚款。

A. 5 000 元以上 50 000 元以下　　B. 2 000 元以上 20 000 元以下
C. 3 000 元以上 30 000 元以下　　D. 5 000 元以上 500 000 元以下

35. 下列人员中，不可能成为打击报复会计人员罪主体的是(　　)。

A. 国有企业会计机构负责人　　B. 公司制企业负责人
C. 事业单位负责人　　D. 行政机关负责人

**二、多项选择题**

1. 我国的会计法律制度包括(　　)。

A. 会计法律　　B. 会计行政法规
C. 地方性法规　　D. 会计规章

2. 在我国会计法规体系中，《会计法》是(　　)。

A. 调整我国经济生活中会计关系的法律总规范
B. 会计法律制度中层次最高的法律规范
C. 制定其他会计法规的依据
D. 指导会计工作的最高准则

3. 属于《会计法》适用范围的有(　　)。

A. 个体工商户　　B. 企业、事业单位
C. 国家机关　　D. 社会团体

4. 下列各项中，属于必须依照《会计法》办理会计事务的单位有(　　)。

A. 社会公益团体 B. 司法机关

C. 事业单位 D. 个体经营户

5. 我国《会计法》适用的范围包括( )。

A. 国家机关 B. 公司、企业

C. 社会团体 D. 个体经营户

6. 属于会计规范性文件的有( )。

A.《企业会计准则——基本准则》 B.《企业会计制度》

C.《财政部门实施会计监督办法》 D.《会计档案管理办法》

7. 我国会计工作管理体制主要包括的内容有( )。

A. 明确会计工作的主管部门

B. 明确国家统一的会计制度的制定权限

C. 明确对会计工作的监督检查部门和监督检查范围

D. 明确对会计人员的管理内容

8. 我国会计法律的立法宗旨是( )。

A. 规范会计行为

B. 保证会计资料真实、完整

C. 加强经济管理、财务管理和提高经济效益

D. 维护社会主义市场经济秩序

9. 属于财政部门负责管理的有( )。

A. 会计从业资格管理 B. 会计专业技术职务资格管理

C. 会计人员学历教育 D. 会计人员奖励

10. 属于单位负责人的有( )。

A. 国有企业经理 B. 股份有限公司董事长或经理

C. 独资企业投资人 D. 总会计师

11. 关于会计核算的说法正确的有( )。

A. 各单位必须根据实际发生的经济业务事项进行会计核算

B. 企业应以交易或事项的法律形式作为核算的依据

C. 以实际发生的经济业务事项为依据进行会计核算，是会计核算的重要前提

D. 进行会计核算的经济业务必须是那些已经发生、且引起资金运动的经济业务事项

12. 会计人员对于( )的原始凭证，有权不予受理，并向单位负责人报告，请求查明原因，追究有关当事人的责任。

A. 不真实 B. 不合法

C. 不准确 D. 不完整

13. 通过会计账簿记录与实物、款项的实有数相核对，( )。

A. 检查、验证会计账簿记录的正确性

B. 发现财产物资和现金管理中存在的问题

C. 有利于改善管理、提高效益

D. 有利于保证会计资料真实、完整

14. 会计资料包括(　　)。

A. 会计凭证　　　　B. 会计账簿

C. 财务会计报告　　　　D. 其他会计资料

15.《企业财务会计报告条例》规定的会计期间包括(　　)。

A. 年度　　　　B. 半年度

C. 月度　　　　D. 半个月

16. 会计档案是指记录和反映经济业务事项的重要历史资料和证据，一般包括(　　)。

A. 会计凭证　　　　B. 会计账簿

C. 会计制度　　　　D. 财务计划

17. 下列说法正确的有(　　)。

A. 一般来说，会计核算应以人民币为记账本位币

B. 某单位业务收支以美元为主，可以选用美元为记账本位币，编报的会计报告无须折算为人民币

C. 货币计量是会计核算的基本假设之一

D. 记账本位币一经确定，不得随意变动

18. 财政部门实施会计监督的主要内容包括(　　)。

A. 各单位是否依法设置会计账簿

B. 各单位的会计资料是否真实、完整

C. 各单位的会计核算是否符合法定要求

D. 各单位从事会计工作的人员是否具备从业资格

19. 根据《会计法》规定，各单位会计工作必须依照法律和国家有关规定接受政府监督。实施上述监督的政府机构包括(　　)。

A. 财政机关　　　　B. 审计机关

C. 税务机关　　　　D. 工商行政管理机关

20.《会计法》规定，注册会计师对单位进行审计时，(　　)。

A. 委托单位应如实向注册会计师提供相关的会计资料

B. 任何人不得干扰注册会计师独立开展审计业务

C. 财政部门对会计师事务所出具的审计报告有监督的责任

D. 注册会计师出具的审计报告具有法律效力，其法律责任由注册会计师及其事务所承担

21. 单位设置会计机构应根据(　　)来确定。

A. 单位规模的大小　　　　B. 经济业务和财务收支的繁简

C. 经营管理的要求　　　　D. 领导意图

22. 设立代理记账机构，应具备条件(　　)。

A. 至少有四名持有会计证的专职人员

B. 主管代理记账业务的负责人必须具有会计师以上专业技术资格

C. 代理记账机构要有健全的代理记账业务规范

D. 机构的设立依法经过工商行政管理部门或者其他管理部门核准登记

23. 关于会计从业资格，下列表述正确的有(　　)。

A. 会计从业资格证书，是证明会计人员能从事会计工作的合法凭证

B. 会计从业资格证书一取得，省内有效

C. 会计从业资格证书的管理体制，实行属地原则

D. 取得会计从业资格的条件，也就是从事会计工作应具备的资格

24.《会计法》规定，(　　)必须设置总会计师。

A. 国有大、中型企业

B. 民营企业

C. 国有资产占控股地位的大、中型企业

D. 国有资产占主导地位的大、中型企业

25. 会计岗位可以包括(　　)。

A. 会计机构负责人　　B. 财产物资核算

C. 工资核算　　D. 总账报表

26. 关于移交人员和接管人员责任的表述正确的有(　　)。

A. 移交人员应对所移交的会计资料的真实性、完整性负责

B. 接管人员对所接管的会计资料的真实性、完整性负责

C. 接管人员在交接时未发现所接资料的真实性、完整性方面的问题，如事后发现，则该问题由接管人员负责；交接时发现的问题由移交人员负责

D. 接管人员在交接时未发现所接资料的真实性、完整性方面的问题，如事后发现，该问题仍应由移交人员负责

27. 有关原始凭证的表述，符合《会计法》和《会计基础工作规范》规定的有(　　)。

A. 填制原始凭证必须以实际发生的经济业务事项为依据

B. 自制原始凭证必须经单位负责人签名和盖章

C. 购买实物的原始凭证，必须有验收证明

D. 原始凭证记载的金额不能更改

28. 伪造、变造会计凭证和会计账簿的行政责任有(　　)。

A. 通报　　B. 罚款

C. 行政处分　　D. 吊销会计从业资格证书

29.《会计法》适用的行政处罚有(　　)。

A. 警告　　B. 罚款

C. 拘役　　D. 吊销会计资格证书

30. 单位存在违反会计制度的行为，有关部门应根据性质，情节轻重，应该(　　)。

A. 对单位处以 3 000 元以上 50 000 元以下的罚款

B. 对单位处以 5 000 元以上 30 000 元以下的罚款

C. 对直接负责的主管人员处以 2 000 元以上 20 000 元以下的罚款

D. 对直接负责的主管人员处以 3 000 元以上 30 000 元以下的罚款

**三、判断题**

1. 《企业会计准则》包括基本准和具体准则。 （ ）

2. 地方性会计法规是指各级地方人大及其常委会根据本地实际情况制定的会计法规。（ ）

3. 国务院财政部门可根据《会计法》的规定制定并公布国家统一的会计制度。 （ ）

4. 单位及机构负责人应对本单位的会计工作和会计资料的真实性、完整性负责。（ ）

5. 单位负责人为单位会计责任主体，就是说如果一个单位会计工作中出现违法违纪行为，单位负责人应当承担全部责任。 （ ）

6. 会计人员的管理包括对会计人员的业务管理和专业资格管理。其中人事部门负责会计人员的业务管理。 （ ）

7. 原始凭证是对经济业务事项按其性质加以分类，确定会计分录，并据以登记会计账簿的凭证。 （ ）

8. 会计核算应当以实际发生的交易或事项为依据，如实反映企业的财务状况、经营成果和现金流量。 （ ）

9. 会计资料包括会计凭证、会计账簿、财务会计报告和其他会计资料。 （ ）

10. 会计账簿一般包括总账、明细账、日记账和备查账簿。 （ ）

11. 会计年度就是会计期间。 （ ）

12. 企业向有关各方提供的财务会计报告，其编制方法可以不一致。 （ ）

13. 我国的会计年度采用公历制，这是为了与我国的财政、计划、统计等年度保持一致，以利于国家宏观管理。 （ ）

14. 各单位应当建立、健全本单位内部会计监督制度。 （ ）

15. 目前，我国已形成了三位一体的会计监督体系，包括单位内部监督、以注册会计师为主体的社会监督和以政府税务部门为主体的国家监督。 （ ）

16. 凡经过注册会计师审计的会计报表，必须将审计报告和财务会计报告一并报送有关方面。 （ ）

17. 出纳人员兼管收入的记账工作，这有违内部稽核制度。 （ ）

18. 记账人员与财物保管人员的职责权限应当明确，并相互分离、相互制约。 （ ）

19. 单位负责人和主管会计工作的负责人只须在财务会计报告上签名即可。 （ ）

20. 会计从业资格证书实行注册登记和年检制度。 （ ）

21. 主管代理记账业务的负责人必须具有会计师以上专业技术资格。 （ ）

22. 在进行会计工作交接时，若移交人因病不能亲自办理移交手续，可委托他人移交，受托人应对会计资料的真实性、完整性承担责任。 （ ）

23. 刑事责任是指犯有一般违法行为的单位和个人，依照法律、法规的规定应承担的法律责任。 （ ）

24. 犯打击报复会计人员罪的，处三年以下有期徒刑或者拘役。 ( )

25. 单位存在违反会计制度的行为，有关部门应根据性质，情节轻重，对单位处以 2 000 元以上 20 000 元以下的罚款。 ( )

**四、简答题**

1. 什么是会计法律制度？说明我国会计法律制度的基本构成。
2. 登记会计账簿的规定有哪些？
3. 设立代理记账机构需要具备哪些基本条件？
4. 会计师的基本职责有哪些？
5. 我国会计法规对会计机构负责人的任职资格是如何规定的？
6. 简述财政部门实施会计监督的内容。
7. 违反会计制度规定行为应承担的法律责任有哪些？

**五、综合题**

1. 某市财政局组织本局全体干部学习《会计法》。财政局局长李某在学习班上讲述了以下观点：

(1) "我作为财政局长，既是财政局会计行为的责任主体，也是本地区会计管理工作的重要责任者之一。"

(2) "按照《会计法》规定，我局管理全市会计工作，这既是权利，更是责任，因此，我们要带头学好、执行好《会计法》。"

(3) "我虽然是财政局会计行为的责任主体，但做好本局会计工作，需要会计人员和全体干部职工的共同努力。"

(4) "财政部门要加强对各单位会计工作情况的监督检查，对违法违规的，要依法追究法律责任。"

(5) "以前我总是让会计人员替我在会计报表上盖章，对照《会计法》，这样做是不对的，以后对外报送的财务会计报告，我都要签字盖章并认真审核把关。"

要求：回答以上说法是否正确？并说明理由。

2. 某公司会计部负责人（会计主管）刘某提出要调走，董事长说："让销售部经理张某到会计部当负责人（会计主管）吧。会计主管这个位置很关键。张某虽是学工程的，也没有接触过会计工作，但组织能力挺强的，可以边学边干嘛!"接着，他又对总会计师陈某说："让张某明天就到岗，陈总你组织办一下他们的工作交接，并负责监交。"

请问，以上说法是否正确？说明理由。

3. 资料：某公司是一家服装企业，本年度，会计部门发生了以下事项：

(1) 会计李某辞职，该公司在其没有办清会计交接手续的情况下，就为其办理了辞职手续。

(2) 公司人力资源部门从 A 省招聘了一名具备多年从业经验的会计师王某。王某持有 A 省的会计从业资格证书，其相关部门的会计从业资格业务档案仍然保存在 A 省的原单位所在的财政部门。

(3) 会计主管将厂长的女儿刘某调入会计部门，负责出纳工作，并监管会计档案的保管，而刘某并没有取得会计从业资格证书。

试分析上述行为有无不当之处，如有，请指出。

4. 2009 年 8 月，某市派出检查组对国有中型企业 A 公司的会计工作进行了检查，了解到下列情况：

(1) 2008 年 5 月，会计人员李某调离该公司，在会计机构负责人王某的监督下，李某将自己负责的会计账簿移交给会计人员刘某。刘某在交接中因疏忽未发现会计资料在合法性、真实性、完整性方面的问题。李某在事后极力推卸责任。

(2) 2008 年 7 月，会计机构负责人宋某调离该厂，该厂厂长张某任命自己的直系亲属李某为会计机构负责人，李某又任命自己的直系亲属小李在该厂的会计机构中担任出纳，并由小李兼管债权债务账目的登记工作。

(3) 2008 年 8 月，张某根据职工代表大会的建议，辞退了总会计师郝某，并任命会计人员陈某担任该厂的总会计师。

要求：根据我国会计法律、法规、制度的规定，对检查中发现的情况进行分析，并分别说明理由。

5. 审计机关对某股份有限公司 2008 年财务情况进行审计时，发现有以下行为：

(1) 公司作为一般纳税人，在未发生存货购入业务的情况下，从其他企业买入空白增值税发票，并在发票上注明购入商品，买价 2 000 万元，增值税额 340 万元。财务部门以该发票为依据，编制购入商品的记账凭证；纳税申报时作为增值税进项税额抵扣税款。

(2) 会计人员有充分证据证明以上行为属公司总经理强令会计人员所为。

(3) 公司销售商品开出发票时，“发票联”内容真实，但本单位“记账联”和“存根联”的金额比真实金额小。会计以“记账联”编制记账凭证，登记账簿，导致少计销售收入 900 万元，少计增值税 153 万元。

试问，以上三种行为分别属于什么行为，应如何处理？

6. 请问下列编制财务会计报告的做法是否违背《会计法》规定，为什么？

(1) 某单位鉴于业务量不大，直接根据记账凭证编制会计报表。

(2) 某外商投资企业按我国会计制度设置会计账簿，编报财务会计报告；同时又按其境外母公司会计制度的要求向境外母公司编报会计报表。

(3) 某银行按不同的币种进行日常核算，期末统一折算为人民币编报财务会计报告。

(4) 某外商独资经营企业平时采用英文记账，期末使用中文编制财务会计报告。

7. A 公司是一家股份制企业，本年度，会计部门发生了以下事项：

(1) A 公司对外报送的财务会计报告均由会计主管签字、盖章后报出。

(2) A 公司为促进销售，扩展市场，规定销售人员自己联系销售渠道，自找客户，谁销售谁负责收账，工资和销售额挂钩。

(3) A 公司设置了大小两套账，大账对外，小账对内。

试分析上述行为有无不当之处，如有，请指出。

# 第二章 支付结算法律制度

本章学习目的

1. 掌握银行支付结算的含义、特征及办理支付结算的基本要求。
2. 掌握单位银行账户开户及使用的主要规定。
3. 掌握支付结算纪律及单位和银行违反结算纪律应付的责任。
4. 掌握各种银行支付结算方式的使用范围、结算程序、使用要求及会计处理。

## 第一节 支付结算概述

### 一、支付结算的含义及特征

#### （一）支付结算的含义

支付结算是指单位、个人在社会经济活动中使用现金、票据、信用卡和汇兑、托收承付、委托收款等结算方式进行货币给付及其资金清算的行为。支付结算可分为现金结算和银行转账结算两类。

1. 银行转账结算

银行转账结算是指结算双方通过银行划账方式进行货币给付及其资金清算的行为。开户单位之间的经济往来，除按《现金管理暂行条例》规定的范围可以使用现金外，应当通过开户银行进行转账结算。国家鼓励开户单位和个人在经济活动中，采取转账方式进行结算，减少使用现金。机关、团体、部队、全民所有制和集体所有制企业事业单位购置国家规定和专项控制商品，必须采取转账结算方式，不得使用现金。

2. 现金结算

现金结算是指结算双方通过收付现金的方式进行的结算。现金结算的优点是方便、快捷、灵活，但存在安全性差、不易监督等缺点。因此，单位采用现金结算方式，必须符合国务院颁布的《现金管理暂行条例》中有关现金使用范围的规定。

## （二）支付结算的特征

1. 支付结算必须通过中国人民银行批准的金融机构进行

银行是支付结算和资金清算的中介机构，未经中国人民银行批准的非银行金融机构和其他单位不得作为中介机构经营支付结算业务，但法律、法规另有规定的除外。

2. 支付结算必须依法进行

各单位办理支付结算，必须按《票据法》、《支付结算办法》等法律、法规的规定进行。如果支付结算行为不符合法律、法规的规定，即为无效。

3. 支付结算的发生取决于委托人的意志

银行在支付结算中作为中介机构，只要以善意且符合规定的正常操作程序审查，对伪造、变造的票据和结算凭证上的签章以及需要交验的个人有效身份证件，未发现异常而支付金额的，对出票人或付款人不再承担受委托付款的责任，对持票人或收款人不再承担付款的责任。

4. 支付结算实行统一和分级管理相结合的管理体制

《支付结算办法》规定：中国人民银行总行负责制定全国统一的支付结算制度，组织、协调、管理、监督全国的支付结算工作，调节处理银行之间的支付结算纠纷；中国人民银行分支行负责组织、协调、管理、监督本辖区的支付结算工作，调节、处理本辖区银行之间的支付结算纠纷；政策性银行、商业银行总行可以根据统一的支付结算制度，结合本行情况，制定具体管理实施办法，报经中国人民银行总行批准后执行。政策性银行、商业银行负责组织、管理、协调本行内的支付结算工作，调解、处理本行内分支机构之间的支付结算纠纷。

5. 支付结算是一种要式行为

所谓要式行为是指法律规定必须依照一定形式进行的行为。如果该行为不符合法定的形式要件，即为无效。根据《支付结算办法》第九条的规定，“票据和结算凭证是办理支付结算的工具。单位、个人和银行办理支付结算，必须使用按中国人民银行统一规定印制的票据凭证和统一规定的结算凭证”，“未使用按中国人民银行统一印制的票据，票据无效；未使用中国人民银行统一规定格式的结算凭证，银行不予受理”。为了保证支付结算的准确、及时和安全，以使其业务正常进行，中国人民银行除了对票据和结算凭证的格式有统一的要求外，还就正确填写票据和结算凭证作出了基本规定，例如，单位和银行的名称应当记载全称或者规范化的简称；票据中结算凭证上的签章，为签名、盖章或签名加盖章；单位、银行在票据上的签章和单位在结算凭证上的签章，为该单位、银行的盖章加其法定代表人或其授权的代理人的签名或盖章；个人在票据和结算凭证上的签章，应为该个人本名的签名或盖章；票据和结算凭证的金额、出票或签发日期、收款人名称不得更改，更改的票据无效，更改的结算凭证，银行不予受理；票据和结算凭证金额须以中文大写和阿拉伯数字同时记载，两者必须一致，两者不一致的票据无效，两者不一致的结算凭证，银行不予受理；少数民族地区和外国驻华使领馆根据实际需要，金额大写可以使用少数民族文字或外国文字记载。

## 二、单位、个人和银行办理支付结算必须遵守的基本原则

办理支付结算，单位、个人及银行应当遵守以下原则：

1. 恪守信用，履约付款。
2. 谁的钱进谁的账，由谁支配。
3. 银行不垫款。

## 三、支付结算的主要支付工具

目前我国采用的银行转账结算支付工具包括：银行汇票、银行本票、支票、商业汇票、委托收款、托收承付、信用证、信用卡、汇兑等。

## 四、支付结算的主要法律依据

凡是与支付结算的各种结算方式有关的法律、行政法规以及部门规章和地方性规定都是支付结算的法律依据。此外，中国人民银行颁布的有关支付结算的政策性文件亦是当事人进行支付结算活动必须遵守的规定。

至今为止，现行的适用支付结算的法律、行政法规以及部门规章和政策性规定主要有：《票据法》、《票据管理实施办法》、《支付结算办法》、《中国人民银行银行卡业务管理办法》、《人民币银行结算账户管理办法》、《异地托收承付结算办法》、《电子支付指引（第一号）》等。

## 五、办理支付结算的具体要求

（一）单位、个人和银行应当按照《人民币银行结算账户管理办法》的规定开立、使用账户。

（二）单位、个人和银行办理支付结算，必须使用按中国人民银行统一规定印制的票据和结算凭证。

（三）填写票据和结算凭证的具体要求。

银行、单位和个人填写的各种票据和结算凭证是办理支付结算和现金收付的重要依据，直接关系到支付结算的准确、及时和安全。票据和结算凭证是银行、单位和个人凭以记载账务的会计凭证，是记载经济业务和明确经济责任的一种书面证明。填写票据和结算凭证的具体要求如下：

1. 中文大写金额数字应用正楷或行书填写，如壹、贰、叁、肆、伍、陆、柒、捌、玖、拾、佰、仟、万、亿、元、角、分、零、整等字样。不得用一、二（两）、三、四、五、六、七、八、九、十、念、毛、另（或0）填写，不得自造简化字。如果金额数字书写中使用繁体字，如貳、陸、億、萬、圓的，也应受理。

2. 中文大写金额数字到“元”为止的，在“元”之后，应写“整”（或“正”）字，在“角”之后可以不写“整”（或“正”）字。大写金额数字有“分”的，“分”后面不写“整”（或“正”）字。

3. 中文大写金额数字前应标明“人民币”字样，大写金额数字有“分”的，“分”后面不写“整”（或“正”）字。

4. 中文大写金额数字前应标明“人民币”字样，大写金额数字应紧接“人民币”字样填写，不得留有空白。大写金额数字前未印“人民币”字样的，应加填“人民币”三字。在票据和结算凭证大写金额栏内不得预印固定的“仟、佰、拾、万、仟、佰、拾、元、角、分”字样。

5. 阿拉伯小写金额数字中有“0”时，中文大写应按照汉语语言规律、金额数字构成和防止涂改的要求进行书写。举例如下：

阿拉伯数字中间有“0”时，中文大写金额要写“零”字。如￥1 409.50，应写成人民币壹仟肆佰零玖元伍角。阿拉伯数字中间连续有几个“0”时，中文大写金额中间可以只写一个“零”字。如￥6 007.14，应写成人民币陆仟零柒元壹角肆分。阿拉伯金额数字万位或元位是“0”，或者数字中间连续有几个“0”，万位、元位也是“0”，但千位、角位不是“0”时，中文大写金额中可以只写一个零字，也可以不写“零”字。如￥1 680.32，应写成人民币壹仟陆佰捌拾元零叁角贰分，或者写成人民币壹仟陆佰捌拾元叁角贰分；又如¥107 000.53，应写成人民币壹拾万柒仟元零伍角叁分，或者写成人民币壹拾万零柒仟元伍角叁分。阿拉伯金额数字角位是“0”，而分位不是“0”时，中文大写金额“元”后面应写“零”字。如¥16 409.02，应写成人民币壹万陆仟肆佰零玖元零贰分；又如¥325.04，应写成人民币叁佰贰拾伍元零肆分。

6. 阿拉伯小写金额数字前面，均应填写人民币符号“¥”（或草写）。阿拉伯小写金额数字要认真填写，不得连写分辨不清。

7. 票据的出票日期必须使用中文大写。为防止变造票据的出票日期，在填写月、日时，月为壹、贰和壹拾的，日为壹至玖和壹拾、贰拾和叁拾的，应在其前加“零”；日为拾壹至拾玖的，应在其前加“壹”。如1月5日，应写成零壹月壹拾伍日。再如10月20日，应写成零壹拾月零贰拾日。

8. 票据出票日期使用小写填写的，银行不予受理。大写日期未按要求规范填写的，银行可予受理，但由此造成损失的，由出票人自行承担。

（四）填写票据和结算凭证应当规范，做到要素齐全，数字正确，字迹清晰，不错不漏，不潦草，防止涂改。

（五）票据和结算凭证上的签章和其他记载事项应当真实，不得伪造、变造。

## 第二节 现金管理

### 一、开户单位使用现金的范围

《现金管理暂行条例》规定，开户单位可以在下列范围内使用现金：

1. 职工工资、津贴。
2. 个人劳务报酬。
3. 根据国家规定颁发给个人的科学技术、文化艺术、体育等各种奖金。
4. 各种劳保、福利费用以及国家规定的对个人的其他支出。
5. 向个人收购农副产品和其他物资的价款。
6. 出差人员必须随身携带的差旅费。
7. 结算起点以下的零星支出。
8. 中国人民银行确定需要支付现金的其他支出。

前款结算起点定为1 000元。结算起点的调整，由中国人民银行确定，报国务院备案。

《现金管理暂行条例》规定：凡在银行和其他金融机构开立账户的机关、团体、部队、企业、事业单位和其他单位，必须依照本条例的规定收支和使用现金，接受开户银行的监督。国家鼓励开户单位和个人在经济活动中，采取转账方式进行结算，减少使用现金。开户单位之间的经济往来，除按本条例规定的范围可以使用现金外，应当通过开户银行进行转账结算。

各级人民银行应当严格履行金融主管机关的职责，负责对开户银行的现金管理进行监督和稽核。开户银行依照本条例和中国人民银行的规定，负责现金管理的具体实施，对开户单位收支、使用现金进行监督管理。

## 二、现金使用的限额

1. 开户银行应当根据实际需要，核定开户单位三至五天的日常零星开支所需的库存现金限额。

2. 边远地区和交通不便地区的开户单位的库存现金限额，可以多于五天，但不得超过十五天的日常零星开支。

3. 经核定的库存现金限额，开户单位必须严格遵守。需要增加或者减少库存现金限额的，应当向开户银行提出申请，由开户银行核定。

## 三、现金收支的基本要求

1. 开户单位现金收入应当于当日送存开户银行。当日送存确有困难的，由开户银行确定送存时间。

2. 开户单位支付现金，可以从本单位库存现金限额中支付或者从开户银行提取，不得从本单位的现金收入中直接支付（即坐支）。因特殊情况需要坐支现金的，应当事先报经开户银行审查批准，由开户银行核定坐支范围和限额。坐支单位应当定期向开户银行报送坐支金额和使用情况。

3. 开户单位从开户银行提取现金，应当写明用途，由本单位财会部门负责人签字盖章，经开户银行审核后，予以支付现金。

4. 因采购地点不固定，交通不便，生产或者市场急需，抢险救灾以及其他特殊情况必须使用现金的，开户单位应当向开户银行提出申请，由本单位财会部门负责人签字盖章，经开户银行审核后，予以支付现金。

## 四、建立健全现金核算与内部控制

### （一）现金核算

1. 现金核算需要设置的会计凭证及账簿

为正确核算库存现金，各单位应当设置现金收款凭证、现金付款凭证、银行存款付款凭证或通用记账凭证，对现金日常收支业务进行记录。各单位应当设置现金日记账及现金总账，用于序时和分类记录库存现金增减变动情况及其结果。

2. 现金日记账及现金总账的登记

现金日记账应当由出纳员根据记账凭证逐日逐笔进行登记，每日结账并同库存现金实有数核对相符。现金总账由会计人员根据记账凭证逐笔登记或根据科目汇总表等定期汇总登记，每月月末结账并同现金日记账月末余额和月末库存现金实有数核对相符。

3. 现金的清查

各单位应当采用实地盘点法对库存现金进行清查。库存现金清查应当每日进行，每日清查一般由出纳员自查。月末应当在出纳员在场的情况下，由会计人员进行总清查。对清查发现的现金溢余或短缺，应及时查明原因并作出处理，保证账实相符。

### （二）现金内部控制

各单位应当建立健全现金内部控制制度并保证其有效运行。库存现金内部控制的基本内容主要包括：

1. 钱账分离制度

企业应配备专职的出纳员，办理库存现金收付和结算业务、登记库存现金和银行存款日记账、保管库存现金和各种有价证券、保管好有关印章、空白收据和空白支票；出纳员不得兼管稽核、会计档案保管和收入、费用、债权债务账目的登记工作。

2. 库存现金开支审批制度

库存现金开支审批制度的主要内容包括：

（1）明确企业库存现金开支范围。

（2）明确各种报销凭证，规定各种库存现金支付业务的报销手续和办法。

（3）确定各种库存现金支出的审批权限。

3. 库存现金日清月结制度

日清是指出纳员应对当日的库存现金收付业务全部登记库存现金日记账，结出账面余额，并与库存现金核对相符；月结是指出纳员必须对库存现金日记账按月结账，并定期进行库存现金清查。

4. 库存现金保管制度

超过库存限额以外的库存现金应在下班前送存银行；除工作时间需要的小量备用金可存放在出纳员的抽屉内，其余则应放入保险柜内，不得随意存放；限额内的库存现金当日核对清楚后，一律放入保险柜内，不得放在办公桌内过夜；单位的库存现金不准以个人名义存入银行；库存的纸币和铸币，应实行分类保管。

## 五、现金管理的法律责任

（一）开户单位有下列情形之一的，开户银行应当依照中国人民银行的规定，责令其停止违法活动，并可根据情节轻重处以罚款：

1. 超出规定范围、限额使用现金的；

2. 超出核定的库存现金限额留存现金的。

（二）开户单位有下列情形之一的，开户银行应当依照中国人民银行的规定，予以警告或者罚款；情节严重的，可在一定期限内停止对该单位的贷款或者停止对该单位的现金支付：

1. 对现金结算给予比转账结算优惠待遇的。

2. 拒收支票、银行汇票和银行本票的。

3. 不采取转账结算方式购置国家规定的专项控制商品的。

4. 用不符合财务会计制度规定的凭证顶替库存现金的。

5. 用转账凭证套换现金的。

6. 编造用途套取现金的。

7. 互相借用现金的。

8. 利用账户替其他单位和个人套取现金的。

9. 将单位的现金收入按个人储蓄方式存入银行的。

10. 保留账外公款的。

11. 未经批准坐支或者未按开户银行核定的坐支范围和限额坐支现金的。

**【案例 2－1】** 甲公司和乙公司均为一般纳税人，2008 年 3 月 20 日甲公司与乙公司主管销售业务的业务员章某签订一份购销合同，合同约定甲公司向乙公司购买 A 材料 10 000 千克，单价 50 元/千克，增值税税率 7%。材料运杂费由购买方承担。2008 年 3 月 30 日 A 材料由乙公司委托某运输公司运抵甲公司，材料发出时乙公司将当天零售商品收到的现金5 000元付给运输公司司机谢某作为材料运杂费，谢某口头承诺回公司后立即将上述款项交给运输公司。另外，购销合同约定，上述材料价款及运杂费2008年4月30日前支付。2008年4月28日，乙公司业务员章某到甲公司催讨货款。章某称由于长期在外出差，所带差旅费已全部用完，要求甲公司签发一张10 000元的现金支票支付货款，章某拟将提取的现金作为差旅费使用。其余货款580 000元章某要求甲公司通过汇兑方式汇入其指定个人银行结算账户。章某承诺回到公司后立即将货款上交乙公司。甲公司考虑到章某的实际情况以及章某与甲公司的密切关系，同意了章某的要求。2008年4月30日签发了现金支票，同日将其余款项汇出。

问题：上述交易结算存在哪些问题？

【案例评析】

1. 乙公司将零售现金5 000元用于垫付运杂费，属于“坐支”现金行为。

2. 乙公司将运输费5 000元支付给谢某，违反了《现金管理暂行条例》有关现金使用范围的规定。同时属于“公款私存”。该运输费应由乙公司通过银行转账方式支付给运输公司。

3. 甲公司签发现金支票10 000元支付货款，违反了《现金管理暂行条例》有关现金使用范围的规定，也属于“公款私存”。

4. 甲公司将580 000元货款汇入章某个人银行结算账户，属于“公款私存”。上述580 000万元货款应由甲公司通过银行汇入乙公司银行结算账户。

## 第三节　银行结算账户

### 一、银行结算账户的概念及种类

#### （一）银行结算账户的概念

银行结算账户是指存款人在开户银行开立的办理资金收付结算的人民币活期存款账户。

#### （二）银行结算账户的种类

1. 银行结算账户按用途不同划分为：基本存款户、一般存款户、专项存款户和临时存款户。

2. 银行结算账户按存款人不同划分：单位银行结算账户、个人银行结算账户。

## 二、银行结算账户的开立、变更和撤销

### （一）银行结算账户的开立

存款人开设银行结算账户时，应填制银行结算账户开户申请书。银行与存款人须签订银行结算账户管理协议，明确双方的权利与义务。银行审查后符合开户条件的，应办理开户手续，并履行人民银行当地分支行备案的义务。需要核准的，应及时报送人民银行核准。

开户银行应建立存款人预留的签章卡片，并将签章式样和有关证明文件的原件或复印件留存归档。

### （二）银行结算账户的变更

存款人银行结算账户有法定变更事项的，应于5日内书面通知开户银行并提供有关证明，开户银行办理变更手续并于2日内向人民银行报告。

### （三）银行结算账户的撤销

存款人有下列情形之一的，应向开户银行提出撤销银行结算账户的申请：

1. 被撤并、解散、宣告破产或关闭的。
2. 注销、被吊销营业执照的。
3. 因迁址需要变更开户银行的。
4. 其他原因需要撤销银行账户的。

存款人尚未清偿其开户银行债务的，不得申请撤销银行结算账户。

## 三、银行结算账户管理的基本原则

根据《账户管理办法》的有关规定，银行结算账户管理应当遵守以下基本原则：

### （一）一个基本账户原则

这是指单位银行结算账户的存款人只能在银行开立一个基本存款账户，不能多头开立基本存款账户。

### （二）自主选择银行开立银行结算账户原则

这是指存款人可以自主选择银行开立账户，除国家法律、行政法规和国务院规定外，任何单位和个人不得强令存款人到指定银行开立银行结算账户。

### （三）银行结算账户信息保密原则

这是指银行必须依法为存款人的银行结算账户信息保密。根据《账户管理办法》的规定，对单位银行结算账户的存款和有关资料，除国家法律、行政法规另有规定外，银行有权拒绝任何单位或个人查询。对个人银行结算账户的存款和有关资料，除国家法律另有规定外，银行有权拒绝任何单位或个人查询。

### （四）守法原则

这是指银行结算账户的开立和使用应当遵守法律、行政法规，不得利用银行结算账户进行偷逃税款、逃废债务、套取现金及其他违法犯罪活动。存款人不得出租或出借银行结算账户，做到谁开户谁使用。

### （五）资金保证原则

这是指存款人在其账户内应有足够资金保证支付。

## 四、基本存款户

### （一）基本存款户的概念

基本存款户是存款人办理日常转账结算和现金收付在银行开设的账户，是存款人的主要存款账户。存款人的工资、奖金等现金的支取，只能通过本账户办理。存款人通过基本存款户提取和使用现金，应当符合《现金管理暂行条例》的规定。

### （二）基本存款户的开户规定

1. 下列存款人，可以申请开立基本存款户：

（1）企业法人。

（2）非法人企业。

（3）机关、事业单位。

（4）团级（含）以上军队、武警部队及分散执勤的支（分）队。

（5）社会团体。

（6）民办非企业组织。

（7）异地常设机构。

（8）外国驻华机构。

（9）个体工商户。

（10）居民委员会、村民委员会、社区委员会。

（11）单位设立的独立核算的附属机构。

（12）其他组织。

2. 存款人只能在银行开立一个基本存款户。《银行账户管理办法》另有规定的除外。

3. 存款人可以选择任意一家银行的一个营业机构开设一个基本存款户。不得在多家银行机构开设基本存款户。

4. 存款人开设基本存款户，应按银行规定的程序办理并提供相关证明文件。证明文件包括营业执照正本、税务登记证及其他银行要求提供的证明文件。具体证明文件包括：

（1）当地工商行政管理机关核发的《企业法人执照》或《营业执照》正本。

（2）中央或地方编制委员会、人事、民政等部门的批文。

（3）军队军以上、武警总队财务部门的开户证明。

（4）单位对附设机构同意开户的证明。

（5）驻地有权部门对外地常设机构的批文。

（6）承包双方签订的承包协议。

（7）个人的居民身份证和户口簿。

5. 存款人在银行开立基本存款账户，实行由中国人民银行当地分支机构核发开户。

### （三）基本存款户的使用范围

存款人开设的基本存款户用于以下资金收付结算：

1. 存款人日常经营活动资金收付的转账结算。
2. 存款人日常经营活动的现金缴存。
3. 存款人日常活动工资、奖金、备用金等现金的支取。

## 五、一般存款户

### （一）一般存款户的概念

一般存款户是指存款人因借款或其他结算需要，在基本存款户开户银行以外的银行营业机构开设的银行结算账户。

### （二）一般存款户的开户要求

1. 开立一般存款户的存款人资格

下列情况的存款人可以申请开立一般存款户：

（1）在基本存款户以外的银行取得借款的单位。

（2）与基本存款户的存款人不在同一地点的附属非独立核算单位。

2. 开立一般存款户所需的证明文件

存款人申请开立一般存款账户，应向银行出具其开立基本存款户规定的证明文件和基本存款户开户登记证以及下列证明文件之一：

（1）借款合同或借款借据。

（2）基本存款账户的存款人同意其附属的非独立核算单位开户的证明。

（3）存款人因其他需要开立一般存款户的，应出具有关证明。

注意：存款人不得在同一家银行的几个分支机构开立一般存款账户。

### （三）一般存款户的使用范围

一般存款户主要用于办理存款人的借款转存、借款归还和各种资金收付的转账结算。一般存款户可以办理现金缴存，但不得办理现金支取。

## 六、专用存款户

### （一）专用存款户的概念

专用存款账户是存款人依照法律、法规规定对特定用途资金进行专项管理和使用而开立的银行结算账户。

### （二）专用存款户的开户规定

1. 下列资金，存款人可以申请开立专用存款账户：

（1）基本建设的资金。

(2) 更新改造的资金。

(3) 其他特定用途，需要专户管理的资金。

2. 开立专用存款户需要提供的证明文件

存款人申请开立专用存款账户，应向申请开户的银行出具其开立基本存款户规定的证明文件、基本存款户开户许可证和下列证明文件之一：

(1) 经有关部门批准立项的文件。

(2) 国家有关文件的规定。

### (三) 专用存款户的使用范围

对下列资金的管理与使用，存款人可以申请开立并使用专用存款账户：

1. 基本建设资金。
2. 更新改造资金。
3. 财政预算外资金。
4. 粮、棉、油收购资金。
5. 证券交易结算资金。
6. 期货交易保证金。
7. 信托基金。
8. 金融机构存放同业资金。
9. 政策性房地产开发资金。
10. 单位银行卡备用金。
11. 住房基金。
12. 社会保障基金。
13. 收入汇缴资金和业务支出资金。
14. 党、团、工会设在单位的组织机构经费。
15. 其他需要专项管理和使用的资金。

### (四) 专用存款户的使用规定

专用存款账户是存款人管理和使用各种专项资金的专用账户，使用时应注意以下几点：

1. 单位银行卡账户的资金必须由其基本存款账户转账存入。该账户不得办理现金收付业务。

2. 财政预算外资金、证券交易结算资金、期货交易保证金和信托基金专用存款账户不得支取现金。

3. 基本建设资金、更新改造资金、政策性房地产开发资金、金融机构存放同业资金账户支取现金的，应在开户时中国人民银行当地分支行批准的范围内办理。

4. 粮、棉、油收购资金、社会保障基金、住房基金和党、团、工会经费等专用存款账户的现金支取应严格按照国家现金管理的规定办理。

5. 收入汇缴账户除向基本存款账户或预算外资金财政专用存款户划缴款项外，只收不付，且不得支取现金。

6. 业务支出账户除从基本存款账户拨入款项外，只付不收，且现金支取必须按照国家现金管理的规定办理。

7. 人民币特殊账户资金不得用于放款或提供担保。

## 七、临时存款户

### （一）临时存款户的概念

临时存款账户是存款人因临时经营活动需要开立并在规定期限内使用的账户。

### （二）临时存款户的开户要求

1. 开立临时存款户的条件

有下列情况之一的，存款人可以申请开立临时存款户：

（1）设立临时机构。

（2）异地从事临时经营活动。

（3）注册验资。

2. 开立临时存款户所需的证明文件

存款人申请开立临时存款账户，应向开户银行出具下列证明文件：

（1）异地从事临时经营活动，应出具企业营业执照正本及临时经营地工商行政管理机关核发的临时营业执照。

（2）设立临时机构，应出具当地有关部门同意设立外来临时机构的批件。

（3）注册验资资金，应出具工商行政管理部门核发的企业名称核准通知书或有关部门的批准文件。

### （三）临时存款户的使用范围及使用要求

1. 临时存款户用于办理临时机构以及存款人临时经营活动发生的资金收付业务。

2. 临时存款户支付现金，应当符合《现金管理暂行条例》关于现金使用范围的规定。

3. 注册验资的临时存款户在验资期间只收不付。

4. 临时存款户有效期最长不得超过两年。

5. 注册验资的汇缴人与出资人的名称应当一致。

## 八、个人银行结算账户

### （一）个人银行结算账户的概念

个人银行结算账户是指存款人因投资、消费等结算需要凭个人身份证以自然人名称开立的银行结算账户。邮政储蓄机构办理银行卡业务开立的账户纳入个人银行结算账户管理。

### （二）个人银行结算账户与活期储蓄账户的异同

1. 相同点

（1）两个账户都可以缴存和支取现金。

（2）两个账户上的存款都可获得利息收入。

（3）两个账户之间可以相互转账。

2. 不同点

（1）储蓄账户只能办理本人名下的存取款业务和转账，不能将资金转出给他人或其他单位。

（2）储蓄账户不能接受他人或其他单位对存款人的资金转入。

（3）存款人对外转出资金或接受外部资金转入，只能通过个人结算账户办理。

### （三）个人结算账户的开户要求

1. 自然人可根据需要单独申请开立个人银行结算账户，也可以在已开立的储蓄账户中选择并向开户银行申请确认为个人银行结算账户。

2. 个人结算账户没有个数限制。个人可根据自己的实际需要在本地或异地开设多个个人结算账户。

3. 开立个人结算账户应出具的证明文件。

存款人申请开立个人银行结算账户，应向银行出具下列证明文件：

（1）中国居民，应出具居民身份证或临时身份证。

（2）中国人民解放军军人，应出具军人身份证件。

（3）中国人民武装警察，应出具武警身份证件。

（4）香港、澳门居民，应出具港澳居民往来内地通行证；台湾居民，应出具台湾居民来往大陆通行证或者其他有效旅行证件。

（5）外国公民，应出具护照。

（6）法律、法规和国家有关文件规定的其他有效证件。

银行为个人开立银行结算账户时，根据需要还可要求申请人出具户口簿、驾驶执照、护照等有效证件。

### （四）个人结算账户的使用范围及使用规定

1. 按人民银行规定，在银行办理如下业务时须通过个人结算账户办理：

（1）接受他人或其他单位的资金转入（如代发工资账户、接收他人或单位的汇款）。

（2）给本人名下的其他账户转账汇款（包括本人的活期储蓄账户和结算账户）。

（3）对外转账/汇款（给他人或单位转账汇款）。

（4）刷卡/消费（通过牡丹灵通卡/理财金账户卡刷卡消费或网上购物）。

（5）缴费（缴纳电话费、手机费等）。

（6）投资（购买国债、基金、保险，证券投资等）。

（7）贷款（住房贷款、汽车贷款、信用贷款等多种贷款的发放和偿还）。

（8）办理信用卡、个人支票。

2. 下列款项可以转入个人银行结算账户：

（1）工资、奖金收入。

（2）稿费、演出费等劳务收入。

（3）债券、期货、信托等投资的本金和收益。

（4）个人债权或产权转让收益。

（5）个人贷款转存。

（6）证券交易结算资金和期货交易保证金。

（7）继承、赠与款项。

（8）保险理赔、保费退还等款项。

（9）纳税退还。

（10）农、副、矿产品销售收入。

（11）其他合法款项。

3. 单位从其银行结算账户支付给个人银行结算账户的款项，每笔超过5万元的，应向其开户银行提供下列付款依据：

(1) 代发工资协议和收款人清单。

(2) 奖励证明。

(3) 新闻出版、演出主办等单位与收款人签订的劳务合同或支付给个人款项的证明。

(4) 证券公司、期货公司、信托投资公司、奖券发行或承销部门支付或退还给自然人款项的证明。

(5) 债权或产权转让协议。

(6) 借款合同。

(7) 保险公司的证明。

(8) 税收征管部门的证明。

(9) 农、副、矿产品购销合同。

(10) 其他合法款项的证明。

## 九、异地银行结算账户

### (一) 异地银行结算账户的概念

异地结算账户是存款人符合法定要求，根据需要在异地（跨省、市、县）开立相应的银行结算账户。

### (二) 异地银行结算账户的使用范围

当存款人有下列情形之一的，可以申请开立并使用异地银行结算账户：

1. 营业执照注册地与经营地不在同一区域需要开立基本存款户。

2. 办理异地借款和其他异地结算需要开立一般存款户。

3. 存款人附属的非独立核算单位或派出机构发生的收入汇缴或业务支出需要开立专用存款户。

4. 异地临时经营活动需要开立临时存款户。

5. 自然人需要在异地开立个人银行结算账户。

### (三) 异地银行结算账户的开户要求

1. 异地开立单位银行结算账户的要求

存款人在异地开立单位银行结算账户，应向开户银行提出开户申请，并出具其开立基本存款户、一般存款户、专项存款户、临时存款户规定的有关证明文件。除此之外，还应出具下列相应的证明文件：

（1）经营地与注册地不在同一行政区域的存款人，在异地开立基本存款账户的，应出具注册地中国人民银行分支行的未开立基本存款账户的证明。

（2）异地借款的存款人，在异地开立一般存款账户的，应出具在异地取得贷款的借款合同。

（3）因经营需要在异地办理收入汇缴和业务支出的存款人，在异地开立专用存款账户的，应出具隶属单位的证明。

属上述（2）、（3）两项情况的，还应出具其基本存款账户开户登记证。

2. 异地开立个人银行结算账户的要求

存款人需要在异地开立个人银行结算账户的，应向开户银行提出开立个人异地结算账户的申请，同时出具开立个人银行结算账户所需的个人身份证明文件。如身份证、护照、户口簿等。

## 十、银行结算账户的管理

1. 中国人民银行负责监督、检查银行结算账户的开立和使用，对存款人、银行违反银行结算账户管理规定的行为予以处罚。

2. 中国人民银行对银行结算账户的开立和使用实施监控和管理。

3. 中国人民银行负责基本存款账户、临时存款账户和预算单位专用存款账户开户登记证的管理。任何单位及个人不得伪造、变造及私自印制开户登记证。

4. 银行负责所属营业机构银行结算账户开立和使用的管理，监督和检查其执行本办法的情况，纠正违规开立和使用银行结算账户的行为。

5. 银行应明确专人负责银行结算账户的开立、使用和撤销的审查和管理，负责对存款人开户申请资料的审查，并按照本办法的规定及时报送存款人开销户信息资料，建立健全开销户登记制度，建立银行结算账户管理档案，按会计档案进行管理。

银行结算账户管理档案的保管期限为银行结算账户撤销后10年。

6. 银行应对已开立的单位银行结算账户实行年检制度，检查开立的银行结算账户的合规性，核实开户资料的真实性；对不符合本办法规定开立的单位银行结算账户，应予以撤销。对经核实的各类银行结算账户的资料变动情况，应及时报告中国人民银行当地分支行。

银行应对存款人使用银行结算账户的情况进行监督，对存款人的可疑支付应按照中国人民银行规定的程序及时报告。

7. 存款人应加强对预留银行签章的管理。单位遗失预留公章或财务专用章的，应向开户银行出具书面申请、开户登记证、营业执照等相关证明文件；更换预留公章或财务专用章时，应向开户银行出具书面申请、原预留签章的式样等相关证明文件。个人遗失或更换预留个人印章或更换签字人时，应向开户银行出具经签名确认的书面申请，以及原预留印章或签字人的个人身份证件。银行应留存相应的复印件，并凭以办理预留银行签章的变更。

## 十一、违反银行账户结算管理制度的罚则

1. 存款人开立、撤销银行结算账户，不得有下列行为：

（1）违反本办法规定开立银行结算账户。

（2）伪造、变造证明文件欺骗银行开立银行结算账户。

（3）违反本办法规定不及时撤销银行结算账户。

非经营性的存款人，有上述所列行为之一的，给予警告并处以 1 000 元的罚款；经营性的存款人有上述所列行为之一的，给予警告并处以 1 万元以上 3 万元以下的罚款；构成犯罪的，移交司法机关依法追究刑事责任。

2. 存款人使用银行结算账户，不得有下列行为：

（1）违反本办法规定将单位款项转入个人银行结算账户。

（2）违反本办法规定支取现金。

（3）利用开立银行结算账户逃废银行债务。

（4）出租、出借银行结算账户。

（5）从基本存款账户之外的银行结算账户转账存入、将销货收入存入或现金存入单位信用卡账户。

（6）法定代表人或主要负责人、存款人地址以及其他开户资料的变更事项未在规定期限内通知银行。

非经营性的存款人有上述所列（1）至（5）项行为的，给予警告并处以 1 000元罚款；经营性的存款人有上述所列（1）至（5）项行为的，给予警告并处以 5 000 元以上 3 万元以下的罚款；存款人有上述所列第（6）项行为的，给予警告并处以 1 000 元的罚款。

3. 银行在银行结算账户的开立中，不得有下列行为：

（1）违反本办法规定为存款人多头开立银行结算账户。

（2）明知或应知是单位资金，而允许以自然人名称开立账户存储。

银行有上述所列行为之一的，给予警告，并处以 5 万元以上 30 万元以下的罚款；对该银行直接负责的高级管理人员、其他直接负责的主管人员、直接责任

人员按规定给予纪律处分；情节严重的，中国人民银行有权停止对其开立基本存款账户的核准，责令该银行停业整顿或者吊销经营金融业务许可证；构成犯罪的，移交司法机关依法追究刑事责任。

4. 银行在银行结算账户的使用中，不得有下列行为：

（1）提供虚假开户申请资料欺骗中国人民银行许可开立基本存款账户、临时存款账户、预算单位专用存款账户。

（2）开立或撤销单位银行结算账户，未按本办法规定在其基本存款账户开户登记证上予以登记、签章或通知相关开户银行。

（3）违反本办法第四十二条规定办理个人银行结算账户转账结算。

（4）为储蓄账户办理转账结算。

（5）违反规定为存款人支付现金或办理现金存入。

（6）超过期限或未向中国人民银行报送账户开立、变更、撤销等资料。

银行有上述所列行为之一的，给予警告，并处以5 000元以上3万元以下的罚款；对该银行直接负责的高级管理人员、其他直接负责的主管人员、直接责任人员按规定给予纪律处分；情节严重的，中国人民银行有权停止对其开立基本存款账户的核准，构成犯罪的，移交司法机关依法追究刑事责任。

5. 违反本办法规定，伪造、变造、私自印制开户登记证的存款人，属非经营性的处以1 000元罚款；属经营性的处以1万元以上3万元以下的罚款；构成犯罪的，移交司法机关依法追究刑事责任。

**【案例2－2】** 宏大公司2008年5月开始创立，因投资和验资活动需要，当月按规定在工商银行东湖支行开立了临时存款户，公司股东甲、乙、丙当月分别向该临时账户存入资金320万元、100万元和80万元作为投入资本。2008年6月20日，因设立公司需要活动经费，股东甲通过银行主管人员批准，从上述临时账户提取现金10万元。2008年8月10日，宏大公司依法注册成立，当月在工商银行东湖支行开立了一个基本存款户，同时公司决定长期保留并使用创立时开立的临时存款户。2009年2月，为方便公司支取现金，公司财务经理王某通过其私人关系，又在建设银行河东支行开立一个基本存款户。公司决定日常现金存取通过上述两个账户办理。此外，为方便与客户办理转账结算和借款，公司先后在工商银行、建设银行、农业银行及中国银行开立了若干一般存款户。公司决定从2009年7月1日开始，职工的工资和奖金用建设银行一般存款户代理发放。

问题：宏大公司上述银行结算账户开立和使用存在哪些问题？

**【案例评析】**

（1）从临时存款户提取现金10万元作为活动经费，不符合《现金管理暂行条例》现金使用范围的规定，也不符合“注册验资的临时存款户在验资期间只收不付”的规定。

（2）长期保留并使用公司创立时开立的临时存款户，不符合“临时存款户有效期最长不得超过2年”的规定。

（3）宏大公司开立两个基本存款户，属于“多头开户”，违反了《银行账户管理办法》关于每个单位只能开立一个基本存款户的规定。

（4）《银行账户管理办法》规定，公司职工的工资、奖金，只能通过基本存款户办理发放，宏大公司不能通过建设银行一般存款户办理工资和奖金的代理发放。

**【案例2－3】**甲公司2008年5月10日依法成立，经营范围为汽车零部件的生产和销售。公司注册地为江西省南昌市。为扩大经营规模，2009年1月20日，公司分别在江西省九江市和湖北省武汉市成立两家分公司。分公司的主要业务是经销汽车零部件。甲公司2008年5月在南昌市工商银行开立了一个基本存款户，公司决定在基本存款户办理工资等日常现金的存取。为方便结算，甲公司成立当月分别在南昌市的建设银行、农业银行、中国银行开立了一般存款户。2009年1月，甲公司的两家分公司分别在九江市工商银行和武汉市工商银行开立了基本存款户。2009年4月，为方便公司发放工资，甲公司经理通过其私人关系，在南昌市建设银行又开立一个基本存款户。公司决定从2009年5月份开始，工资、奖金通过建设银行基本存款账户发放。由于甲公司武汉分公司成立后，尚未开展经营活动，2009年2月，经甲公司财务经理同意，武汉分公司决定将所开立的基本存款户暂时租给甲公司在武汉的一家客户使用，双方约定出租使用期6个月，甲公司每月向该客户收取账户管理费500元。2009年8月，甲公司的武汉分公司正式开始经销活动并收回出租给客户使用的银行账户。

问题：（1）甲公司在银行开立账户存在什么问题？应如何处理？

（2）对武汉分公司出租账户的行为，你认为应当如何处理？

**【案例评析】**

（1）甲公司开立两个基本存款户，违反了《银行账户管理办法》规定的存款人只能在银行开立一个基本存款账户的规定，应当责令其注销其中一个基本存款户。建设银行违反《银行账户管理办法》为甲公司开立基本存款账户，应按规定承担行政责任。

（2）对武汉分公司出租账户的行为，银行应当取消该公司的存款账户，没收该公司违法收取的全部租金，并按规定处以罚款。

# 第四节 票据结算

## 一、票据的概念及种类

### （一）票据的概念

票据是指由出票人签发，约定自己或委托付款人见票时或指定日期向收款人或持票人无条件支付一定金额的有价证券。

### （二）票据的种类

根据《支付结算办法》的规定，我国目前使用的票据包括：银行汇票、银行本票、支票和商业汇票。

## 二、票据的功能及特征

### （一）票据的功能

票据具有以下功能：

1. 支付功能。票据可以充当支付工具，代替现金使用。

2. 汇兑功能。票据可以代替货币在不同地方之间运送，方便异地之间的支付。

3. 信用功能。票据当事人可以凭借自己的信誉，将未来才能获得的金钱作为现在的金钱来使用。

4. 债务抵消功能。债权人可以签发票据，指定自己的债务人向自己的债权人无条件支付一定金额，由此消灭相互之间的债权债务。

5. 融资功能。票据可以有偿转让，实现资金周转。持票人急需现金时，可持票向银行请求贴现，也可以背书方式将票据卖给他人，满足需要。

### （二）票据的特征

票据具有以下主要特征：

1. 票据是设权证券

票据权利的发生必须首先做成票据。票据的签发，是为了创设一种权利。无票据即无票据权利。

2. 票据是要式证券

票据必须具备法定格式才能有效。除票据法另有规定者外，不具备法定格式的，不发生票据的效力。

3. 票据是文义证券

票据的一切权利与义务，必须严格依照票据上记载的文义而定。不得以票据以外的任何事由变更其效力。

4. 票据是无因证券

无因证券是指证券效力与做成证券的原因完全分离，证券权利的存在和行使，不以做成证券的原因为要件。

5. 票据是流通证券

票据的转让可以依背书和交付的简单程序进行，而不必通知债务人。

6. 票据是缴回证券

票据债权人受领了票据金额后，必须将票据交还债务人，转移票据所有权，使票据关系消灭。

## 三、票据的基本知识

### （一）票据的当事人

票据当事人是指票据法律关系中享有票据权利、承担票据义务的当事人，也称票据法律关系主体。票据当事人包括基本当事人和非基本当事人。其中，基本当事人是在票据做成和交付时就业已存在的当事人，包括出票人、付款人和收款人。非基本当事人是在票据作成并交付后，通过一定的票据行为加入票据关系而享有一定权利、义务的当事人，包括承兑人、背书人、被背书人、保证人等。

票据当事人具体构成如下：

1. 出票人是指依法定方式签发票据并将票据交付给收款人的人。

2. 收款人是指票据到期后有权收取票据所载金额的人，又称票据权利人。

3. 付款人是指由出票人委托付款或自行承担借款责任的人。

4. 承兑人是指接受汇票出票人的付款委托同意承担支付票款义务的人。

5. 背书人是指在转让票据时，在票据背面签字或盖章并将该票据交付给受让人的票据收款人或持有人。

6. 被背书人是指被记名受让票据或接受票据转让的人。

7. 保证人是指为票据债务提供担保的人，由票据债务人以外的他人担当。

### （二）票据权利与义务

1. 票据权利。是指票据持票人向票据债务人请求支付票据金额的权利，包括付款请求权和追索权。付款请求权是指持票人向汇票的承兑人、本票的出票人、支票的付款人出示票据要求付款的权利。行使付款请求权的持票人可以是票据收款人或最后的被背书人。票据追索权是指票据当事人行使付款请求权遭到拒绝或其他法定原因存在时，向其前手请求偿还票据金额及其他法定费用的权利。行使追索权的当事人除票据收款人和最后被背书人外，还可能是代为清偿票据债务的保证人、背书人。

2. 票据义务。是指票据债务人向持票人支付票据金额的责任。它是基于债务人特定的票据行为（如出票、背书、承兑等）而应承担的义务，主要包括付款义务和偿还义务。

### （三）票据行为

票据行为是指能够产生票据权利与义务关系的法律行为。《中华人民共和国票据法》规定的票据行为则是指票据当事人以发生票据债务为目的、以在票据上签名或盖章为权利义务成立要件的法律行为，包括出票、背书、承兑和保证四种。其中，出票是指出票人签发票据并将其交付给收款人的行为；背书是指持票人为将票据权利转让给他人或者将一定的票据权利授予他人行使，而在票据背面或者粘单上记载有关事项并签章的行为；承兑是指汇票付款人承诺在汇票到期日支付汇票金额并签章的行为；保证是指票据债务人以外的人为担保特定债务人履行票据债务而在票据上记载有关事项并签章的行为。

### （四）票据签章

票据签章是指票据当事人在票据上签名、盖章或者签名加盖章的行为。票据签章是票据行为生效的重要条件，也是票据行为表现形式中不可缺少的应载事项。如果缺少此项内容，则该项票据行为无效。

### （五）票据记载事项

票据记载事项分为绝对记载事项、相对记载事项和任意记载事项。绝对记载事项为票据法明文规定必须记载的事项，如不记载，则票据无效。相对记载事项是指票据法规定应当记载而没有记载，但按照法律的有关规定而不使票据失效的事项。如汇票上没有记载付款日期的，为见票即付；汇票上未记载付款地的，付款人的营业场所、住所或经常居住地为付款地等即属于相对记载事项。任意记载事项是指《中华人民共和国票据法》不强制当事人必须记载而允许当事人自行选择，不记载时不影响票据效力，记载时则产生票据效力的事项，如出票人在汇票上记载“不得转让”字样的，汇票不得转让。

### （六）票据丧失

票据丧失是指票据因灭失、遗失、被盗等原因而使票据权利人脱离其对票据的占有。票据丧失后可以采取挂失止付、公示催告和普通诉讼三种形式进行补救。挂失止付是指失票人将丧失票据的情况通知付款人，由接受通知的付款人审查后暂停支付的一种方式。公示催告是指在票据丧失后由失票人向人民法院提出申请，请求人民法院以公告方式通知不确定的利害关系人限期申报权利，逾期未申报者，则权利失效，而由法院通过除权判决宣告所丧失的票据无效的一种制度或程序。普通诉讼，是指失票人直接向人民法院提起民事诉讼，要求法院判令付款人向其支付票据金额的活动。

## 四、银行汇票

### （一）银行汇票的概念

银行汇票是出票银行签发的，由其在见票时按照实际结算金额无条件支付给收款人或者持票人的票据。

### （二）银行汇票的使用范围

单位和个人在同城、异地或统一票据交换区域的各种款项结算，均可使用银行汇票。

### （三）银行汇票的记载事项

1. 银行汇票的绝对记载事项

银行汇票的绝对记载事项是指票据法规定必须在票据上记载的事项，若欠缺记载，票据便为无效。

（1）表明“银行汇票”的字样。票据上必须记载足以表明该票据是银行汇票的文字。如果没有该文字，“银行汇票”则无效。

（2）无条件支付的承诺。无条件支付的承诺是汇票的支付文句，即须表明付款人支付汇票金额是不附加任何条件的。

(3) 确定的金额。确定的金额是指汇票上记载的金额必须是固定的数额，如果汇票上记载的金额是不确定的，汇票将无效。

有关金额的记载必须文义确定，不容含糊、模糊，要使用中文大写和阿拉伯数码同时记载，且二者必须一致，金额文字模糊不能辨认或两种记载不一致的，票据无效。票据金额不得涂改或更改，否则汇票无效。

实际结算金额只能小于或等于汇票金额，如果实际结算金额大于汇票金额的，实际结算金额无效，以汇票金额为付款金额。

(4) 付款人名称。付款人名称应记载本名、全名或全称。就自然人来说，应为其身份证件上的姓名。就法人和其他非法人的企业、团体、单位来说，应为登记名称；不需登记的，应为批准使用的名称。

(5) 收款人名称。对收款人名称，也应记载本名、全名或全称。自然人收款的，应以其身份证件上的姓名为准，不可任意记载变名。收款人为法人或其他非法人的企业、团体、其他单位的，应记载经登记或经批准的名称，且应为全名，不可记简称。收款人在付款银行开立资金账户的，出票时记载的名称，应与在开户银行预留印鉴的名称相一致，以便于票据权利的实现。

(6) 出票日期。出票日期为当事人意思表示的日期，不是事实上日期的记载，因此，可以记为实际出票的日期，也可以提前或错后，记载的出票日与事实上的出票日不符的，不影响票据的效力。出票日须为历法上存在的日期，否则，票据无效。

(7) 出票人签章。出票人签章是指出票人在票据上亲自书写自己的姓名或盖章。出票人应签其本名、全名。

2. 银行汇票的相对记载事项

相对记载事项是应当记载但未记载时，并不影响汇票本身的效力，由法律直接规定后果的事项。

(1) 付款日期。未记载付款日期的，视为见票即付。

(2) 付款地。未记载付款地的，以付款人的营业场所、住所或者经常居住地为付款地。

(3) 出票地。未记载出票地的，以出票人的营业场所、住所或者经常居住地为付款地。

3. 银行汇票的非法定记载事项

汇票上可以记载本法规定事项以外的其他出票事项，但是该记载事项不具有汇票上的效力。

### （四）银行汇票的提示付款期限

银行汇票的提示付款期限为自出票日起1个月。持票人超过提示付款期限提示付款的，代理付款人不予受理。

### （五）银行汇票的办理和使用要求

1. 办理银行汇票的程序

（1）存款人填写并向银行提交银行汇票委托书。

（2）银行受理并签发银行汇票。

（3）持票人持票办理结算。

2. 银行汇票兑付的基本要求

（1）收款人受理银行汇票时，审查有关事项。

（2）收款人受理申请人交付的银行汇票时，应在出票金额以外，根据实际需要的款项办理结算。未填明实际结算金额和多余金额或实际结算金额超过出票金额的，银行不予受理。

银行汇票的实际结算金额不得更改，更改实际结算金额的银行汇票无效。

（3）收款人可以将银行汇票背书转让给被背书人，但注明“现金”字样的银行汇票不得背书转让。

银行汇票的背书转让以不超过出票金额的实际结算金额为准。未填写实际结算金额或实际结算金额超过出票金额的银行汇票不得背书转让。

（4）持票人向银行提示付款时，必须同时提交银行汇票和解讫通知，缺少任何一联，银行不予受理。

（5）在银行开立存款账户的持票人向开户银行提示付款时，应在汇票背面“持票人向银行提示付款签章”处签章，签章须与预留银行签章相同，并将银行汇票和解讫通知、进账单送交开户银行。银行审查无误后办理转账。

（6）未在银行开立存款账户的个人持票人，可以向选择的任何一家银行机构提示付款。

（7）银行汇票的实际结算金额低于出票金额的，其多余金额由出票银行退交申请人。

（8）申请人因银行汇票超过付款提示期限或其他原因要求退款时，应将银行汇票和解讫通知同时提交到出票银行，并提供本人的身份证件或者单位的证明（申请人为单位的，应出具该单位的证明；申请人为个人的，应出具该本人的身份证件）。

(9) 银行汇票丧失，失票人可以凭人民法院出具的其享有票据权利的证明，向出票银行请求付款或退款。

### (六) 企业采用银行汇票结算方式的会计处理

1. 付款单位的会计处理

(1) 取得银行汇票时，计入“其他货币资金”账户借方。

(2) 完成结算后，计入“其他货币资金”账户贷方。

2. 收款人的会计处理

收款人收到银行汇票，直接计入“银行存款”账户借方。可提取现金的银行汇票提取现金后计入“库存现金”账户的借方。

## 五、银行本票

### (一) 银行本票的概念

银行本票是本票申请人将款项交存银行，由银行签发给其凭以办理转账结算或支取现金的票据。银行本票是应客户请求而签发，以代替现金流通，节约现金使用，缓冲货币投放压力。银行本票一律为记名式，允许背书转让，简化了结算手续，有利于实现资金清算的票据化，加速资金周转，扩展资金来源。

### (二) 银行本票的种类

我国银行本票目前有两种：一种是定额本票，另一种是不定额本票。定额本票由中国人民银行委托专业银行代理签发，面额有1 000元、5 000元、10 000元和50 000元；不定额本票的金额起点为1 000元，由专业银行签发。

### (三) 银行本票的适用范围

《银行结算办法》规定，单位、个体经营者和个人在同城范围的商品交易和劳务供应以及其他款项的结算均可以使用银行本票。

### (四) 银行本票结算的基本规定

1. 银行本票一律记名，允许背书转让。

2. 不定额银行本票的金额起点为1 000元。定额银行本票面额为1 000元、5 000元、10 000元和50 000元。

3. 银行本票的付款期为一个月（不分大月、小月，统一按次月对日计算；

到期日遇到节假日顺延)。逾期的银行本票，兑付银行不予受理。

4. 申请人办理银行本票，应向银行填写“银行本票申请书”，详细填明收款人名称，需要支取现金的，在银行本票上划去“转账”字样，填明“现金”字样。不定额银行本票用压数机压印金额，将办妥的银行本票交给申请人。

银行本票申请书一式三联，第一联由签发单位或个人留存，第二联由签发行办理本票的付款凭证，第三联由签发行办理本票的收款凭证。

5. 未在银行开立账户的收款人，凭具有“现金”字样的银行本票向银行支取现金，应在银行本票背面签字或盖章，并向银行交验有关证件。

6. 银行本票见票即付，不予挂失。遗失的不定额银行本票在付款期满后一个月，确未冒领，可以办理退款手续。

7. 申请人因银行本票超过付款期或者其他原因要求退款时，可持银行本票到签发银行办理。

### （五）银行本票结算的基本程序

1. 申请办理银行本票

申请人办理银行本票，应向银行填写一式三联“银行本票申请书”，其格式由中国人民银行各分行确定并印制，详细填明收款人名称，个体经营者和个人需要支取现金的应填明“现金”字样。如申请人签发银行有关账户，则应在“银行本票申请书”上加盖预留银行印鉴。

2. 银行本票的签发

银行受理银行本票申请书，在办好转账或收妥现金后，签发银行本票。对个体经济户和个人需支取现金的，在银行本票上划去“转账”字样，加盖印章，不定额银行本票用压数机压印金额，将银行本票交给申请人。

专业银行签发不定额银行本票的余额和签发定额银行本票的款项，应划缴人民银行。

3. 银行本票的付款

银行本票见票即付。申请人持银行本票可以向填明的收款单位或个体经济户办理结算。收款人为个人的也可以持转账的银行本票经背书向被背书的单位或个体经济户办理结算。具有“现金”字样的银行本票可以向银行支取现金。未在银行开立账户的收款人，凭具有“现金”字样的银行本票向银行支取现金，应在银行本票背面签字或盖章，并向银行交验有关证件。

兑付银行在接到收款人或被背书人交来的本票和两联进账单时，应审查本票是否真实，本票上的收款人或被背书人名称是否为该收款人，背书是否连续，内容是否符合规定，是否在付款期内，印章是否齐全，金额是否为压数机压印，大小写金额是否一致，进账单与本票是否相符等，确认无误后，办理兑付手续。如是转账支取的，应在第一联进账单上加盖转讫章作收款通知交给收款人或被背书人，第二联进账单作收入传票。如是现金支取的，由收款人填制一联支款凭条，经审查本票上填明收款人姓名和具有“现金”字样，并查验收款人的身份证后，办理现金支付手续。

### （六）银行本票的转让

银行本票一律记名，允许背书转让，其转让同汇票转让一样，须记名背书并交付票据。记名背书，应记载在本票的背面或粘单上，由背书人签章、记明被背书人名称和背书日期。如背书未记明日期的，视为在本票到期日之前，粘单上的第一记载人应在本票和粘单的粘接处盖章。本票的背书转让，必须为票据的全额，对本票金额的一部分所做的背书或者将汇票金额分别转让给两人以上的背书无效。背书必须连续，即银行本票上的任意一个被背书人就是紧随其后的背书人，并连续不断。背书不得附有条件，如附有条件的，其条件视为没有记载。如本票的签发人在其正面记明“不准转让”字样的，该本票不得转让。背书人亦可记明“不准转让”字样，以禁止再转让，如其后手再背书并将本票转让他人，原背书人对其后的被背书人不负保证付款的责任。已经拒绝付款的本票和已逾付款期的本票，不得再背书转让。

### （七）银行本票的退款

申请人因银行本票超过付款期或其他原因要求退款时，可持银行本票到签发银行办理。由于银行本票为见票即付票据，故不挂失，如被人拾得后冒领，则自负损失，如遗失的不定额银行本票在付款期满后一个月，确未冒领，可以办理退款手续。

### （八）受理银行本票应注意事项

收款人在受理银行本票时应注意审查以下内容：

（1）收款人或被背书人是否确为本收款人。

（2）背书是否连续。

（3）银行本票付款期是否在规定的付款期内。

（4）签发的内容是否符合规定，有无涂改，印章是否清晰、有效。

（5）不定额银行本票是否有压数机压印的金额。

(6) 持票人身份查验，摘录身份证号码。

### (九) 企业采用银行本票结算方式的会计处理

1. 付款单位的会计处理

(1) 取得银行本票时，记入“其他货币资金”账户借方。

(2) 完成结算后，记入“其他货币资金”账户贷方。

2. 收款人的会计处理

收款人收到银行本票，直接记入“银行存款”账户借方。可提取现金的银行本票提取现金后记入“库存现金”账户的借方。

## 六、支　票

### (一) 支票的概念和种类

1. 支票的概念

支票是指出票人签发的、委托办理支票存款业务的银行在见票时无条件支付确定的金额给收款人或者持票人的票据。支票的基本当事人包括出票人、付款人和收款人。出票人即存款人，是在经中国人民银行当地分支行批准办理支票业务的银行机构开立可以使用支票的存款账户的单位和个人；付款人是出票人的开户银行；持票人是票面上填明的收款人，也可以是经背书转让的被背书人。

2. 支票的种类

我国《票据法》按照支付票款方式，将支票分为普通支票、现金支票和转账支票。支票上印有“现金”字样的为现金支票，现金支票只能用于支取现金。支票上印有“转账”字样的为转账支票，转账支票只能用于转账。支票上未印有“现金”或“转账”字样的为普通发票，普通支票既可以用于支取现金，也可以用于转账。在普通支票左上角划两条平行线的，为划线支票，划线支票只能用于转账，不得支取现金。

### (二) 支票的使用范围

单位和个人在同一票据交换区域的各种款项结算，均可以使用支票。

### (三) 支票的记载事项

1. 支票的绝对记载事项

(1) 表明“支票”的字样。

（2）无条件支付的委托。

（3）确定的金额。

（4）付款人名称。

（5）出票日期。

（6）出票人签章。

我国《票据法》规定了两项绝对记载事项可以由出票人授权补记的方式记载：一是关于支票金额的授权补记；二是关于收款人名称的授权补记。未补记前不得背书转让和提示付款。

支票上的出票人签章，出票人为单位的，为与该单位在银行预留签章一致的财务专用章或者公章加其法定代表人或者其授权的代理人的签名或者盖章；出票人为个人的，为与该个人在银行预留签章一致的签名或者盖章。

2. 支票的相对记载事项

（1）付款地。支票上未记载付款地的，以付款人的营业场所为付款地。

（2）出票地。支票上未记载出票地的，以出票人的营业场所、住所或者经常居住地为出票地。

3. 支票的不得记载事项

支票的付款日期限于见票即付，不得另行记载付款日期。另行记载付款日期的，该记载无效。

### （四）支票的提示付款期限

支票的提示付款期限为自出票日起 10 日，但中国人民银行另有规定的除外。超过提示付款期限提示付款的，持票人开户银行不予受理，付款人不予付款。

### （五）支票的办理和使用要求

1. 支票的出票人签发支票的金额不得超过付款时在付款人处实有的存款金额。禁止签发空头支票。

2. 支票的出票人预留银行签章是银行审核支票付款的依据。银行也可以与出票人约定使用支付密码，作为银行审核支付支票金额的条件。

3. 出票人不得签发与其预留银行签章不符的支票；使用支付密码的，出票人不得签发支付密码错误的支票。

4. 出票人签发空头支票、签章与预留银行签章不符的支票、使用支付密码地区，支付密码错误的支票，银行应予退票，并按票面金额处以 5% 但不低于 1 000元的罚款；持票人有权要求出票人赔偿支票金额 2% 的赔偿金。对于屡次签发的，银行应当停止其签发支票。

5. 持票人可以委托开户银行收款或直接向付款人提示付款。用于支取现金的支票仅限于收款人向付款人提示付款。

6. 出票人在付款人处的存款足以支付支票金额时，付款人应当在见票当日足额付款。

7. 存款人领购支票时，必须填写“票据和结算凭证领用单”并签章，签章应与预留银行的签章相符。存款账户结清时，必须将全部剩余空白支票交回银行注销。

### （六）支票结算方式的会计处理

1. 付款人签发支票后计入“银行存款”账户的贷方。

2. 收款人收到的转账支票或普通支票交银行办理转账后，计入“银行存款”账户借方。

3. 收款人用现金支票或普通支票提取现金，计入“库存现金”账户借方。

## 七、商业汇票

### （一）商业汇票的概念和种类

商业汇票是出票人签发的，委托付款人在票据到期日无条件支付确定的金额给收款人或者持票人的票据。

商业汇票按承兑人不同划分为商业承兑汇票和银行承兑汇票。

（1）商业承兑汇票。是指由收款人或付款人签发，由付款人承兑的商业汇票。

（2）银行承兑汇票。是指由付款人签发，付款人开户银行按照与付款人签订的承兑协议办理承兑的商业汇票。

承兑是指承兑人在票据上签字、盖章，承诺票据到期时无条件向持票人支付票款的行为。

### （二）使用商业汇票结算的相关条件

1. 在银行开立存款账户的法人以及其他组织之间，必须具有真实的交易关系或债权债务关系，才能使用商业汇票。出票人不得签发无真实交易的商业汇票用以骗取银行或者其他票据当事人的资金。

2. 存款人领购商业汇票，必须填写“票据和结算凭证领用单”并签章，签章应与预留银行的签章相符。存款账户结清时，必须将全部剩余空白商业汇票交回银行注销。

3. 商业承兑汇票的出票人应当具备下列条件：

(1) 应当是在银行开立存款账户的法人以及其他组织。

(2) 与付款人具有真实的委托付款关系。

(3) 具有支付汇票金额的可靠资金来源。

4. 银行承兑汇票的出票人必须具备下列条件：

(1) 应当是在承兑银行开立存款账户的法人以及其他组织。

(2) 与承兑银行具有真实的委托付款关系。

(3) 资信状况良好，具有支付汇票金额的可靠资金来源。

5. 商业汇票的承兑银行，必须具备下列条件：

(1) 与出票人具有真实的委托付款关系。

(2) 具有支付汇票金额的可靠资金。

(3) 内部管理完善，经其法人授权的银行审定。

### （三）商业汇票必须记载的事项

合法的商业汇票，应当记载以下事项：

1. 表明"商业承兑汇票"或"银行承兑汇票"的字样。

2. 无条件支付的委托。

3. 确定的金额。

4. 付款人名称。

5. 收款人名称。

6. 出票日期。

7. 出票人签章。

欠缺记载上列事项之一的，商业汇票无效。

### （四）商业汇票的承兑要求、承兑期限和提示付款期

1. 商业汇票的承兑要求

(1) 付款人承兑商业汇票，应当在汇票正面记载"承兑"字样和承兑日期并签章。

(2) 付款人承兑商业汇票，不得附有条件；承兑附有条件的，视为拒绝承兑。

(3) 银行承兑汇票的承兑银行，应按票面金额向出票人收取万分之五的手

续费。

(4) 银行承兑汇票的出票人或持票人向银行提示承兑时，银行的信贷部门负责按照有关规定和审批程序，对出票人的资格、资信、购销合同和汇票记载的内容进行认真审查，必要时可由出票人提供担保。符合规定和承兑条件的，与出票人签订承兑协议。

2. 商业汇票的承兑期限

(1) 商业汇票的承兑期限由结算双方商定，最长不得超过6个月。

(2) 定日付款的汇票付款期限自出票日起计算，并在汇票上记载具体的到期日。

(3) 出票后定期付款的汇票付款期限自出票日起按月计算，并在汇票上记载。

(4) 见票后定期付款的汇票付款期限自承兑或拒绝承兑日起按月计算，并在汇票上记载。

3. 商业汇票的提示付款期

商业汇票的提示付款期限，自汇票到期日起10日。持票人应在提示付款期限内通过开户银行委托收款或直接向付款人提示付款。对异地委托收款的，持票人可匡算邮程，提前通过开户银行委托收款。持票人超过提示付款期限提示付款的，持票人开户银行不予受理。

### （五）商业汇票贴现的有关规定

1. 符合条件的商业汇票的持票人可持未到期的商业汇票连同贴现凭证向银行申请贴现。贴现银行可持未到期的商业汇票向其他银行转贴现，也可向中国人民银行申请再贴现。贴现、转贴现、再贴现时，应作成转让背书，并提供贴现申请人与其直接前手之间的增值税发票和商品发运单据复印件。

2. 贴现、转贴现和再贴现的期限从其贴现之日起至汇票到期日止。实付贴现金额按票面金额扣除贴现日至汇票到期前日的利息计算。

3. 承兑人在异地的，贴现、转贴现和再贴现的期限以及贴现利息的计算应另加3天的划款日期。

4. 贴现、转贴现、再贴现到期，贴现、转贴现、再贴现银行应向付款人收取票款。不获付款的，贴现、转贴现、再贴现银行应向其前手追索票款。贴现、再贴现银行追索票款时可从申请人的存款账户收取票款。

### （六）商业汇票结算的会计处理

1. 收款人收到的商业汇票计入“应收票据”账户借方。

2. 付款人对已承兑的商业汇票计入“应付票据”账户贷方。

**【案例 2 -4】** A 公司采购员章某需携带金额 10 万元的支票到本市采购设备。A 公司财务主管在空白支票上加盖了支票预留印鉴并填写支票金额后交给章某，支票其他内容则授权章某自己填写。以上记载均有支票存根记录为证。章某携该支票到本市某私营企业购买了价值 10 万元的设备一套，该私营企业老板王某是章某的朋友，其见该支票上的笔迹为章某所为，以自己最近资金周转陷入困境为由，请求章某帮忙将支票上的金额改为 50 万元以渡难关。章某碍于朋友情面而应允，使用王某提供的涂改剂将金额改成了 50 万元，支票从外观上看不出涂改的痕迹。其后，王某为支付货款将该支票背书转让给了本市某化工厂并由化工厂到银行办理了转账。事后，A 公司起诉某化工厂和王某，要求返还多占用的 40 万元票款。

问题：（1）本案中章某和王某的行为在票据法上属于什么性质的行为？为什么？

（2）本案应如何处理？为什么？

（3）A 公司签发支票存在什么问题？

**【案例评析】**

（1）章某的行为属于变造票据。他超越特别授权范围，与王某串通篡改票据金额，属无权更改之人篡改签章以外事项，是典型的票据变造行为。

（2）首先，根据在变造之前签章的人对原记载事项负责，在变造之后签章的人对变造之后记载事项负责的原则，A 公司对王某的私营企业只应承担支付 10 万元的票据责任。故化工厂应返还其余 40 万元票款给王某的私营企业，再由王某将 40 万元退还给 A 公司。其次，应建议金融主管机关依法追究章某和王某的行政责任，如果其行为已构成犯罪，应依法律程序追究刑事责任。

（3）A 公司授权章某填写支票其他内容，不符合签发支票的有关规定。支票应当由 A 公司财务人员填写完所有内容后交给章某。

# 第五节　非票据结算

## 一、非票据结算方式的含义和种类

票据结算及现金结算之外的结算方式称为非票据结算方式。目前我国可以采用的非票据结算方式包括：托收承付、委托收款、汇兑、信用卡、信用证等。

## 二、托收承付结算

### （一）托收承付结算的含义

托收承付结算，是指根据购销合同由收款人发货后委托银行向异地购货单位收取货款，购货单位根据合同核对单证或验货后，向银行承认付款的一种结算方式。

### （二）托收承付的种类

异地托收承付结算款项的划回方法，分邮寄和电报两种，由收款人选用。邮寄和电报两种结算凭证均为一式五联。第一联回单，是收款人开户行给收款人的回单；第二联委托凭证，是收款人委托开户行办理托收款项后的收款凭证；第三联支款凭证，是付款人向开户行支付货款的凭证。第四联收款通知，是收款人开户行在款项收妥后给收款人的收款通知；第五联承付（支款）通知，是付款人开户行通知付款人按期承付货款的承付（支款）通知。

### （三）托收承付的适用范围

托收承付结算方式只适用于异地订有经济合同的商品交易及相关劳务款项的结算。代销、寄销、赊销商品的款项，不得办理异地托收承付结算。

### （四）办理异地托收承付的基本规定

1. 收款人办理托收的规定

托收是指销货单位（即收款单位）委托其开户银行收取款项的行为。办理托收时，必须具有符合合同法规定的经济合同，并在合同上注明使用托收承付结算方式和遵守发货结算的原则。所谓“发货结算”是指收款方按照合同发货，并取得货物发运证明后，方可向开户银行办理托收手续。

托收金额的起点为10 000元。款项划转方式有邮划和电划两种，电划比邮划速度快，托收方可以根据缓急程度选用。

2. 付款人承付款项的规定

承付是指购货单位（即付款单位）在承付期限内，向银行承认付款的行为。承付方式有两种，即验单承付和验货承付。验单承付是指付款方接到其开户银行转来的承付通知和相关凭证，并与合同核对相符后，就必须承认付款的结算方式。验单承付的承付期为3天，从付款人开户银行发出承付通知的次日算起，遇假日顺延。

验货承付是指付款单位除了验单外，还要等商品全部运达并验收入库后才承付货款的结算方式。验货承付的承付期为10天，从承运单位发出提货通知的次日算起，遇假日顺延。

付款方若在验单或验货时发现货物的品种、规格数量、质量、价格等与合同规定不符，可在承付期内提出全部或部分拒付的意见。拒付款项填写“拒绝承付理由书”送交其开户银行审查并办理拒付手续。应注意，拒付货款的商品是对方所有，必须妥善为其保管。付款人在承付期内未向开户银行提出异议，银行作默认承付处理，在承付期满的次日上午将款项主动从付款方账户划转到收款方账户。

付款方在承付期满后，如果其银行账内没有足够的资金承付货款，其不足部分作延期付款处理。延期付款部分要按一定比例支付给收款方赔偿金。待付款方账内有款支付时，由付款方开户银行将欠款及赔偿金一并划转给收款人。

托收承付结算方式的结算程序和账务处理方法，与委托收款结算方式基本相同。

3. 异地托收承付结算应具备的条件

（1）结算的款项必须是商品交易，以及因商品交易而产生的劳务供应的款项，代销、寄销、赊销商品的款项，不得办理托收承付结算。

（2）收付双方使用托收承付结算必须签有符合《合同法》的购销合同，并在合同上订明使用异地托收承付结算方式。

（3）收付双方办理托收承付结算，必须重合同、守信用。

（4）收款人办理托收，必须有商品确已发运的证件（包括铁路、航运、公路等运输部门签发的运单、运单副本和邮局包裹回执等）。

4. 托收承付的其他规定

（1）异地托收承付结算只能在异地使用，不能在同城使用；

（2）异地托收承付结算每笔金额起点为10 000元，新华书店系统每笔金额起点为1 000元；

（3）大中型国营工业企业和商业一、二级批发企业办理异地托收承付，如果需要补充在途占用的结算资金，可以向银行申请结算贷款；

（4）付款单位开户银行对不足支付的托收款项可作逾期付款处理，但对拖欠单位按每日0.005%计算逾期付款赔偿金。

5. 异地托收承付逾期付款的处理

付款人在承付期满日银行营业终了时，如无足够资金支付，其不足部分，即为逾期未付款项，按逾期付款处理。

（1）付款人开户银行对付款人逾期支付的款项，应当根据逾期付款金额和逾期天数，按每天0.5%计算逾期付款，但对无理的拒绝付款，而增加银行审查时间的，应从承付期满日起，计算逾期付款赔偿金。

逾期付款天数从承付期满日算起。承付期满日银行营业终了时，付款人如无足够资金支付，其不足部分，应当算作逾期天数，计算赔偿金。在承付期满的次日（遇法定休假日，逾期付款赔偿金的天数相应顺延，但以后遇法定休假日应当照算逾期天数）银行营业终了时，仍无足够资金支付，其不足部分，应当算作逾期两天，计算两天的赔偿金。依此类推。

（2）赔偿金实行定期扣付，每月计算一次，于次月3日内单独划给收款人。在月内有部分付款的，其赔偿金随同部分支付的款项划给收款人，对尚未支付的款项，月终再计算赔偿金，于次月3日内划给收款人；次月又有部分付款时，从当月1日起计算赔偿金，随同部分支付的款项划给收款人，对尚未支付的款项，从当月1日起至月终再计算赔偿金，于第3月3日内划给收款人。第3月仍有部分付款的，按照上述办法计扣赔偿金。

赔偿金的扣付列为企业销货收入扣款顺序的首位，如付款人账户余额不足全额支付时，应排列在工资之前，并对该账户采取“只收不付”的控制办法，待一次足额扣付赔偿金后，才准予办理其他款项的支付。因此产生的经济后果，由付款人自行负责。

（3）付款人开户银行要随时掌握付款人账户逾期未付的资金情况，当账户有款时，必须将逾期未付款项和应付的赔偿金及时划给收款人，不得拖延扣划。

（4）付款人开户银行对不执行合同规定，三次拖欠货款的付款人，应当通知收款人开户银行转告收款人，停止对该付款人办理托收。如果收款人不听劝告，继续对该付款人办理托收，付款人开户银行对发出通知的次日起1个月之后收到的托收凭证，可以拒绝受理，注明理由，原件退回。

（5）付款人开户银行对逾期未付的托收凭证，负责进行扣款的期限为3个月（从承付期满日算起）。在此期限内，银行必须按照扣款顺序陆续扣款。期满时，如果付款人仍无足够资金支付该笔尚未付清的欠款，银行应于次日通知付款人将有关交易单证（单证已作账处理或已部分支付的，可以填制“应付款项证明单”），在2日内退回银行。银行将有关结算凭证连同交易单证或应付款项证明单退回收款人开户银行转交收款人，并将应付的赔偿金划给收款人。对付款人逾期不退回单证的，开户银行从发出通知的第3天起，按照该笔尚未付清欠款的金额，每天处以0.05%的罚款，并暂停付款人向外办理结算业务，直到退回单证时止。

应付款项证明单一式两联，第一联通过银行转交收款人作为应收款项的票据，第二联为付款人留存作为应付款项的凭证。

6. 异地托收承付付款人拒绝付款的正当理由

付款人在承付期内，有正当理由，可向银行提出全部或部分拒绝付款。依照《支付结算办法》规定，该理由包括：

（1）没有签订购销合同或未订明异地托收承付结算方式购销合同的款项。

（2）未经双方事先达成协议，收款人提前交货或因逾期交货付款人不再需要该项货物的款项。

（3）未按合同规定的到货地址发货的款项。

（4）代销、寄销、赊销商品的款项。

（5）验单付款，发现所列货物的品种、规格、数量、价格与合同规定不符，或货物已到，经查验货物与合同规定或发货清单不符的款项。

（6）验货付款，经查验货物与合同规定或与发货清单不符的款项。

（7）货款已经支付或计算有错误的款项。不属上述情况的，付款人不得向银行提出拒绝付款。

7. 处理拒绝付款应当注意的问题

（1）付款人对以上情况提出拒绝付款时，必须填写“拒绝付款理由书”，并加盖单位公章，注明拒绝付款理由，涉及合同的应引证合同上的有关条款。属于商品质量问题，需要提出商品检验部门的检验证明；属于商品数量问题，需要提出数量问题的证明及其有关数量的记录；属于外贸部门进口商品，应当提出国家商品检验或运输等部门出具的证明，一并送交开户银行。

拒绝付款理由书一式四联。第一联回单或支款通知，是银行给付款人的回单或支款通知；第二联支款凭证，由银行作付出传票或存查；第三联收款凭证，由银行作收入传票或存查；第四联代通知或收款通知，由银行给收款人作收款通知书或全部拒付通知书。

（2）开户银行经审查，认为拒付理由不成立，均不受理，应实行强制扣款。银行同意部分或全部拒付的，应在拒绝付款理由书上签注意见。如果是部分拒绝付款，除办理部分付款外，应将拒绝付款理由书连同拒付证明和拒付商品清单邮寄收款人开户银行转交收款人。如果是全部拒绝付款，应将拒绝付款理由书连同拒付证明和有关单证邮寄收款人开户银行转交收款人。

（3）凡涉及军品的拒绝付款，银行不审查拒绝付款理由。

（4）收款人对无理拒付的，可委托银行重办托收。收款人在收到退回的结算凭证及其所附单证后，需要委托银行重办托收，应当按规定回联“重办托收理由书”。将其中三联连同购销合同、有关证据和退回的原托收凭证及交易单证一并送交银行。确属无理拒绝付款的，可以重办托收。

（5）收款人开户银行对逾期尚未划回，又未收到付款人开户银行寄来逾期付款通知或拒绝付款理由书的托收款项，应当及时发出查询。付款人开户银行要积极查明，及时答复。

（6）银行无法审查拒绝付款是非的，应由收付双方自行协商处理，或向仲裁机关、人民法院申请调解或裁决。

（7）未经开户银行批准使用托收承付结算方式的城乡集体所有制工业企业，收款人开户银行不得受理其办理托收，付款人开户行为其承付的款项按规定支付款项外，还要对该付款人按结算金额处以5%的罚款。

### （五）异地托收承付结算程序

异地托收承付结算的程序如下：

1. 收款人发出商品。
2. 收款人填写托收承付结算凭证并附有关单据交开户银行。
3. 收款人开户行将托收凭证传递给付款人开户行。
4. 付款人开户行通过付款人承付。
5. 付款人承认付款。
6. 银行间划拨款项。
7. 通知收款人货款收妥入账。

### （六）托收承付结算方式的会计处理

1. 收款人办妥托收手续时一般计入“应收账款”账户借方。

2. 付款人承付款项计入“银行存款”账户贷方，拒付款项不作会计处理。

## 三、委托收款结算

### （一）委托收款的含义

委托收款，是指收款人委托银行向付款人收取款项的结算方式。委托收款分邮寄和电报划回两种，由收款人选用。前者是以邮寄方式由付款人开户银行向收款人开户银行转送委托收款凭证、提供收款依据的方式，后者则是以电报方式由付款人开户银行向收款人开户银行转送委托收款凭证，提供收款依据的方式。

邮寄划回和电报划回凭证均一式五联。第一联回单，是收款人开户行给收款人的回单；第二联收款凭证，由收款人开户行作收入传票；第三联支款凭证，由付款人开户行作付出传票；第四联收款通知（或发电依据），是收款人开户行在款项收妥后给收款人的收款通知（或付款人开户行凭以拍发电报）；第五联付款通知，是付款人开户行给付款人按期付款的通知。

### （二）委托收款的种类

根据凭证传递方式不同，委托收款可分为委邮和委电两种，由收款人选用。

### （三）委托收款的适用范围

凡在银行或其他金融机构开立账户的单位和个体经济户的商品交易，公用事业单位向用户收取水电费、邮电费、煤气费、公房租金等劳务款项以及其他应收款项，无论是在同城还是异地，均可使用委托收款的结算方式。

### （四）委托收款结算的基本规定

1. 委托收款结算不受金额起点限制。

2. 委托。这是指收款人向银行提交委托收款凭证和有关债务证明并办理委托收款手续的行为。委托收款凭证即是如前所述的按规定填写凭证；有关债务证明是指能够证明付款到期并应向收款人支付一定款项的证明。

3. 付款。这是指银行在接到寄来的委托收款凭证及债务证明，并经审查无误后向收款人办理付款的行为。根据《支付结算办法》的规定，银行可根据付款人的不同而在不同的时间付款，从而改变了原《银行结算办法》统一3天的付款期。具体而言：

（1）以银行为付款人的，银行应在当日将款项主动支付给收款人。

（2）以单位为付款人的，银行应及时通知付款人，按照有关办法规定，需要将有关债务证明交给付款人的应交给付款人并签收。付款人应于接到通知的当日书面通知银行付款；如果付款人未在接到通知日的次日起3日内通知银行付款的，视同付款人同意付款，银行应于付款人接到通知日的次日起第4日上午开始营业时，将款项划给收款人。

（3）付款人拒绝付款。付款人审查有关债务证明后，对收款人委托收取的款项需要拒绝付款的，可以办理拒绝付款。付款人对收款人委托收取的款项需要全部拒绝付款的，应在付款期内填制“委托收款结算全部拒绝付款理由书”，并加盖银行预留印鉴，连同有关单证送交开户银行，银行不负责审查拒付理由，将拒绝付款理由书和有关凭证及单证寄给收款人开户银行转交收款人。需要部分拒绝付款的，应在付款期内出具“委托收款结算部分拒绝付款理由书”，并加盖银行预留印鉴，送交开户银行，银行办理部分划款，并将部分拒绝付款理由书寄给收款人开户银行转交收款人。

（4）无款支付的规定。付款人在付款期满日、银行营业终了前如无足够资金支付全部款项，即为无款支付。银行于次日上午开始营业时，通知付款人将有关单证（单证已作账务处理的，付款人可填制“应付款项证明书”），在两天内退回开户银行，银行将有关结算凭证连同单证或应付款项证明单退回收款人开户银行转交收款人。

（5）付款人逾期不退回单证的，开户银行应按照委托收款的金额自发出通知的第3天起，每天处以万分之五但不低于5元的罚金，并暂停付款人委托银行向外办理结算业务，直到退回单证时为止。

### （五）委托收款结算的程序

委托收款结算的程序分下列几种情况：

1. 两方交易，直接结算程序

（1）付出商品或劳务供应。

（2）收款人委托银行收款。

（3）接收委托回单。

（4）收款人开户银行将“委托收款凭证”传递给付款人开户银行。

（5）通知付款。

（6）划拨款项。

（7）通知款已收到。

2. 三方交易，直接结算程序

所谓三方交易，是指批发单位、销货单位、购货单位都不在一地，批发单位委托销货单位直接向购货单位发运商品，而货款则由批发单位分别与购销双方进行结算的一种做法。

（1）销货单位向批发单位的购货单位发货。

（2）销货单位填两套委托收款凭证委托银行收款（其中一份以批发单位名义向付款人收款，一份以本单位名义向批发单位收款）。

（3）销货单位开户行向购货单位开户行传递委托收款凭证。

（4）销货单位开户行向批发单位开户行传递委托收款凭证。

（5）购货单位开户银行通知购货单位付款。

（6）批发单位开户银行通知批发单位付款。

（7）银行间划拨款项。

（8）收款通知。

3. 代办发货交易结算程序

所谓代办发货，是指销货单位与代办发货单位不在一地，销货单位与代办发货单位订立代办发货委托收款合同，由销货单位委托代办发货单位向购货单位发货，并由代办发货单位代销货单位代办委托收款手续，向购货单位收款。

（1）代办发货单位发货。

（2）代办发货单位向开户银行提交代办委托收款凭证。

（3）受理委托回单。

（4）代办发货单位分别向销货单位开户行和购货单位开户行传递委托收款凭证。

（5）代办发货单位移交委托收款回单。

（6）购货单位开户行通知购货单位付款。

（7）购货单位同意付款。

（8）银行间划拨。

（9）款项入账通知。

4. 代办收货交易结算程序

所谓代理收货，是指购货单位与代理收货单位不在一地时，购货单位应率先将代理收货单位通知销货单位。销货单位向代理收货单位发货后，填制委托收款结算凭证，送交开户银行向购货单位收款。

（1）销货单位向代理收货单位发货。

（2）销货单位向开户行提交委托收款凭证。

(3) 传递委托收款凭证。

(4) 购货单位开户行通知购货单位付款。

(5) 购货单位同意付款。

(6) 银行间划拨。

(7) 款项入账通知。

### (六) 委托收款结算方式的会计处理

1. 收款人办妥托收手续时一般计入“应收账款”账户借方。

2. 付款人承付款项计入“银行存款”账户贷方，拒付款项不作会计处理。

## 四、汇兑结算

### (一) 汇兑结算的含义

汇兑，是指汇款人委托银行将款项支付给外地收款人的结算方式。

汇款人办理信汇时，应填写一式四联的信汇凭证，送交本单位开户银行办理信汇。银行受理后，将第一联回单退给汇款人记账，留下第二联用于银行记账，将第三联、第四联传给收款银行。收款银行收到凭证后，留下第三联收款凭证用于记账，将第四联传给收款人，收款人收到第四联收款通知后，进行账务处理。

汇款人办理电汇时应填写一式三联的电汇凭证，送交本单位开户银行办理电汇。银行受理后，将第一联回单退给汇款人记账，留下第二联凭证用于银行记账，依照第三联编制电划代收报单向收款银行拍发电报。收款银行收到电报后，签发电划代收补充单一式三联，将第三联传给收款人。收款人凭代收报单第三联进行账务处理。

### (二) 汇兑的种类

根据凭证传递方式，可分为信汇和电汇两种。汇款人可根据需要选择使用。

### (三) 汇兑的适用范围

汇兑适用于异地单位、个体经济户和个人的各种款项的结算。

### (四) 汇兑结算的基本规定

1. 汇兑结算不受金额起点的限制，即不论汇款金额多少均可以办理信汇和电汇结算。

2. 支取现金的规定

收款人要在汇入银行支取现金，付款人在填制信汇或电汇凭证时，须在凭证“汇款金额”大写金额栏中填写“现金”字样。款项汇入异地后，收款人需携带本人的身份证件或汇入地有关单位足以证实收款人身份的证明，到银行一次办理现金支付手续。信汇或电汇凭证上未注明现金字样而需要支取现金的，由汇入银行按现金管理规定审查支付；需部分支取现金的，收款人应填写取款凭证和存款凭证送交汇入银行，办理支取部分现金和转账手续。

3. 留行待取的规定

汇款人将款项汇往异地需派人领取的，在办理汇款时，应在签发的汇兑凭证各联的“收款人账号或地址”栏注明“留行待取”字样。留行待取的汇款，需要指定单位的收款人领取汇款的，应注明收款人的单位名称。信汇凭印鉴支取的，应在第四联凭证上加盖预留的收款人印鉴。款项汇入异地后，收款人须携带足以证明本人身份的证件，或汇入地有关单位足以证实收款人身份的证明向银行支取款项。如信汇凭印鉴支取的，收款人必须持与预留印鉴相符的印章，经银行验对无误后，方可办理支款手续。

4. 分次支取的规定

收款人接到汇入银行的取款通知后，若收款人需要分次支取的，要向汇入银行说明分次支取的原因和情况，经汇入银行同意，以收款人名义设立临时存款账户，该账户只付不收，结清为止，不计利息。

5. 转汇的规定

收款人如需将汇款转到另一地点，应在汇入银行重新办理汇款手续。转汇时，收款人和用途不得改变，汇入银行必须在信汇或电汇凭证上加盖“转汇”戳记。

6. 退汇的规定

汇款人对汇出的款项要求退汇时，应出具正式函件，说明要求退汇的理由或本人身份证明和原信、电汇凭证回单，向汇出银行办理退汇。汇出银行审查后，通知汇入银行，经汇入银行查实款项确未解付，方可办理退汇。如汇入银行回复款项已经解付或款项已直接汇入收款人账户，则不能办理退汇。此外，汇入银行对于收款人拒绝接受的汇款，应立即办理退汇。汇入银行对从发出取款通知之日起，两个月内仍无法交付的款项，可主动办理退汇。

### （五）汇兑结算的程序

汇兑结算的程序如下：

1. 汇款人委托开户银行办理汇款。

2. 银行受理退汇回单。

3. 银行间划拨。

4. 收款开户银行通知收款人汇款已到。

### （六）汇兑结算的注意事项

1. 汇款人办理异地汇款时，可根据款项汇入地点的远近和时间的要求，选择信汇或电汇结算方式。填写汇款凭证时，要按照凭证各栏要求，详细填明汇入地点、行名、收款人及汇款用途等项内容并在第二联上加盖预留银行印鉴。

2. 根据结算规定，信汇汇款可附带与汇款有关的少量单证，如向外地订购书刊的订购单、商品订购单以及向外地人员汇付工资时的工资发放表等。电汇款项不允许附带单证。

3. 收款人收到银行转来的收款通知或电划代收报单时。要认真地对凭证的内容进行审查，主要查看凭证收款人全称和账号是否与本单位的全称和账号一致，汇款用途是否与本单位有关，汇入银行是否加盖了转讫印章，在确认属于本单位款项但又用途不明的情况下，应及时与本单位有关部门联系，尽快查明款项用途，从而准确归属有关核算账户。

### （七）汇兑结算方式的会计处理

1. 汇款人办理汇款手续后计入“银行存款”账户贷方。

2. 收款人收到汇款后计入“银行存款”账户借方。

## 五、信用卡结算

### （一）信用卡的含义

信用卡，是指由银行或专营机构签发，可在约定银行或部门存取现金、购买商品及支付劳务报酬的一种信用凭证。持卡人可在同城和异地凭卡支取现金、转账结算和消费信用等。

### （二）信用卡的种类

1. 按发卡银行划分：中国银行、中国工商银行、中国农业银行、中国建设银行已先后向社会推出了“长城卡”、“牡丹卡”、“金穗卡”、“建设银行万事达、维萨卡”，一些地方银行也在各地发行了自己的信用卡。

2. 按持卡人划分：可分为单位卡和个人卡。

### （三）信用卡的适用范围

信用卡产生的结算关系一般涉及三方当事人：即银行、持卡人和商户。商户向持卡人提供商品或服务的商业信用，然后向持卡人的发卡行收回货款或费用，再由发卡行或代办行向持卡人办理结算。

### （四）信用卡申领与使用的主要规定

根据《支付结算办法》的规定，单位卡和个人卡的申请与使用不尽相同。

1. 单位卡申领与使用的主要规定

凡申领单位卡的单位，必须在中国境内金融机构开立基本存款账户，并按规定填制申请表，连同有关资料一并送交发卡银行。该单位符合条件并按银行要求交存一定金额的备用金以后，银行为申领人开立信用卡存款账户，并发给信用卡。单位卡可以申领若干张，持卡人资格由申领单位法定代表人或其委托的代理人书面指定和注销。

在单位卡的使用过程中，其账户的资金一律从其基本存款账户转账存入，不得交存现金，不得将销货收入的款项存入其账户。单位卡的持卡人不得用于10万元以上的商品交易、劳务供应款项的结算，并一律不得支取现金。如果需要向其账户续存资金的，单位卡的持卡人必须按前述转账方式转账存入。

2. 个人卡申领与使用的主要规定

凡具有完全民事行事能力的公民可申领个人卡。个人卡的主卡持卡人可为其配偶及年满18周岁的亲属申领附属卡，申领的附属卡最多不超过两张，也有权要求注销其附属卡。

### （五）信用卡在消费中的结算程序

持卡人持信用卡消费时，应按以下程序进行：

1. 持卡人将信用卡和身份证件一并交特约单位

如果信用卡属智能卡、照片卡可免验身份证件。特约单位不得拒绝受理持卡人合法持有的、签约银行发行的有效信用卡，不得因持卡人使用信用卡而向其收取附加费用。

2. 特约单位应审查信用卡

特约单位受理信用卡时，应审查下列事项：

（1）确为本单位可受理的信用卡。

(2) 信用卡在有效期内，未列入“止付名单”。

(3) 签名条上没有“样卡”或“专用卡”等非正常签名的字样。

(4) 信用卡无打孔、剪角、毁坏或涂改的痕迹。

(5) 持卡人身份证或卡片的照片与持卡人相符，但使用智能卡、照片卡或持卡人凭密码在销售点终端上消费、购物，可免验身份证。

(6) 卡片正面的拼音姓名与卡片背面的签名和身份证件上的姓名一致。

3. 办理结算手续

特约单位受理信用卡审查无误的，在签购单上压卡，填写实际结算金额、用途、持卡人身份证件号码，特约单位名称和编号。如超过支付限额的，应向发卡银行索取并填写授权号码，交持卡人签名确认，同时核对其签名与卡片背面签名是否一致。经审查无误后，对同意按经办人填写的金额和用途付款的，由持卡人在签购单上签名确认并将信用卡、身份证件和第一联签购单交还给持卡人。特约单位在每日营业终了，应将当日受理的信用卡签购单汇总，计算手续费和净计金额，并填写汇计单和进账单，连同签购单一并送交收单银行办理进账。收单银行接到特约单位送交的各种单据，经审查无误后，为特约单位办理进账。

### (六) 信用卡的透支规定

根据《支付结算办法》的规定，信用卡的持卡人在信用卡账户内资金不足以支付款项时，可以在规定的限额内透支，并在规定期限内将透支款项偿还给发卡银行。但是，如果持卡人进行恶意透支的，即超过规定限额或规定期限，并经发卡银行催收无效的，持卡人必须承担相应的法律责任。

根据《支付结算办法》的规定，信用卡透支额，金卡最高不得超过10 000元，普通卡最高不得超过5 000元。信用卡透支期限最长为60天。关于信用卡透支的利息，依《支付结算办法》的规定，自签单日或银行记账日起15日内按日息0.05%计算。超过15日按日息0.1%计算，超过30日或透支金额超过规定限额的，按日息1.5‰计算，透支计息不分段，按最后期限或最高透支额的最高利率档次计算。

### (七) 信用卡的销户

持卡人不需要继续使用信用卡的，应持信用卡主动到发卡银行办理销户。持卡人办理销户时，如果账户内还有余额，属单位卡的，则应将该账户内的余额转入其基本存款账户，不得提取现金。

个人卡账户可以转账结清，也可以提取现金。

持卡人透支之后，只有在还清透支本息后，在下列情况下，可以办理销户：

1. 信用卡有效期满 45 天后，持卡人不更换新卡的。
2. 信用卡挂失满 45 天后，没有附属卡不更换新卡的。
3. 信用卡被列入止付名单，发卡银行已收回其信用卡 45 天的。
4. 持卡人死亡，发卡银行已收回其信用卡 45 天的。
5. 持卡人要求销户或担保人撤销担保，并已交回全部信用卡 45 天的。
6. 信用卡账户两年以上未发生交易的。
7. 持卡人违反其他规定，发卡银行认为应该取消资格的。发卡银行办理销户，应当收回信用卡。有效信用卡无法收回的，应当将其止付。

### （八）信用卡的挂失

信用卡丢失后，持卡人应立即持本人身份证件或其他有效证明，并按规定提供有关情况，向发卡银行或代办银行申请挂失。发卡银行或代办银行审核后办理挂失手续。如果持卡人不及时办理挂失手续而造成损失的，则应自行承担该损失；如果持卡人办理了挂失手续而因发卡银行或代办银行的原因给持卡人造成损失的，则应由发卡银行或代办银行承担该损失。

### （九）信用卡结算的会计处理

1. 存款人将基本存款户存款转入单位卡，计入“其他货币资金”账户借方。
2. 收款人将收到的信用卡划入资金计入“银行存款”账户借方。

## 六、信用证结算

### （一）信用证的概念

信用证是根据买方的申请，由买方所在的开证银行向卖方开具的，授权卖方按照信用证规定的条款向买方发出货物并签发以开证银行为付款人的汇票，开证银行保证在卖方交来符合信用证条款规定的汇票和单据时向卖方支付款项的保证文件。

### （二）信用证的特点

1. 开证行以自己的信用作出付款保证

信用证结算方式是以银行信用为基础的，开证行以自己的信用作出付款保证。开证行是第一付款人。卖方（一般即信用证的受益人）可凭信用证及符合信用证条款的单据，向开证行凭单取款，而无须先找买方（一般即信用证的开证申请人）。开证行的付款不是以买方的付款作为前提条件。

2. 信用证是一项与买卖合同分离的独立文件

虽然信用证的开立是以买卖合同为基础的，买卖双方要受买卖合同的约束，但是信用证一经开出，在信用证业务处理过程中，各方当事人的责任与权利都必须以信用证为准，信用证是一项与买卖合同分离的独立文件。

3. 信用证是一项单据业务

在信用证方式下，银行凭相符单据付款，而非凭与单据有关的货物、服务及其他行为。受益人要保证收款，就一定要提供与信用证条款相符的单据，开证行要拒付，也必须以单据上的不符点为由。因此，信用证结算方式是一项“单据买卖业务”。

4. 信用证是国际贸易中的一种主要支付方式

信用证结算方式主要用于国际贸易结算，国内结算也可以使用信用证。

### （三）信用证结算的当事人及其业务的一般程序

1. 信用证的当事人

（1）开证申请人，又称开证人，指向银行申请开具信用证的人，即进口人或实际买主。

（2）开证行，指受开证人之托开具信用证、保证付款的银行，一般在进口人所在地。

（3）通知行指受开证行之托将信用证通知或转交出口人的银行，它只证明信用证的真伪，并不承担其他义务。通知行一般在出口人所在地，通常是开证行的分行或代理行。

（4）受益人，指信用证指定的有权使用该证的人，即出口人或实际供货人。

（5）议付行，指愿意买入或贴现受益人跟单汇票的银行，它可以是指定银行，也可以是非指定银行，视信用证条款的规定。

（6）付款行系开证行指定的付款银行，一般是开证行本身，也可以是开证行指定的另一家银行（代付行），视信用证条款的规定。

此外，还可能涉及到保兑行、偿付行、受让人等其他当事人。

2. 信用证结算业务的一般程序

（1）买卖双方签订合同规定使用信用证支付货款。

（2）买方填制开证申请书，交纳押金和手续费，要求开证行开出以卖方为受益人的信用证。

（3）开证行将信用证寄交卖方所在地的分行或代理行（通知行）。

（4）通知行核对印鉴无误后，将信用证转交卖方。

（5）卖方审核信用证与合同相符后，按信用证规定装运货物，并备齐各项货运单据，开具汇票，在信用证有效期内一并送交当地银行（议付行）请求议付。

（6）议付行审核单据与信用证无误后，按汇票金额扣除利息和手续费，将货款垫付给卖方。

（7）议付行将汇票和单据寄交开证行或其指定的付款行索偿。

（8）开证行或其指定的付款行审单无误后，向议付行付款。

（9）开证行在向议付行办理转账付款的同时，通知买方付款赎单。

（10）买方审单无误后，付清货款。

开证行收款后，将单据交给买方，买方凭以向承运人提货。

### （四）国内信用证结算的主要规定

1. 经中国人民银行批准经营结算业务的商业银行总行以及经商业银行总行批准开办信用证结算业务的分支机构，可以办理信用证结算业务。未经批准的银行机构和城市信用合作社、农村信用合作社及其他非银行金融机构不得办理信用证结算业务。

2. 信用证结算的当事人应当遵守法律、法规以及有关办法的规定，不得损害社会公共利益。

3. 信用证结算的当事人应当遵守诚实信用原则，认真履行义务，不得利用信用证进行欺诈等违法犯罪活动。

4. 信用证只限于转账结算，不得支取现金。

5. 信用证与作为其依据的购销合同相互独立，银行在处理信用证业务时，不受购销合同的约束。

6. 一家银行作出的付款、议付或履行信用证项下其他义务的承诺不受申请人与开证行、申请人与受益人之间关系的制约。

7. 在信用证结算中，各有关当事人处理的只是单据，而不是与单据有关的货物及劳务。

8. 信用证付款方式包括即期付款、延期付款及议付。延期付款信用证的付款期限为货物发运日后定期付款，最长不得超过6个月。议付信用证应在此条款中指定受益人的开户行为议付行并授权其议付。

### （五）信用证结算方式的会计处理

1. 买方的会计处理

买方支付的信用证保证金计入“其他货币资金——信用证保证金存款”账户的借方，付款赎单时计入“其他货币资金——信用证保证金存款”账户和“银行存款”账户的贷方。

2. 卖方的会计处理

卖方持信用证及相关单据兑付款项时，计入“银行存款”账户借方。

**【案例2－5】** 甲公司与乙公司2008年4月10日签订一份购销合同，合同规定甲公司向乙公司购买原材料10 000千克，买价100元/千克，增值税率17%。运杂费由乙公司在发出材料时垫付并由甲公司承担。乙公司发出材料时共支付运杂费3万元。甲公司收到材料后三个月内支付价款及代垫的运杂费。结算采用非票据方式，具体结算方式由交易双方事后商定。甲、乙双方处在银行同一票据交换区域。

问题：

1. 请你为上述款项结算选择恰当的结算方式并说明理由。

2. 如果采用信用证结算方式，甲、乙公司如何完成结算？

**【案例评析】**

1. 上述款项结算可以采用委托收款或信用证两种非票据结算方式，不能采用托收承付、汇兑及信用卡结算方式。因为托收承付结算方式和汇兑结算方式只能用于异地结算。信用卡结算方式每次结算金额不得超过10万元。

2. 采用信用证结算方式，甲公司结算程序如下：

（1）与乙公司签订采用信用证结算的合同。

（2）将信用证保证金存入开证银行并向开证银行提交开证申请书。

（3）按开证银行通知付款赎单。

（4）持单到规定地点提取原材料。

采用信用证结算方式，乙公司结算程序如下：

（1）与甲公司签订采用信用证结算的合同。

（2）收到信用证时验证并按要求向甲公司发出原材料。

（3）发出材料后持信用证及相关单据到银行兑付价款。

# 本章小结

支付结算是指单位、个人在社会经济活动中使用现金、票据、信用卡和汇兑、托收承付、委托收款等结算方式进行货币给付及其资金清算的行为。企业生产经营活动，必须按照相关法律、法规进行支付结算。了解掌握支付结算有关的法律制度，具有十分重要的意义。

本章的学习内容包括以下五个部分：第一，支付结算概述。具体内容包括支付结算的概念和特征、支付结算的基本原则、支付结算的主要支付工具、支付结算的主要法律依据、支付结算的具体要求等。第二，现金管理。具体内容包括开户单位使用现金的范围、现金使用的限额、现金收支的基本要求、建立健全现金核算与内部控制等。第三，银行结算账户。具体内容包括银行结算账户的概念、银行结算账户的分类、银行结算账户管理应当遵守的基本原则、银行结算账户的开立、变更和撤销、基本存款户、一般存款户、专用存款户、临时存款户、个人银行结算账户、异地银行结算账户、银行结算账户的管理、违反银行账户结算管理制度的罚则等。第四，票据结算方式。具体内容包括票据的概念和种类、银行汇票、银行本票、支票、商业汇票等。第五，非票据结算方式。具体内容包括非票据结算的含义及种类、托收承付、委托收款、信用卡、信用证。

本章学习的重点包括以下几个方面：第一，银行支付结算的含义、特征及办理支付结算的基本要求。第二，单位银行账户开户及使用的主要规定。第三，支付结算纪律及单位和银行违反结算纪律应负的责任。第四，各种票据结算方式的使用范围、结算程序、使用要求及会计处理。第五，各种非票据结算方式的使用范围、结算程序、使用要求及会计处理。

## 练习题

### 一、单项选择题

1. 存款人的办理日常现金存取的账户是(　　)。

A. 基本存款账户　　B. 一般存款账户

C. 临时存款账户　　D. 专用存款账户

2. 单位银行卡账户的资金必须由(　　)账户转账存入。

A. 基本存款　　B. 一般存款

C. 专用存款　　D. 临时存款

3. 注册验资需要开立临时账户的，应出具(　　)或有关部门的批文。

A. 基本存款户　　B. 验资报告

C. 企业核名通知书　　D. 营业执照

4. 临时存款账户最长有效期不得超过(　　)。

A. 1 年　　B. 2 年　　C. 3 年　　D. 5 年

5. 存款人签发空头支票不以骗取钱财为目的的，由中国人民银行处以票面金额 5% 但不低于(　　)的罚款。

A. 500 元　　B. 1 000 元　　C. 5 000 元　　D. 10 000 元

6. 采用委托收款结算，付款人没有在接到付款通知的次日起(　　)日内通知银行付款的，银行视同付款人同意付款。

A. 5　　B. 3　　C. 4　　D. 10

7. 银行承兑汇票的承兑人是(　　)。

A. 收款人　　B. 付款人

C. 收款人的开户银行　　D. 付款人的开户银行

8. 信用卡单位持卡人不得用于(　　)万元以上的商品交易或劳务供应结算。

A. 1　　B. 5　　C. 10　　D. 50

9. 企业办理托收承付的金额起点一般为每笔金额(　　)元。

A. 5 000　　B. 1 000　　C. 50 000　　D. 10 000

10. 商业汇票的承兑期由交易双方商定，最长不超过(　　)。

A. 3 个月　　B. 6 个月　　C. 9 个月　　D. 12 个月

**二、多项选择题**

1. 可以办理支付结算的金融机构有(　　)。

A. 银行　　B. 城市信用合作社

C. 农村信用合作社　　D. 邮政储蓄所

2. 支付结算的基本原则有(　　)。

A. 诚实守信　　B. 恪守信用，履约付款

C. 谁的钱进谁的账，由谁来支付　　D. 银行不垫款

3. 银行票据上不可更改的内容有(　　)。

A. 出票日期　　B. 签发日期

C. 收款人名称　　D. 票面金额

4. 银行结算账户的种类包括（　　）。

A. 基本账户　　B. 一般账户

C. 个人结算账户　　D. 临时存款账户

5. 下列(　　)存款人可以申请开立基本存款账户。

A. 企业法人　　B. 非企业法人

C. 人体工商户　　D. 单位设立的非独立核算的附属机构

6. 一般存款账户可以办理(　　)业务。

A. 日常转账结算　　B. 现金收付结算

C. 借款转存　　D. 借款归还

7. 票据的功能有(　　)。

A. 支付功能　　B. 汇总功能

C. 信用功能　　D. 融资功能

8. 即可用于同城结算，又可用于异地结算的票据有(　　)。

A. 支票　　B. 银行汇票

C. 银行本票　　D. 商业汇票

9. 银行卡按是否具有透支功能分为(　　)。

A. 信用卡　　B. 借记卡

C. 贷记卡　　D. 准贷卡

10. 定额银行本票的面额有(　　)元。

A. 1 000　　B. 5 000

C. 10 000　　D. 50 000

**三、判断题**

1. 经过人民银行批准，企业可以开立若干基本存款户。(　　)

2. 符合现金使用范围的临时存款户，存款人可以提取现金。(　　)

3. 存款人签发的普通支票可用于转账结算，也可用于提取现金。但划线支票只能用于转账结算。(　　)

4. 商业承兑汇票到期时，若付款人无力支付票款，付款人的开户银行必须承担向持票人支付票款的义务。(　　)

5. 托收承付结算方式只能用于订有合同的商品交易或劳务供应的结算。结算双方处在同一票据交换区域内的，不能使用托收承付结算方式。(　　)

6. 银行汇票可以背书转让，但注明“现金”字样的银行汇票不得背书转让。(　　)

7. 银行本票的付款期为三个月，逾期的银行本票，兑付银行不予受理。(　　)

8. 单位卡账户的资金可以从存款人的基本存款账户转账存入，存款人也可以将销货收入的款项存入单位卡账户。(　　)

9. 汇兑结算不受金额起点的限制，即不论汇款金额多少均可以办理信汇和电汇结算。(　　)

10. 信用证只限于转账结算，不得支取现金。(　　)

**四、简答题**

1. 目前我国采用的银行转账结算方式有哪些?

2. 简述单位和个人办理支付结算的基本要求。

3. 简述银行结算账户管理的基本原则。

4. 简述个人银行结算账户与活期储蓄账户的异同。

5. 简述票据的功能。

6. 简述异地托收承付结算应具备的条件。

7. 简述信用卡申领与使用的主要规定。

8. 简述信用证的含义及特点。

9. 简述信用证结算业务的一般程序。

10. 简述《现金管理暂行条例》中有关现金使用范围的规定。

**五、案例题**

1. 甲公司2009年5月10日从乙公司购买一套专用设备，设备买价100万元，增值税17万元，乙公司代垫运杂费3万元。甲公司2009年5月15日开出一张面值120万元，由甲公司承兑，收款人为乙公司，承兑期为6个月的商业承兑汇票。2009年8月1日，乙公司因向丙公司购买原材料，将上述商业汇票背书转让给丙公司。2009年9月5日，丙公司经银行同意，持上述票据到银行办理了票据贴现。2009年11月10日票据到期时，因甲公司发生财务困难，无力支付120万元的票据款。

问题：

（1）银行应当如何处理上述已经贴现的商业汇票？

（2）票据到期时，乙公司和丙公司应如何处理？

2. 2009年7月10日，按照与乙公司的电话约定，甲公司向乙公司销售商品一批，商品售价200万元，增值税34万元。发出商品时甲公司为乙公司代垫运杂费2万元。由于甲、乙两公司存在长期业务关系，彼此相互信任，因此双方未就该项销售业务签订正式书面合同。商品发出后，甲公司按照与乙公司的电话约定，持相关单据到基本存款户所在的开户银行办理托收承付收款手续。由于不能出具书面购销合同，甲公司开户银行拒绝为甲公司办理托收手续。2009年9月1日，甲公司与乙公司补签了购销合同，当日甲公司到开户银行办理了托收承付手续。2009年9月8日，乙公司收到银行交来的托收承付结算凭证，乙公司以资金周转暂时困难为由，通知银行拒绝承付上述款项。

问题：

（1）银行以不能出具合同为由拒绝办理托收承付是否正确，为什么？

（2）乙公司以资金周转困难为由拒绝付款，银行是否应当办理，为什么？

（3）若乙公司确实无力付款，银行该如何处理？

3. 2009年9月20日，甲公司的一个原材料供应商到甲公司催要货款200万元。甲公司财务部门通过电话查询开户银行，得知当日公司存款账户有存款余额50万元。甲公司预计2日内可能收到公司客户支付的货款300万元，为让供应商尽快离开公司，甲公司财务部门当日决定向该供应商签发一张面值200万元的转账支票支付货款。9月23日，供应商持票到甲公司开户银行办理转账，因甲公司存款余额不足，银行拒绝付款。

问题：（1）甲公司开出的支票属于什么性质的支票？

（2）银行是否可以拒绝付款？

（3）银行应对甲公司作出哪些处罚？

（4）供应商是否可以要求甲公司赔偿？

4. A公司2009年1月10日在工商银行南昌支行开立一个基本存款户，同日在该行申办取得单位信用卡一张。2009年2月20日，A公司将基本存款户资金500万元转入单位信用卡。2009年3月5日，A公司将单位信用卡交给公司业务员张某，书面授权张某用信用卡结算在本市采购部分原材料和部分办公用品。2009年3月20日，张某与本市B公司签订一项合同，约定由A公司向B公司购买汽车一辆，汽车售价9.36万元（含增值税）。张某用A公司信用卡与B公司结算。2009年4月10日，张某个人装修住房购买装修材料8万元，因资金紧张，张某向A公司出具借据一张，借款8万元。随后张某用A公司信用卡结算支付个人购买装修材料费用8万元。

问题：

（1）A公司是否可以在工商银行申请取得单位信用卡？

（2）A公司是否可以将单位卡交给张某并授权其使用？

（3）张某是否有权与B公司签订汽车购销合同并用A公司信用卡支付购车款？

（4）张某是否可以在出具借据后用A公司信用卡支付装修材料费？为什么？

（5）对张某支付的个人装修材料费，你认为A公司应如何处理？

5. 2009年4月25日甲公司与乙公司签订一份购销合同，合同规定由甲公司向乙公司购买未贴品牌标志的电动机一批，价款1 000万元，增值税170万元。合同约定该批电动机由甲公司加贴某著名品牌标志后对外出售。电动机于5月10日运抵甲公司。当日甲公司将1 170万元的票款存入开户银行并委托其开户银行签发面值1 170万元，收款人为乙公司的银行汇票一张。2009年5月15日，乙公司因购买原材料将上述银行汇票背书转让给丙公司。2009年6月5日，丙公司持票到银行兑付票款，银行拒绝付款。原因是甲公司因假冒名牌商标正被工商行政部门查处。

问题：（1）银行是否可以拒绝付款？为什么？

（2）乙公司转让票据给丙公司是否有效？为什么？

6. A公司为支付所欠B公司贷款，于2008年5月5日开出一张50万元的商业承兑汇票。B公司用此汇票进行背书转让给C公司，以购买一批原材料。但事后不久，B公司发现C公司根本无货可供，完全是一场骗局，于是马上通知付款人停止向C公司支付款。C公司获此票据后，又将该票据背书转让给了D公司，以支付其所欠工程款。D公司用此汇票向E公司购买一批钢丝，背书时注明了“货到后此汇票方生效”。E公司于2008年7月5日向付款人请求付款。付款人在对该汇票审查后拒绝付款，理由是：（1）C公司以欺诈行为从B公司已通知付款人停止付款；（2）该汇票未记载付款日期，且背书附有条件，为无效票据。随即付款人便作成退票理由书，交付于E公司。

问题：

（1）付款人可否以C公司的欺诈行为为由拒绝向E公司支付票款？为什么？

（2）A公司开出的汇票未记载付款日期，是否为无效票据，为什么？

（3）D公司的背书是否有效？该条件是否影响汇票效力？

（4）E公司的付款请求权得不到实现时，可以向本案哪些当事人行使追索权？

# 第三章 税收法律制度

本章学习目的

掌握税收的概念与分类、税法及构成要素；分别掌握增值税、消费税、营业税、企业所得税、个人所得税的概念、分类及计税方法；掌握税务登记管理、发票管理和纳税申报；了解税款征收的原则和税款征收的方式，掌握税款征收程序与措施，了解税务代理概念、特点及业务范围；掌握税务检查机构、内容和范围，了解纳税人和扣缴义务人的权利与义务；掌握纳税人的行政法律责任和刑事法律责任，掌握税务行政复议的概念，原则及法定程序。

## 第一节 税收概述

### 一、税收的概念、特征及分类

#### （一）税收的概念

1. 税收的概念及作用

税收是国家凭借政治权力，按照预定标准，无偿地征收实物或货币而形成的特定的分配关系。从税收这一基本概念中可以看到，税收是国家为了行使其职能的需要而取得财政收入的一种方式，征税的主体是国家，税收的客体是人民创造的社会产品和国民收入，国家征税的基础是政治权力。国家征税凭借的是国家政治行政的权力，满足国家行使职能的需要，运用税收固定的形式特征，于社会生产尤其是再生产过程中的有关层面或环节上进行征收或缴纳的分配，体现着一种特定的分配关系。税收的概念可以从以下几方面来理解：

（1）征税的目的。税收是为了满足国家实现职能的资金需要。一个国家要维持政权，就必须建立相应的国家机器，同时还要兴办各种必不可少的社会事业。这些都需要庞大的财政收入作为后盾。税收作为取得财政收入的方式之一，已被现代国家所普遍采用，并成为满足国家行使其职能需要的重要方式。

（2）税收的依据。税收的依据是国家政治权力。国家权力归根到底不外乎有两种，即财产权力和政治权力。国家要把生产单位的一部分产品价值归于自己所有，除了凭借它所特有的政治权力和财产权力外，别无他途。国家凭借对生产资料的占有，即财产权力，对一部分社会产品价值的分配，是社会再生产中的一般分配；而参与社会产品分配和再分配的税收正是国家凭借政治权力征收的。

（3）征税体现特殊的分配关系。税收就是国家把生产者创造的一部分社会产品强制地变为国家所有的过程。这一过程会引起一部分社会产品和国民收入在不同社会成员之间的转移，导致社会分配关系的变化。这些分配关系主要是：国家与企业之间的分配关系，国家和个人之间的分配关系，国家和国家之间的分配关系，以及由于上述分配活动引起的企业与企业之间、企业与个人之间、个人与个人之间的分配关系的变化。所以，税种、税目、税率等要素的设计和调整都必须反映国家、企业和劳动者个人三者的经济利益关系。

（4）税收的分配对象。税收是对一部分社会产品，主要是剩余产品价值进行分配。全社会在一定时期内，劳动者所生产的社会总产品价值中，有一部分是生产过程中消耗掉的生产资料价值，经过企业财务初次分配，回到再生产过程中，不是税收的分配对象；社会产品价值中用于补偿劳动消耗的部分，是个人消费基金的最主要部分，税收参与分配；而剩余产品价值部分，是新价值中的主要构成部分，它的分配和使用直接影响着整个国家的发展速度和方向，是国家税收分配的主要对象。

2. 税收的作用

税收的作用，是税收职能在一定社会政治经济条件下的运用和发挥，以及对社会经济生活的影响和效果。一方面，不同的国家或同一国家的不同历史时期，由于社会政治经济条件的不同，国家赋予税收的任务不同，税收的作用也就不同。另一方面，预期的税收作用，依赖于正确的税收政策，优化的税制体系，以及系统完备、严格执行的税收法制等项具体措施的实施。它们是相互配合、相得益彰的。在奴隶社会和封建社会，由于商品经济不发达，经济关系比较简单，国家仅实施阶级专政和进行一般的管理，很少干预经济生活。所以，税收的作用主要是筹集财政资金。在商品经济高度发展的资本主义社会，税收不仅能为国家筹集大量的货币资金，而且还作为重要的经济杠杆，调节经济的发展。在我国的社会主义建设中，税收更有其重大作用，主要表现在以下几个方面：

（1）税收是国家组织财政收入的主要形式。筹集财政资金是税收的主要职能，我国要进行社会主义建设，需要大量的货币资金，主要是通过税收形式筹集的。第一个五年计划期间，税收保证了我国156项重点建设工程的资金需要，为经济发展打下了坚实的基础。在以后相当长的历史时期，我国的经济生活不断受到“左”的干扰，税制简化，税种减少，税收的功能受到削弱，但是税收收入在国家财政收入中，仍然占据重要的地位。随着经济体制改革深入，对外开放不断扩大，国家的宏观调控体系逐步建立起来，税收的作用得到不断加强，税收收入连年上升，占国家财政收入的90%以上。

（2）税收是国家调控经济运行的重要手段。税收是调节经济的一个重要杠杆，所以国家在建立税收制度时，要体现国家宏观经济政策导向。为了改革开放吸引外资，为了开发我国西部，为了东北老工业基地的振兴，制定了有利于外商投资企业到西部开发以及东北地区增值税转型的税收制度；为了缩小城乡差距，制定了提高税收扣除标准的个人所得税；为了从资源粗放型向资源节约型经济增长方式的转变，为了治理污染，保护生态环境，国家也制定了相应的税收制度等。可以说税收制度的制定是国家宏观经济政策导向的晴雨表。

（3）税收具有维护国家政权的作用。税收既是国家取得财政收入的重要手段，也是打击违法活动行为的工具。税务机关在征税的过程中，要对企业的生产经营状况进行检查监督，对合法经营者给予保护，对违法经营的要给予处罚，以维护正常的经济秩序，从而达到维护国家政权的作用。

（4）税收是国际经济交往中维护国家利益的可靠保证。税收是国家政策的具体化，改革开放以来，国家制定了一系列涉外税收法律、法规，给外商多种税收优惠，吸引了大量的外来资金，促进了我国经济的迅速发展。现在，世界进入了全球经济现代化的新时代，我国已加入了WTO，作为世贸组织的成员，要与其他国家以平等的地位，实行国民待遇、最惠国待遇、税收抵免等项税收优惠政策。发展对外贸易、对外经济技术合作与交流，促进我国经济的迅速发展。因此，税收是国际经济交往中维护国家利益的可靠保证。

### （二）税收的特征

税收的一般特征，也就是税收有其固有的形式特征。税收的固定形式特征是区别于其他财政收入的基本标志，是区别于其他财政分配关系的显著特征。税收具有三个特征：强制性、无偿性和固定性。

1. 税收的强制性

强制性是指税收以国家政治权力为依托，国家用法律形式规定，纳税人必须依照税法的规定，按时足额地纳税。

2. 税收的无偿性

无偿性是税收这种特殊分配手段本质的体现。无偿性是指国家征税以后，纳税人缴纳的货币或实物就转变为国家所有，纳税人得不到任何报酬，不存在等价交换，也不再返还。

3. 税收的固定性

固定性一般是指在征税之前，国家采取法律的形式，把每种税的征收对象、纳税人以及征收数额和比例都规定下来，以便由税务机关和纳税人共同遵守。

### （三）税收的分类

1. 按征税对象分类

按征税对象的不同为依据，可分为流转税、所得税、财产税、资源税和行为税。

（1）流转税，也称商品和劳务税，是指以商品或劳务的流转额为征税对象的一类税。主要有增值税、营业税、消费税、关税。

（2）所得税，也称收益税，是指以纳税人的净收益或总收益为征税对象的一类税。

（3）资源税，是指以特定自然资源为征税对象的一类税。如城镇土地使用税、耕地占用税、土地增值税。

（4）财产税，是指以纳税人所拥有或支配的财产为征税对象的一类税。如房产税、契税、车船税。

（5）行为税，是指以纳税人的特定行为为征税对象的一类税。如印花税、城市维护建设税、车辆购置税等。

2. 按征收管理的分工体系分类

按征收管理的分工体系可分为工商税类、关税类。

（1）工商税，是指以工业、商业、交通运输业、服务业的流转额为征税对象的各种税收的总称。

（2）关税，是指对进出境的货物、物品征收的税收的总称。

3. 按照税收征收权限和收入支配权限分类

按照税收征收权限和收入支配权限可分为中央税、地方税和中央地方共享税。

（1）中央税，是指由国家最高权力机关或经其授权的机关进行税收立法，且税收管理权和收入支配权归属于中央政府的税，简称国税。如我国的关税、消费税、车辆购置税、海关代征的增值税和消费税。

（2）地方税，是指由国家最高权力机关或经其授权的机关立法，但税收管理权和收入支配权归属于地方政府的税，简称地税。如我国的城镇土地使用税、房产税、车船税、土地增值税等税种。

（3）中央地方共享税，是指由国家最高权力机关或经其授权的机关立法，税收管理权属于中央政府，但税收收入支配由中央政府和地方政府按一定比例分成的税，统称为中央与地方共享税，简称共享税。

4. 按照计税标准不同分类

按照计税标准不同进行的分类可分为从价税、从量税和复合税。

（1）从量税，是指以征税对象的数量单位（重量、件数、容积、面积、长度等）为标准，采用固定单位税额征收的税。

（2）从价税，是指以征税对象的价值、价格与金额为标准从价计征的税。

（3）复合税，是指既从量计征又从价计征的税种。

## 二、税法及构成要素

### （一）税收与税法的关系

1. 税法的概念

税法是法学概念。对税法的理解通常有广义和狭义之分，广义的税法是指调整一切税收关系的法律规范的总称；狭义的税法则仅指冠以“税法”等规范名称的法律。在我国，狭义的税法特指由全国人民代表大会及其常务委员会制定和颁布的税收法律。

2. 税法的特征

（1）税法具有政策性。税法的政策性源于税收的政策性。税收工具本质上是政策的工具，无论是取得税收收入、调节分配、进行资源的配置，还是其他特定的目的，都体现着收入政策、分配政策、宏观调控政策等方面的政策。税法的调整使得税收的政策性更加稳定、更加协调，更具有现实的操作性。换言之，税法是税收政策的法律化。

（2）税法具有经济性。税收活动是国家政治权力直接介入私人经济的活动，税收征纳的过程是货币资财强制、无偿转移的过程，税收经济本质上是公共经济，税收关系本质上是种特殊形式的经济关系。这一切决定了规范税收活动、调整税收关系的税法必然具有直接经济性。

（3）税法具有技术性、复杂性。由于税收关系的多样化、复杂性，决定了税法的技术性、复杂性，一方面要确保国家的税收收入，另一方面要维护纳税人的合法权益。同时，既要调控宏观经济，又要减少对经济运行的不良影响，还要贯彻其他多方面的政策目的。这些需要，决定了税法制度设计的技术性和税法内容的复杂性。

（4）税法具有多样性。税法的多样性是指表现形式具有多样性。主要体现在两个方面：一是税收关系不仅由单行税法所调整，而且被其他法律所调整，如宪法、刑法、经济法、行政法等；二是税法有法律、条例、规定、办法、实施细则等多种表现形式。因此，税法的表现形式具有多样性。

（5）税法具有实体法和程序法的综合性。实体法是规定人们之间权利与义务的法律，如民法、行政法、刑法等。程序法是指为保证实体法所规定的权利义务实现而制定的诉讼程序的法律，如民事诉讼法、行政诉讼法、刑事诉讼法等。一般的法律，实体法和程序法是分开的，而税法是二者的综合。税法除规定了实体部分如纳税主体、征税对象、税率等内容外，还规定了程序部分如纳税手续、税务纠纷、税务复议及违章处理等一系列解决纠纷的程序。因此，税法是实体法兼程序法的综合。

（6）税法具有处理税务争议所适用的程序的特殊性。税法规定，征税机关与纳税人对纳税发生争议时，首先履行纳税义务，以保证国家税款征收任务不受影响，并且要经过行政复议程序，没有经过行政复议程序，人民法院不予受理，即当事人向上级税务机关申请复议是申请司法救济的必经程序；但是，当事人对税务机关的处罚决定、强制执行或者税收保全措施不服的，既可申请行政复议，也可直接申请司法救济。另外，处理税务争议不存在协商、调解程序。因此，税法在处理税务争议所适用的程序上具有特殊性。

3. 税收与税法的关系

税收和税法既有联系又有区别，二者的关系十分密切。税法是税收的法律表现形式，税收则是税法所确定的具体内容。任何一种税收，都以一定的法律形式表现出来，并借助于法律的约束力保证其实现。因此，税收和税法之间的关系，是内容与形式的关系。税收是税法的实质内容，税法是税收的法律形式。税收是国家运用政治权力向社会取得收入的行为，它必须严格依照税法规定的范围、标准、程序办事。税法则制约和调整因税收而发生的各种社会关系，因此，税收和税法在本质、任务、目的、作用等方面的内容是一致的。

税收和税法也存在明显的区别。税收和税法的对象不同。税收的对象是在一定范围内集中的部分国民收入和积累的社会财富；而税法的调整对象则是征纳过程中的一种社会关系。税收和税法所属的范畴也不同。税收属于经济领域内的分配环节；而税法则是反映这一经济活动的上层建筑。

总之，税收决定税法，有什么样的税收，就要制定相应的税法；税法反过来规范税收，为税收服务，以保证税收活动的正常进行。

### （二）税法的分类

1. 按照税法的功能作用分类

按照税法的功能作用的不同，将税法分为税收实体法和税收程序法。

（1）税收实体法，是规定税收法律关系主体的实体权利、义务的法律规范的总称。其主要内容包括纳税主体、征税客体、计税依据、税目、减税免税和违章处理等。税收实体法直接影响到国家与纳税人之间权利义务的分配，是税法的核心部分，没有税收实体法，税法体系就不能成立。我国的《中华人民共和国个人所得税》就属于税收实体法。

（2）税收程序法，是税收实体的对称，是指以国家税收活动中所发生的程序关系为调整对象的税法，是规定国家征税权行使程序和纳税人纳税义务履行程序的法律规范的总称。其主要内容包括税收确定程序、税收征收程序、税收检查程序和税收争议的解决程序。税收程序法是税收体系的基本组成部分，《中华人民共和国税收征收管理法》即属于税收程序法。

2. 按照主权国家行使税收管辖权的不同分类

按照主权国家行使税收管辖权的不同可分为国内税法、国际税法、外国税法。

（1）国内税法，是指一国在其税收管辖范围内调整税收分配过程中形成的权利义务关系的法律规范的总称，是由国家最高权力机关和经由授权或依法律规定国家行政机关制定的税收法律、法规和规章等规范性文件。其效力范围在地域上和人均上对以国家税收管辖权所能达到的管辖范围为准。通常所说的税法是指国内税法。

（2）国际税法，是指调整国家与国家之间税收权益分配的法律规范的总称。包括政府间的双边或多边税收协定、关税互惠公约以及国际税法管理等，其内容涉及税收管辖权的确定、税收抵免、最惠国待遇以及无差别待遇等。国际税法是国际法的特殊组成部分，一旦得到一国政府和立法机关法律承认，其效力就高于国内税法。

（3）外国税法，外国税法是指外国各个国家制定的税收法律规范。

3. 按照税法法律级次分类

按照税法法律级次分为税收法律、税收行政法规、税收规章和税收规范性文件。

(1) 税收法律，是指享有国家立法权的国家最高权力机关，依照法律程序制定的示范性税收文件。我国税收法律是由全国人民代表大会及其常务委员会制定的，其法律地位仅次于宪法，而高于税收法规、规章。我们现行税法体系中，《中华人民共和国个人所得税法》、《中华人民共和国外商投资企业所得税法》、《中华人民共和国税收征收管理法》属于税收法律。

(2) 税收行政法规，是指国家最高行政机关、地方立法机关根据其职权或国家最高权力机关的授权，依据宪法和税收法律，通过一定法律程序制定的规范性税收文件。我国目前税法体系的主要组成部分是税收法规，由国务院制定的税收行政法规和由地方立法机关制定的地方税收法规两部分组成，具体形式主要是"条例"或"暂行条例"，税收法规的效力低于宪法、税收法律，高于税收行政规章。

(3) 税收规章和税收规范性文件，是指国家税收管理职能部门，地方政府根据其职权和国家最高行政机关的授权，依据有关法律、法规制定的规范性税收文件。在我国，具体是指财政部、国家税务总局、海关总署，以及地方政府在其权限内制定的有关税收的"办法"、"规则"、"规定"，如《税务代理试行办法》。税收规章可以增强税法的灵活性和可操作性，是税法体系的必要组成部分，但其法律效力比较低。

## （三）税法的构成要素

1. 纳税义务人

纳税义务人主要是指一切履行纳税义务的法人、自然人及其他组织，也称为纳税主体。自然人，是指依法享有民事权利并承担民事义务的公民个人。法人，是指依法成立，能够独立支配财产，并能以自己的名义享受民事权利和承担民事义务的社会组织。其他组织，是指除了上述自然人、法人以外的因发生纳税义务而应当履行纳税义务的组织。

2. 征税对象

征税对象，又称课税对象，主要是指税收法律关系中征纳双方权利义务所指向的对象，即纳税客体。征税对象是构成税收实体法诸要素中的基础性要素，是区分不同税种的主要标志，体现着各种税的征税范围，其他要素的内容一般都是以征税对象为基础确定的。我国现行税收法律、法规都有自己特定的征税对象。

例如：增值税的征税对象是商品或者劳务在生产和流通过程中的增值额，企业所得税的征税对象是企业或组织的应税所得，资源税的征税对象是在中国境内开采的应税资源。

3. 税目

税目，是征税对象的具体化，是各个税种所规定的具体征税项目。划分税目可以解决征税对象的归类问题，并根据归类确定税率，有的税目还要具体划分为不同的子目。

4. 税率

税率，是对征税对象的征收比例或者征收额度。税率是计算税额的尺度，代表课税的深度，关系着国家的收入，也是衡量税负轻重与否的重要标志，是税收政策的中心环节。我国现行的税率主要有比例税率、定额税率、超额累进税率和超率累进税率。

5. 计税依据

计税依据，又称为税基，是指税法中规定的据以计算各种应纳税款的依据或者标准。不同税种的计税依据不同。例如：应纳消费税的商品实行从价定率计征的，其计税依据为不含增值税的销售额；实行从量定额计征的，其计税依据为销售数量。营业税的计税依据为应税劳务的营业额。企业所得税的计税依据为应纳税所得额。资源税的计税依据是应税资源的课税数量。

（1）从价计征。从价计征是指以征税对象的价值、价格与金额为标准计征税款。

（2）从量计征。从量计征是指以征税对象的数量单位（重量、件数、容积、面积、长度等）为标准，采用固定单位税额征收税款。

（3）复合计征。复合计征，是指既从量计征又从价计征税款。

6. 纳税环节

纳税环节，是指税法上规定的征税对象从生产到消费的流转过程中应当缴纳税款的环节。流转税在生产和流通环节纳税；所得税在分配环节纳税。有的税种规定在各个流通环节纳税，如增值税对商品流通的各个环节纳税；有的税种采用单环节纳税，如消费税对应税消费品的生产、委托加工、进口或者零售的某一个环节缴纳消费税，以后该商品在流通环节中不再缴纳消费税。

7. 纳税期限

纳税期限包括纳税义务发生时间和具体的纳税期限两个方面，只有在正确把握各税种的纳税义务发生时间及纳税期限时，纳税人才能准确计算应纳税款并及时缴纳税款。

（1）纳税义务发生时间。纳税义务发生时间，是指纳税人发生应税行为应当承担纳税义务的起始时间。

（2）具体的纳税期限。具体的纳税期限，是指纳税人按照税法规定缴纳税款的期限，包括税款所属期限和税款入库期限。

8. 纳税地点

纳税地点是纳税人（包括扣缴义务人）根据各个税种征税对象的纳税环节和有利于税款的源泉控制原则而规定的向其机构所在地主管税务机关申报纳税的地点。

9. 减税免税

（1）减税和免税是对某些纳税人和征税对象采取减少征税或者免予征税的鼓励或者照顾性措施。减税免税有三种基本形式：税基式减免、税率式减免和税额式减免。

（2）起征点。起征点，是指征税对象达到一定数额开始征税的起点，当纳税人收入达到或者超过起征点时，就其收入全额征税。

（3）免征额。免征额，是指在征税对象的全部数额中免于征税的数额，当纳税人收入超过免征额时，只就超过的部分征税，而当纳税人的收入恰好与免征额相等时，则免予征税。

10. 法律责任

法律责任主要指对纳税人违反税法的行为采取的处罚措施。例如：对纳税人偷税的，由税务机关追缴其不缴或者少缴的税款、滞纳金，并处以罚款，构成犯罪的依法追究刑事责任。

**【案例3-1】**某房地产开发企业，因个别股东退出，股权重新进行分配，股东分红部分的个人所得税经税务机关通知申报，企业考虑到在任股东利益等因素，将部分已扣税款转为往来款挂账，只申报退出股东部分，故而进行了虚假的纳税申报，造成不缴已扣个人所得税税款的100多万元。经税务稽查，追缴了不缴的税款，并处不缴少缴税款5倍的罚款；同时，建议司法机关介入，进一步调查、追究该企业的偷税责任。

**【案例评析】**扣缴义务人（某房地产开发企业）采取《税收征收管理法》第63条第1款所列“经税务机关通知申报进行虚假的纳税申报”的偷税手段，部分履行法定的扣缴义务，造成了不缴、少缴应纳税款的结果，适用《税收征收管理法》第63条规定，责令该企业补缴税款，认定构成偷税行为。

## 第二节　主要税种

### 一、增值税

#### （一）增值税的概念与分类

1. 增值税的概念

增值税，即以生产、销售商品或提供加工、修理修配劳务过程中产生的增值额为征税对象而征收的一种流转税。从理论上讲，增值额是企业在生产经营过程中新创造的价值，但由于在实际工作中增值额的确定是一件很困难的事情，因此，世界各国计算增值税都不是先求出各生产经营环节的增值额，而是采取先计算销售额的应纳税额，然后扣除外购项目已纳税款这样的一种变通方式。同时对进口到我国的货物，我国海关要代征进口环节增值税和消费税。所以，增值税的概念可表述为：是对在我境内销售货物或提供加工修理修配劳务，以及进口货物的单位和个人，就其取得的货物或应税劳务销售额，以及进口货物金额计算税额，并实行税款抵扣制的一种流转税。

2. 增值税的分类

（1）生产型增值税。在计算增值额时，只允许从销售额中扣除外购的原材料等劳动对象的消耗部分，其课税对象为企业新创造的价值加上折旧，对整个社会而言，相当于国民生产总值，所以称之为“生产型”增值税。

（2）收入型增值税。在计算增值额时，允许从销售收入中扣除外购原材料等劳动对象的消耗部分和固定资产的折旧价值，对整个社会而言，其征税对象相当于国民收入，所以称为“收入型”增值税。但由于具体的折旧额的确定很难把握，有很大的估计成分，对增值税的征收管理有一定的难度，因此，国际上采用收入型增值税的国家不多。

（3）消费型增值税。在计算增值税时，允许从销售收入中扣除外购的原材料等劳动对象的消耗部分和纳税期内购进的全部固定资产价值。消费型增值税实际上把所有的生产资料都排除在征税对象之外，只对消费资料征税，所以称之为“消费型”增值税。目前，欧盟各国以及很多发达国家和发展中国家都采用的是消费型增值税，也是增值税发展的主要方向。

## （二）增值税一般纳税人

根据规定，下列纳税人可认定为一般纳税人：

1. 凡年应税销售额超过小规模纳税人标准的企业和企业性单位，可认定为一般纳税人。

2. 一般纳税人总分支机构不在同一县（市）的，应分别向其机构所在地主管税务机关申请办理一般纳税人认定手续。

3. 纳税人总、分支机构实行统一核算，其总机构年应税销售额超过小规模企业标准，但分支机构年应税销售额未超过小规模企业标准的，其分支机构可申请办理一般纳税人认定手续，但需提供总机构所在地主管税务机关批准其总机构为一般纳税人的证明。但分支机构属于小规模商业企业的，该分支机构不得认定为一般纳税人。

4. 年应税销售额未超过标准的，从事货物生产或提供劳务的小规模企业和企业性单位，账簿健全，能准确核算并提供销项税额、进项税额，并能按规定报送有关税务资料的，经企业申请，税务部门可将其认定为一般纳税人。

5. 新开业的符合一般纳税人条件的企业，应在办理税务登记的同时申请办理一般纳税人认定手续；已开业的小规模企业，其年应税销售额超过小规模纳税人标准的，应在次年 1 月底以前申请办理一般纳税人认定手续。

6. 个体经营者符合增值税暂行条例所规定条件的，经省级国家税务局批准，可以认定为一般纳税人。

7. 使用增值税防伪税控系统的一般纳税人资格认定。对已使用增值税防伪税控系统但年应税销售额未达到规定标准的一般纳税人，如会计核算健全，且未有下列情形之一者，不取消其一般纳税人资格：虚开增值税专用发票或者有偷、骗、抗税行为；连续 3 个月未申报或连续 6 个月纳税申报异常且无正当理由；不按规定保管、使用增值税专用发票、税控装置，造成严重后果。

8. 为了加强对加油站成品油销售的增值税征收管理，从 2002 年 1 月 1 日起，对从事成、品油销售的加油站，无论其年应税销售额是否超过 180 万元，一律按增值税一般纳税人征税。

## （三）增值税小规模纳税人

小规模纳税义务人是指年销售额在规定标准以下，并且会计核算不健全，不能按规定报送有关税务资料的增值税纳税人。其规定标准为：

（1）从事货物生产或提供应税劳务的纳税人，以及以从事货物生产或提供应税劳务为主，并兼营货物批发或零售的纳税人，年应税销售额在100万元以下的。

（2）从事货物批发或零售的纳税人，年应税销售额在180万元以下的。

对小规模纳税人的确认，由主管税务机关依照税法规定的标准认定。可视为小规模纳税人的有：个人（除个体经营者以外的其他个人）；非企业性单位；不经常发生增值税应税行为的企业。

### （四）增值税税率

1. 基本税率

增值税一般纳税人销售或者进口货物，提供加工、修理修配劳务，除低税率适用范围和销售个别旧货适用征收率外，税率一律为17%，这就是通常所说的基本税率。

2. 低税率

增值税一般纳税人销售或者进口的货物符合按低税率计征增值税的，按低税率计征增值税，低税率为13%。

3. 征收率

考虑到小规模纳税人经营规模小，且会计核算不健全，难以按上述两档税率计税和使用增值税专用发票抵扣进项税款，因此，实行按销售额与征收率计算应纳税额的简易办法，小规模纳税人增值税征收率为3%。

### （五）增值税应纳税额

1. 销项税额

销项税额是指纳税人销售货物或者提供应税劳务，按照销售额或应税劳务收入和规定的税率计算并向购买方收取的增值税额。

2. 销售额

（1）一般销售方式下的销售额。一般销售方式下的销售额为纳税人销售货物或者提供应税劳务向购买方收取的全部价款和价外费用。

（2）特殊销售方式下的销售额。几种特殊销售方式下的销售额的确定如下：

①纳税人销售过程中的折扣分为两种，即商业折扣和现金折扣。

商业折扣，也称价格折扣。它是销货方为鼓励购买者多买而给予的价格优惠，即购买愈多，价格愈低。由于折扣是在实现销售时同时发生的，因此税法规定：纳税人采取商业折扣方式销售货物的，如果销售额和折扣额在同一张发票上分别注明的，可以按折扣后的销售额征收增值税；如果将折扣额另开发票，不论其在财务上如何处理，均不得从销售额中减除折扣额。

现金折扣。它是销货方为鼓励购买在一定期限内早日偿还货款，而给予购买方的一种债务扣除。如某企业销售一批商品，付款条件为：2/10，1/20，n/30。如果购买方在10天内付款，货款折扣2%；20天内付款，货款折扣1%；30天内付款，要全额支付。现金折扣发生在销货之后，是一种融资性质的理财费用，因此，现金折扣不得从销售额中扣除。

②采取以旧换新方式销售货物。以旧换新是指纳税人在销售自己的货物时，折价收回同类旧货物，并以折价款部分冲减货物价款的一种销售方式。税法规定，采取以旧换新方式销售货物的，应按新货物的同期销售价格确定销售额，不得扣减旧货物的收购价格。

③采取还本销售方式销售货物。还本销售是指纳税人在销售货物后，按约定时间，一次或分次将购货款部分或全部退还给购货方，退还的货款即为还本支出。税法规定，纳税人采取还本销售方式销售货物的，其销售额就是货物的销售价格，不得从销售额中减除还本支出。

④采取以物易物方式销售。以物易物是一种较为特殊的购销活动，在货物所有权转让过程中，交易双方不是以货币结算，而是以同等价款的货物相互结算。从税务处理的角度看，以物易物双方都应作购销处理，即以各自发出的货物核算销售额并计算销项税额，以各自收到的货物核算购货额并计算进项税额。

⑤包装物租金与包装物押金处理。包装物是指纳税人为包装本单位货物而使用的各种包装容器。包装物的租金属于价外费用，应并入销售额计算销项税额。

3. 进项税额

进项税额是指纳税人购进货物或者接受应税劳务，所支付或者负担的增值税额。进项税额是与销项税额相对应的一个概念，两者之间的对应关系是，销售方收取的销项税额，就是购货方支付的进项税额。增值税一般纳税人以其收取的销项税额抵扣支付的进项税额后的余额，就是实际缴纳的增值税额。这样，纳税人支付的进项税额能否抵扣以及抵扣多少，直接关系到纳税人的税收负担以及国家的税收收入。因此，正确审定进项税额，严格按照税法规定进行进项税额抵扣，是保证增值税制贯彻实施和国家财政收入的重要环节。准予抵扣进项税额的只限增值税一般纳税人，增值税小规模纳税人在计算应纳增值税时不得抵扣进项税额。

### （六）增值税征收管理

1. 纳税义务发生时间

《增值税暂行条例》明确规定了增值税纳税义务的发生时间如下：

（1）采取直接收款方式销售货物，不论货物是否发出，均为收到销售额或取得索取销售额的凭据，并将提货单交给买方的当天。

（2）采取托收承付和委托银行收款方式销售货物，为发出货物并办妥托收手续的当天。

（3）采取赊销和分期收款方式销售货物，为按合同约定的收款日期的当天。

（4）采取预收货款方式销售货物，为货物发出的当天。

（5）委托其他纳税人代销货物，为收到代销单位销售的代销清单的当天。

（6）销售应税劳务，为提供劳务同时收讫销售额或取得索取销售额凭据的当天。

（7）进口货物，为报关进口的当天。

2. 纳税期限

增值税的纳税期限分别为1日、3日、5日、10日、15日、1个月或者1个季度。纳税人的具体纳税期限，由主管税务机关根据纳税人应纳税额的大小分别核定；不能按照固定期限纳税的，可以按次纳税。纳税人以1个月或者1个季度为1个纳税期的，自期满之日起15日内申报纳税；以1日、3日、5日、10日或者15日为1个纳税期的，自期满之日起5日内预缴税款，于次月1日起15日内申报纳税并结清上月应纳税款。

3. 纳税地点

增值税具体的纳税地点如下：

（1）固定业户应当向其机构所在地主管税务机关申报纳税。总机构和分支机构不在同一县（市）的，应当分别向各自所在地主管税务机关申报纳税；经国家税务总局或其授权的税务机关批准，也可由总机构汇总向总机构所在地主管税务机关申报纳税。

（2）固定业户到外县（市）销售货物的，应当向其机构所在地主管税务机关申请开具“外出经营活动税收管理证明”，向其机构所在地主管税务机关申报纳税。未持有其机构所在地主管税务机关核发的外出经营税收管理证明，到外县（市）销售货物或者应税劳务的，应当向销售地主管税务机关申报纳税；未向销售地主管税务机关申报纳税的，由其机构所在地主管税务机关补征税款。

（3）非固定业户销售货物或者提供应税劳务，应当向销售地主管税务机关申报纳税。

（4）非固定业户到外县（市）销售货物或者提供应税劳务，未向销售地主管税务机关申报纳税的，由其机构所在地或者居住地主管税务机关补征税款。

（5）进口货物，应当由进口人或其代理人向报关地海关申报纳税。

## 二、消费税

### （一）消费税的概念与计税方法

1. 消费税的概念

消费税是对在我国境内生产、委托加工和进口应税消费品的单位和个人，按应税消费品的销售额或销售数量所征收的一种流转税。

2. 消费税的计税

（1）只对部分特定消费品征税，实行双重调节。消费税是具非中性特征的选择性商品税，为了配合国家的经济政策，我国消费税在对货物普遍征收增值税的基础上，只选择少数特定消费品交叉征税。

（2）实行从价定率和从量定额两种计征方法。消费税是国际上广泛采用的税种，各国对大部分商品采用从价征收方法，对少数价格不易稳定，或价格变化比较大的商品实行从量征收方法。从价征收可以保证财政收入的稳定实现；从量征收使纳税人税负与市场价格不直接挂钩，不同纳税人的同量货物税负相同，有利于提高产品附加值和产品产量。

（3）纳税环节单一，节约征收费用。除金银首饰钻石及钻石饰品在零售环节征税外，其余税目均以生产、委托加工或进口时为纳税环节，既可减少纳税人数量，又可节约征收费用，能够更加直接地发挥消费税的双重调节作用。

（4）消费税是价内税。其税金包含在价格当中，计算简便，易于征收。

### （二）消费税纳税人

根据税法规定，凡在中华人民共和国境内生产、委托加工和进口条例规定的应税消费品的单位和个人，均为消费税纳税义务人。

### （三）消费税税目与税率

消费税采用比例税率和定额税率两种形式，以适应不同应税消费品的需要。采用比例税率形式的税目和子目有：雪茄烟和烟丝、酒和酒精、化妆品、高尔夫球及球具、高档手表、游艇、木制一次性筷子、实木地板、贵重首饰及珠宝玉石、鞭炮、焰火、汽车轮胎、摩托车和小汽车。采用定额税率形式的税目和子目有：黄酒、啤酒、成品油。同时采用比例税率和定额税率两种形式的税目和子目有：卷烟和白酒。

## （四）消费税应纳税额

1. 销售额的确认

（1）销售额，是纳税人销售应税消费品向购买方收取的全部价款和价外费用。对于在规定的期限内（规定期限不超过1年）不予退还的包装物押金，应并入应税消费品的销售额，按照应税消费品的适用税率征收消费税；但对于酒类产品生产企业销售酒类产品（黄酒和啤酒除外）而收取的包装物押金，无论押金是否返还，会计上又如何处理，均需并入酒类产品销售额中，征收消费税。

（2）应税消费品在缴纳消费税的同时，还应缴纳增值税，按照《消费税暂行条例实施细则》的规定，应税消费品的销售额，不包括向购买方收取的增值税税款，如果应税消费品的销售额中含有增值税，应将增值税还原，然后再计算消费税。应税消费品销售额＝含增值税的销售额÷（1＋增值税税率或征收率）。

2. 销售量的确认

销售量，包括销售应税消费品（销售量）；自产自用消费品（移送使用数量）；委托加工消费品（收回的数量）；进口的消费品（海关核定的进口数量）。

3. 从价从量复合计征

先从量后从价计算，适用范围为卷烟和白酒。应纳税额＝应税消费品的销售量×单位税额＋应税消费品的销售额×适用比例税率。

## （五）消费税征收管理

1. 纳税义务发生时间

纳税人生产的应税消费品于销售时纳税，进口消费品应当于应税消费品报关进口环节纳税，但金银首饰、钻石及钻石饰品在零售环节纳税。消费税纳税义务发生的时间，以货款结算方式或行为发生时间分别确定。纳税人销售的应税消费品，其纳税义务的发生时间要求如下：

（1）纳税人采取赊销和分期收款结算方式的，其纳税义务的发生时间，为销售合同规定的收款日期的当天。

（2）纳税人采取预收货款结算方式的，其纳税义务的发生时间，为发出应税消费品的当天。

（3）纳税人采取托收承付和委托银行收款方式销售的应税消费品，其纳税义务的发生时间，为发出应税消费品并办妥托收手续的当天。

（4）纳税人采取其他结算方式的，其纳税义务的发生时间，为收讫销售款或者取得索取销售款的凭据的当天。

2. 纳税期限

消费税的纳税期限分别为1日、3日、5日、10日、15日、1个月或者1个季度。纳税人的具体纳税期限，由主管税务机关根据纳税人应纳税额的大小分别核定；不能按照固定期限纳税的，可以按次纳税。纳税人以1个月或者1个季度为1个纳税期的，自期满之日起15日内申报纳税；以1日、3日、5日、10日或者15日为1个纳税期的，自期满之日起5日内预缴税款，于次月1日起15日内申报纳税并结清上月应纳税款。

3. 纳税地点

（1）纳税人销售的应税消费品，以及自产自用的应税消费品，除国家另有规定的外，应当向纳税人核算地主管税务机关申报纳税。

（2）委托加工的应税消费品，由受托方向所在地主管税务机关代收代缴消费税税款。

（3）进口的应税消费品，由进口人或者其代理人向报关地海关申报纳税。

（4）纳税人到外县（市）销售或委托外县（市）代销自产应税消费品的，于应税消费品销售后，回纳税人核算地或所在地缴纳消费税。

（5）纳税人的总机构与分支机构不在同一县（市）的，应在生产应税消费品的分支机构所在地缴纳消费税。但经国家税务总局及所属省国家税务局批准，纳税人分支机构应纳消费税税款也可由总机构汇总向总机构所在地主管税务机关缴纳。

（6）纳税人销售的应税消费品，如因质量等原因由购买者退回时，经所在地主管税务机关审核批准后，可退还已征收的消费税税款。

## 三、营业税

### （一）营业税的概念

营业税是对在我国境内提供应税劳务、转让无形资产或者销售不动产的单位和个人，就其取得的营业收入额征收的一种税。营业税的征税范围是指有偿提供应税劳务、转让无形资产或者销售不动产的行为。有偿既包括取得货币，也包括取得货物或其他经济利益。

### （二）营业税纳税人

营业税的纳税人是指在中华人民共和国境内提供应税劳务、转让无形资产或者销售不动产的单位和个人。

单位是指国有企业、集体企业、私有企业、股份制企业、行政事业单位、社会团体、军事单位、外商投资企业和外国企业等；个人包括个体经营者以及其他有经营行为的中国公民及外国公民；单位和个体经营者聘用的员工为本单位和雇主提供的劳务不属于营业税的纳税人。

### （三）营业税的税目、税率

1. 营业税税目

（1）交通运输业。交通运输业包括陆路运输、水路运输、航空运输、管道运输和装卸搬运等。

（2）建筑业。建筑业是指建筑安装工程作业等，包括建筑、安装、修缮、装饰和其他工程作业等。

（3）邮电通信业。邮电通信业是指专门办理信息传递的业务，包括邮政、电信两部分。

（4）文化体育业。文化体育业是指经营文化、体育活动的业务，包括文化业和体育业。

（5）金融保险业。金融保险业是指经营金融、保险的业务。

（6）服务业。服务业是指利用设备、工具，场所、信息或技能为社会提供服务的业务，包括代理业、店业、饮食业、旅游业、仓储业、租赁业、广告业和其他服务业。

（7）娱乐业。娱乐业是指为娱乐活动提供场所和服务的业务，包括经营歌厅、舞厅、卡拉 OK 歌舞厅、音乐茶座、台球、高尔夫球、保龄球场、网吧、游艺场等娱乐场所，以及娱乐场所为顾客进行娱乐活动提供的如饮食服务及其他各种服务的业务。

（8）转让无形资产。转让无形资产是指转让无形资产的所有权或使用权的行为，包括转让土地使用权、转让商标权、转让专利权、转让非专利技术、出租电影拷贝、转让著作权和转让商誉。

（9）销售不动产。销售不动产是指有偿转让不动产所有权的行为，包括销售建筑物或构筑物和销售其他土地附着物。在销售不动产时连同不动产所占土地的使用权一并转让的行为，比照销售不动产征收营业税。

2. 营业税税率

（1）交通运输业、建筑业、邮电通信业、文化体育业的税率为3%。

（2）服务业、金融保险业、转让无形资产、销售不动产的税率为5%。

（3）娱乐业的税率为5%～20%。

## （四）营业税应纳税额

营业税的计算比较简单，按照营业额和规定的适用税率计算应纳税额。计算公式为：应纳税额 = 营业额 × 税率。

营业税的计税依据是营业额，营业额为纳税人提供应税劳务、转让无形资产或者销售不动产向对方收取的全部价款和价外费用。价外费用包括向对方收取的手续费、基金、集资费、代收款项、代垫款项及其他各种性质的价外收费。

1. 单位和个人在提供应税劳务、转让无形资产和销售不动产时，因受让方违约而从受让方取得的赔偿金收入，应并入营业额中征收营业税。

2. 单位和个人在提供营业税应税劳务、转让无形资产、销售不动产时，如果将价款与折扣额在同一张发票上注明的，以折扣后的价款为营业额；如果将折扣额另开发票的，不论其在财务上如何处理，均不得从营业额中减除。

3. 单位和个人在提供营业税应税劳务、转让无形资产和销售不动产发生退款时，凡该项退款已征收过营业税的，允许退还已征税款，也可以从纳税人以后的营业额中减除。

4. 劳务公司接受用工单位的委托，为其安排劳动力，凡用工单位将其应支付给劳动力的工资和为劳动力上交的社会保险（包括养老保险金、医疗保险、失业保险、工伤保险等，下同）以及住房公积金统一交给劳务公司代为发放或办理的，以劳务公司从用工单位收取的全部价款减去代收转付给劳动力的工资和为劳动力办理社会保险及住房公积金后的余额为营业额。

5. 单位和个人因财务会计核算办法改变，将已缴纳过营业税的预收性质的价款逐期转为营业收入时，允许从营业额中减除。

6. 营业税纳税人购置税控收款机，经主管税务机关审核批准后，可凭购进税控收款机取得的增值税专用发票，按照发票上注明的增值税税额，抵免当期应纳营业税税额。

## （五）营业税征收管理

1. 纳税义务发生时间

营业税的纳税义务发生时间为纳税人收讫营业收入款项或者取得索取营业收入款项凭据的当天。对某些具体项目进一步明确如下：

（1）转让土地使用权或者销售不动产，采用预收款方式的，其纳税义务发生时间为收到预收款的当天。

（2）单位和个人提供应税劳务、转让专利权、非专利技术、商标权、著作权和商誉时，向对方收取的预收性质的价款（包括预收款、预付款，预存费用、预收定金等，下同），其营业税纳税义务发生时间以按照财务会计制度的规定，该项预收性质的价款被确认为收入的时间为准。

（3）单位或者个人自己新建建筑物后销售，其自建行为的纳税义务发生时间，为其销售自建建筑物并收讫营业额或者取得索取营业额凭据的当天。

（4）单位将不动产无偿赠与他人，其纳税义务发生时间为不动产所有权转移的当天。

（5）会员费、席位费和资格保证金纳税义务发生时间为会员组织收讫会员费、席位费、资格保证金和其他类似费用款项或者取得索取这些款项凭据的当天。

（6）电信部门销售有价电话卡的纳税义务发生时间，为售出电话卡并取得售卡收入或取得索取售卡收入凭据的当天。

（7）建筑业纳税义务发生时间比较复杂，因此，划分几种具体情况：①实行合同完成后一次性结算价款办法的工程项目，其纳税义务发生时间为施工单位与发包单位进行工程合同价款结算的当天。②实行旬末或月中预支、月终结算、竣工后清算办法的工程项目，其纳税义务发生时间为月份终了与发包单位进行已完工程价款结算的当天。③实行按工程进度划分不同阶段结算价款办法的工程项目，其纳税义务发生时间为各月份终了与发包单位进行已完工程价款结算的当天。④实行其他结算方式的工程项目，其纳税义务发生时间为与发包单位结算工程价款的当天。

（8）金融经纪业务和其他金融业务，纳税义务发生时间为取得营业收入或取得索取营业收入价款凭据的当天。

（9）保险业务，纳税义务发生时间为取得保费收入或取得索取保费收入价款凭据的当天。

（10）融资租赁业务，纳税义务发生时间为取得租金收入或取得索取租金收入价款凭据的当天。

（11）金融商品转让业务，纳税义务发生时间为金融商品所有权转移之日。

（12）金融企业承办委托贷款业务营业税的扣缴义务发生时间，为受托发放贷款的金融机构代委托人收讫贷款利息的当天。

（13）贷款业务，自 2003 年 1 月 1 日起，金融企业发放的贷款逾期（含展期）90 天（含 90 天）尚未收回的，纳税义务发生时间为纳税人取得利息收入权利的当天。原有的应收未收贷款利息逾期 90 天以上的，该笔贷款新发生的应收未收利息，其纳税义务发生时间均为实际收到利息的当天。

(14) 扣缴税款义务发生时间为扣缴义务人代纳税人收讫营业收入款项或者取得索取营业收入款项凭据的当天。

2. 纳税期限

营业税的纳税期限分别为5日、10日、15日、1个月或者1个季度。纳税人的具体纳税期限，由主管税务机关根据纳税人应纳税额的大小分别核定；不能按照固定期限纳税的，可以按次纳税。纳税人以1个月或者1个季度为一个纳税期的，自期满之日起15日内申报纳税；以5日、10日或者15日为一个纳税期的，自期满之日起5日内预缴税款，于次月1日起15日内申报纳税并结清上月应纳税款。

3. 纳税地点

营业税的纳税地点原则上采取属地征收的方法，就是纳税人在经营行为发生地缴纳应纳税款，具体规定如下：

(1) 纳税人提供应税劳务，应当向应税劳务发生地的主管税务机关申报纳税。纳税人从事运输业务的，应当向其机构所在地主管税务机关申报纳税。

(2) 纳税人提供的应税劳务发生在外县（市)，应向应税劳务发生地的主管税务机关申报纳税；如未向应税劳务发生地申报纳税的，由其机构所在地或者居住地主管税务机关补征税款。

(3) 纳税人承包的工程跨省、自治区、直辖市的，向其机构所在地主管税务机关申报纳税。

(4) 纳税人转让、出租土地使用权，纳税人销售不动产，应当向土地、不动产所在地主管税务机关申报纳税。

纳税人转让其他无形资产，应当向其机构所在地的主管税务机关申报纳税。

单位和个人出租物品、设备等动产的营业税纳税地点为出租单位机构所在地或个人居住地。

(5) 各航空公司所属分公司，无论是否单独计算盈亏，均应作为纳税人向分公司所在地主管税务机关缴纳营业税。

(6) 在中华人民共和国境内的电信单位提供电信业务的营业税纳税地点为电信机构所在地。

(7) 扣缴义务人应当向其机构所在地的主管税务机关申报缴纳其扣缴的营业税税款。建筑安装工程业务的总承包人，扣缴分包或者转包的非跨省（自治区）工程的营业税税款，应当向分包或转包工程的劳务发生地主管税务机关申报纳税。

(8) 在中华人民共和国境内的单位提供的设计（包括在开展设计时进行的

勘探测量等业务）、工程监理、调试和咨询、通过网络为其他单位和个人提供培训、检测等服务的应税劳务的，其营业税纳税地点为单位所在地。

纳税人在本省、自治区、直辖市范围内发生应税行为，其纳税地点需要调整的，由省、自治区、直辖市人民政府所属税务机关确定。

## 四、企业所得税

### （一）企业所得税的概念

企业所得税，是指国家对中国境内企业生产、经营所得和其他所得依法征收的一种税，是国家参与企业利润分配的重要手段。它在调节收入分配、促进公平竞争、筹集财政收入方面起到重要作用，是国家进行宏观经济调控的一个重要经济杠杆。

### （二）企业所得税征税对象

企业所得税征税对象是纳税人取得的生产、经营所得和其他所得。所谓生产、经营所得，是指从事物质生产、商品流通、交通运输、劳务服务以及其他营利事业取得的所得。其他所得，是指股息、利息、租金、转让各类资产、特许权使用费以及营业外收益所得。

### （三）企业所得税税率

企业所得税税率是指企业应纳税额与应纳税所得额的比率。企业所得税法规定，企业所得税实行25%的比例税率。

### （四）企业所得税应纳税所得额

企业每一纳税年度的收入总额，减去不征税收入、免税收入、各项扣除以及允许弥补的以前年度亏损后的余额，为应纳税所得额。

1. 收入总额

企业以货币形式和非货币形式从各种来源取得的收入，包括以下几种：

（1）销售货物收入，指纳税人取得的商品（产品）销售收入及其他业务收入。

（2）提供劳务收入，指纳税人取得的劳务服务收入及其他营运收入。

（3）转让财产收入，指纳税人有偿转让各类财产包括固定资产、有价证券、股权以及其他财产取得的收入。

（4）股息、红利等权益性投资收益，指纳税人对外投资入股分得的股息、红利收入。股息，是指按资本计算的利息；红利，是指企业分给股东的利润。

（5）利息收入，指纳税人购买各种债券等有价证券的利息、外单位欠款付给的利息，以及其他利息收入。

（6）租金收入，指纳税人出租固定资产、包装物以及其他财产而取得的租金收入。租赁企业主营租赁业务取得的收入应当在生产、经营收入中反映。

（7）特许权使用费收入，指纳税人提供或者转让专利权、商标权、著作权、非专利技术以及其他特许权的使用权而取得的收入。

（8）接受捐赠收入，指接受捐赠取得的收入，包括其他企业、组织或者个人无偿给予的货币性资产、非货币性资产。

（9）其他收入，指除上述各项收入外的一切收入。

2. 不征税收入

收入总额中的下列收入为不征税收入：财政拨款；依法收取并纳入财政管理的行政事业性收费、政府性基金；国务院规定的其他不征税收入。

3. 免税收入

免税收入是指属于企业的应税所得但按照税法规定免予征收企业所得税的收入。税法所称的免税收入包括国债利息收入；符合条件的居民企业之间的股息、红利收入；在中国境内设立机构、场所的非居民企业从居民企业取得与该机构、场所有实际联系的股息、红利收入（该收益都不包括连续持有居民企业公开发行并上市流通的股票不足12个月取得的投资收益）；符合条件的非营利公益组织的收入等。

4. 准予扣除的项目

在计算应税所得额时准予从收入额中扣除的项目，是指企业实际发生的与取得收入有关的、合理的支出，包括成本、费用、税金、损失和其他支出，准予在计算应纳税所得额时扣除。

（1）成本，是指纳税人销售商品（产品、材料、下脚料、废料、废旧物资等），提供劳务、转让固定资产、无形资产（包括技术转让）的成本。成本包括直接成本和间接成本。外购存货的实际成本包括购货价格、购货费用和税金，自制存货的成本包括制造费用等间接费用，计入存货成本的税金是指购买、自制或委托加工存货发生的消费税、关税、资源税和不能从销项税额中抵扣的增值税进项税额。

（2）费用，是指纳税人每一纳税年度生产、经营商品和提供劳务等所发生的可扣除的期间费用，已计入成本的有关费用除外。费用包括销售费用、财务费用、管理费用。

（3）税金，是指纳税人按规定缴纳的消费税、营业税、资源税、土地增值税、出口关税、城市维护建设税、教育费附加等产品销售税金及附加。企业缴纳的房产税、车船税、土地使用税、印花税等，已经计入管理费用中扣除的，不再作销售税金单独扣除。属于价外税的增值税不在扣除之列。

（4）损失，是指纳税人生产、经营过程中的各项营业外支出、已发生的经营亏损和投资损失，以及其他损失。

5. 不得扣除的项目

在计算应纳税所得额时，下列支出不得扣除：

（1）资本性支出，是指纳税人购置、建造固定资产，以及对外投资的支出。企业的资本性支出不得直接在税前扣除，应以提取折旧的方式逐步摊销。

（2）无形资产受让、开发支出，是指纳税人购置无形资产以及自行开发无形资产的各项费用支出。无形资产受让、开发支出也不得直接扣除，应在其受益期内分期摊销。

（3）资产减值准备。固定资产、无形资产计提的减值准备，不允许在税前扣除；其他资产计提的减值准备，在转化为实质性损失之前，不允许在税前扣除。

（4）违法经营的罚款和被没收财物的损失。纳税人违反国家法律、法规和规章，被有关部门处以的罚款以及被没收财物的损失，不得扣除。

（5）各项税收的滞纳金、罚金和罚款。纳税人违反国家税收法规，被税务部门处以的滞纳金和罚款、司法部门处以的罚金，以及上述以外的各项罚款，不得在税前扣除。

（6）自然灾害或者意外事故损失有赔偿的部分。纳税人遭受自然灾害或者意外事故，保险公司给予赔偿的部分，不得在税前扣除。

（7）超过国家允许扣除的公益、救济性捐赠，以及非公益、救济性捐赠。纳税人用于非公益、救济性捐赠，以及超过年度利润总额 12% 的部分的捐赠，不允许扣除。

（8）各种赞助支出。

（9）与取得收入无关的其他各项支出。

## （五）企业所得税征收管理

1. 纳税地点

除税收法律、行政法规另有规定外，居民企业以企业登记注册地为纳税地点；但登记注册地在境外的，以实际管理机构所在地为纳税地点。居民企业在中国境内设立不具有法人资格的营业机构的，应当汇总计算并缴纳企业所得税。

非居民企业在中国境内设立机构、场所的，应当就其所设机构、场所取得的来源于中国境内的所得，以及发生在中国境外但与其所设机构、场所有实际联系的所得，缴纳企业所得税。非居民企业取得上述所得，以机构、场所所在地为纳税地点。非居民企业在中国境内设立两个或者两个以上机构、场所的，经税务机关审核批准，可以选择由其主要机构、场所汇总缴纳企业所得税。

非居民企业在中国境内未设立机构、场所的，或者虽设立机构、场所但取得的所得与其所设机构、场所没有实际联系的，应当就其来源于中国境内的所得缴纳企业所得税。非居民企业取得上述所得，以扣缴义务人所在地为纳税地点。

2. 纳税期限

企业所得税按纳税年度计算。纳税年度自公历 1 月 1 日起至 12 月 31 日止。企业在一个纳税年度中间开业，或者终止经营活动，使该纳税年度的实际经营期不足 12 个月的，应当以其实际经营期为一个纳税年度。企业依法清算时，应当以清算期间作为一个纳税年度。

3. 纳税申报

企业在年度中间终止经营活动的，应当自实际经营终止之日起 60 日内，向税务机关办理当期企业所得税汇算清缴。

企业应当在办理注销登记前，就其清算所得向税务机关申报并依法缴纳企业所得税。

企业所得税分月或者分季预缴。企业应当自月份或者季度终了之日起 15 日内，向税务机关报送预缴企业所得税纳税申报表，预缴税款。企业应当自年度终了之日起 5 个月内，向税务机关报送年度企业所得税纳税申报表，并汇算清缴，结清应缴应退税款。

企业在报送企业所得税纳税申报表时，应当按照规定附送财务会计报告和其他有关资料。

## 五、个人所得税

### （一）个人所得税概念

个人所得税是对个人取得的各项应税所得征收的一种税。随着经济的深入发展，我国个人收入大幅度增长，个人收入之间的差距越来越大，个人所得税法的实施和修改对于调解我国个人收入的分配以及增加国家税收方面起了很大的作用。

### （二）个人所得税纳税义务人

个人所得税的纳税义务人，包括中国公民、个体工商业户、个人独资企业和合伙企业投资者以及在中国有所得的外籍人员（包括无国籍人员）和香港、澳门、台湾同胞。为了方便对纳税人的征收管理，遵循国际惯例依据住所和居住时间两个标准，个人所得税的纳税人分为居民纳税人和非居民纳税人，分别在中国承担不同的纳税义务。

### （三）个人所得税的应税项目和税率

1. 个人所得税应税项目

个人所得税应税项目包括：工资、薪金所得；个体工商户的生产、经营所得和对企事业单位的承包经营、承租经营所得；劳务报酬所得；稿酬所得；特许权使用费所得；利息、股息、红利所得；财产租赁所得；财产转让所得；偶然所得和其他所得。

2. 个人所得税税率

（1）工资、薪金所得适用九级超额累进税率，税率为5%～45%（见表3－1）。

**表3－1　工资薪金所得个人所得税税率表**

| 级数 | 全月应纳税所得额 | 税率（%） | 速算扣除数（元） |
|---|---|---|---|
| 1 | 不超过500元的部分 | 5 | 0 |
| 2 | 超过500～2 000元的部分 | 10 | 25 |
| 3 | 超过2 000～5 000元的部分 | 15 | 125 |
| 4 | 超过5 000～20 000元的部分 | 20 | 375 |
| 5 | 超过20 000～40 000元的部分 | 25 | 1 375 |

续表

| 级数 | 全月应纳税所得额 | 税率（%） | 速算扣除数（元） |
|---|---|---|---|
| 6 | 超过 40 000 ~ 60 000 元的部分 | 30 | 3 375 |
| 7 | 超过 60 000 ~ 80 000 元的部分 | 35 | 6 375 |
| 8 | 超过 80 000 ~ 100 000 元的部分 | 40 | 10 375 |
| 9 | 超过 100 000 元的部分 | 45 | 15 375 |

（2）个体工商户的生产、经营所得和对企事业单位的承包经营、承租经营所得适用 5% ~35% 的超额累进税率（见表 3 –2）。

**表 3 –2　　个体工商户的生产、经营所得和对企事业单位的承包经营、承租经营所得个人所得税税率表**

| 级数 | 全年应纳税所得额 | 税率（%） | 速算扣除数（元） |
|---|---|---|---|
| 1 | 不超过 500 元的部分 | 5 | 0 |
| 2 | 超过 5 000 ~ 10 000 元的部分 | 10 | 250 |
| 3 | 超过 10 000 ~ 30 000 元的部分 | 20 | 1 250 |
| 4 | 超过 30 000 ~ 50 000 元的部分 | 30 | 4 250 |
| 5 | 超过 50 000 元的部分 | 35 | 6 750 |

（3）劳务报酬所得适用比例税率，税率为 20%。对劳务报酬所得一次收入畸高的可以实行加成征收。劳务报酬所得一次收入畸高，是指个人一次取得劳务报酬，其应纳税所得额超过 20 000 元。对应纳税所得额超过 20 000 ~ 50 000 元的部分，依照税法规定计算应纳税额后再按照应纳税额加征五成；超过 50 000 元的部分，加征十成。因此，劳务报酬所得实际上适用 20%、30%、40% 的三级超额累进税率（见表 3 –3）。

**表 3 –3　　劳务报酬所得个人所得税税率表**

| 级数 | 每次应纳税所得额 | 税率（%） | 速算扣除数（元） |
|---|---|---|---|
| 1 | 不超过 2 000 元的部分 | 20 | 0 |
| 2 | 超过 20 000 ~ 50 000 元的部分 | 30 | 2 000 |
| 3 | 超过 50 000 元的部分 | 40 | 7 000 |

（4）稿酬所得、特许权使用费所得、利息、股息、红利所得、财产租赁所得、财产转让所得、偶然所得和其他所得，适用比例税率，税率为20%。

## （四）个人所得税应纳税所得额

1. 工资、薪金所得的应纳税所得额

工资、薪金所得部分的个人所得税税额 = 应税所得金额 × 适用税率 - 速算扣除数

2. 个体工商户生产、经营所得的应纳税所得额

个体工商户生产、经营所得的个人所得税税额 = 应税所得金额 × 适用税率 - 速算扣除数

3. 企事业单位承包经营、承租经营所得的应纳税所得额

企事业单位承包经营、承租经营所得的个人所得税税额 = 应税所得金额 × 适用税率 - 速算扣除数

4. 劳务报酬所得的应纳税所得额

劳动报酬所得（4 000元以下）的个人所得税税额 = （每次所得收入 - 800）×20%

劳动报酬所得（4 000元以上）的个人所得税税额 = [每次所得收入 ×（1 - 20%）] × 适用税率 - 速算扣除数

收入不超过20 000元的，税率为20%，速算扣除数为0；

收入超过20 000元至50 000元的部分，税率为30%，速算扣除数为2 000元；

收入超过50 000元的部分，税率为40%，速算扣除数为7 000元。

5. 稿酬所得的应纳税所得额

稿酬所得（每次收入不超过4 000元）的个人所得税税额 = （每次所得收入 - 800）×20% ×（1 - 30%）

稿酬所得（每次收入超过4 000元）的个人所得税税额 = [每次所得收入 ×（1 - 20%）] ×20% ×（1 - 30%）

6. 特许权使用费所得、财产租赁所得的应纳税所得额

特许权使用费所得、财产租赁所得（每次收入不超过4 000元）的个人所得税税额 = （每次所得收入 - 800）×20%

特许权使用费所得、财产租赁所得（每次收入超过4 000元）的个人所得税税额 = [每次所得收入 ×（1 - 20%）] ×20%

7. 利息、股息、红利所得、财产转让所得、偶然所得和其他所得的应纳税

所得额

利息、股息、红利所得、财产转让所得、偶然所得和其他所得的个人所得税税额 = 每次所得收入 ×20%

### （五）个人所得税征收管理

1. 自行申报纳税

自行申报纳税，是由纳税人自行在税法规定的纳税期限内，向税务机关申报取得的应税所得项目和数额，如实填写个人所得税纳税申报表，并按照税法规定计算应纳税额，据此缴纳个人所得税的一种方法。

2. 代扣代缴

代扣代缴，是指按照税法规定负有扣缴税款义务的单位或者个人，在向个人支付应纳税所得时，应计算应纳税额，从其所得中扣除并缴入国库，同时向税务机关报送扣缴个人所得税报告表。

**【案例 3－2】** 某汽车经销商为增值税一般纳税人，并具有进出口经营权。2003 年 6 月从国外进口小轿车一辆，支付价款 40 万元，支付购货佣金 1 万元，支付从我国海关到某公司仓库的运输费用 4 万元、保险费用 2 万元（进口小轿车消费税税率为 50%，关税税率为 30%）。根据相关业务，该单位会计人员应计算汽车进口应缴纳的关税、消费税以及进口应缴纳的增值税。

**【案例评析】**

（1）汽车经销商进口应缴纳的关税 = 40 ×30% = 12（万元）

（2）汽车经销商进口应缴纳的消费税 =（40 + 12）×50% = 26（万元）

（3）汽车经销商进口应缴纳的增值税 =（40 + 12 + 26）×17% = 13.26（万元）

## 第三节　税务管理

税务管理是指税收征收管理机关为了贯彻、执行国家税收法律制度，加强税收工作，协调征税关系而开展的一项有目的的活动。税务管理是税收征收管理的重要内容，是税款征收的前提。税务管理主要包括税务登记管理、发票管理和纳税申报等内容。

### 一、税务登记管理

税务登记，又称纳税登记，是税务机关依据税法规定，对纳税人的生产、经营活动进行登记管理的一项法定制度，也是纳税人依法履行纳税义务的法定手续。税务登记的对象包括：一是企业及企业在外地设立的分支机构和从事生产、经营的场所、个体工商户和从事生产、经营的事业单位，自领取营业执照之日起30日内，持有关证件向税务机关申报办理税务登记。承包和租赁的，实行自负盈亏的生产经营者也应办理税务登记。二是不从事生产、经营活动，但是依照法律、行政法规规定负有纳税义务的单位和个人，除临时取得应税收入或发生应税行为以及只缴纳个人所得税、车船税的外，应当自依照税收法律、行政法规成为纳税义务人之日起30日内向所在地税务机关申报办理税务登记。

税务登记的种类包括开业登记，变更登记，停业、复业登记，注销登记、外出经营报验登记等。

### （一）开业登记

开业登记是指从事生产经营活动的纳税人，经国家工商行政管理部门批准开业后办理的纳税登记。

1. 开业登记的对象

根据有关规定，需要办理开业税务登记的纳税人分以下两类：

（1）领取营业执照从事生产经营的纳税人包括：①企业，即从事生产经营的单位或组织，包括国有、集体、私营企业、中外合资（合作）企业、外商独资企业以及各种联营、联合、股份制企业等；②企业在外地设立的分支机构和从事生产经营的场所；③个体工商户；④从事生产经营的事业单位。

（2）其他纳税人：不从事生产经营活动，但依照法律法规的规定负有纳税义务的单位和个人，除临时取得应税收入或发生应税行为以及只缴纳个人所得税、车船税的外，也应按规定向税务机关办理税务登记。

2. 开业登记的时间和地点

（1）从事生产、经营的纳税人，应当自领取营业执照之日起30日内，向生产经营地或者纳税义务发生地的主管税务机关申报办理税务登记，如实填写税务登记表，并按照税务机关的要求提供有关证件、资料。

（2）按照规定不需要领取营业执照的纳税人，应当自有关部门批准之日起30日内或者自发生纳税义务之日起30日内，主动依法向主管国家税务机关申报办理税务登记。

3. 开业税务登记内容

开业税务登记内容包括：①单位名称，法定代表人或业主姓名及其居民身份证、护照或者其他证明身份的合法证件；②住所、经营地点；③登记注册类型及所属主管单位；④核算方式；⑤行业、经营范围、经营方式；⑥注册资金、投资总额、开户银行及账号；⑦经营期限、从业人数、营业执照号码；⑧财务负责人、办税人员；⑨其他相关事项。

4. 开业登记程序

纳税人应按照下列程序办理税务登记手续：

（1）提出开业税务登记申请。从事生产经营的纳税人应在规定期限内向生产经营地主管国税机关（办税服务厅税务登记窗口）提交办理税务登记书面申请，并出示工商行政管理部门核发的营业执照和有关证件、资料。税务登记窗口工作人员初审后发给统一印制的《税务登记表》和《纳税人税种登记表》。

纳税人办理税务登记时应提供如下证件、资料：①营业执照或其他核准执业证件及工商登记表，或其他核准执业登记表复印件；②有关机关、部门批准设立的文件；③有关章程、合同、协议书；④组织机构统一代码证书；⑤法定代表人或负责人或业主的居民身份证、护照或者回乡证等其他合法证件；⑥法定代表人和董事会成员名单；⑦住所或经营场所证明；⑧委托代理协议书复印件；⑨属于享受税收优惠政策的企业，还应提供相应的证明、资料以及税务机关需要的其他资料、证件。

（2）填报《税务登记表》。《税务登记表》主要有：内资企业税务登记表、分支机构税务登记表、个体经营税务登记表、其他单位税务登记表、涉外企业税务登记表。

纳税人领取《税务登记表》或者《注册税务登记表》后，应当按照规定内容逐项如实填写，并加盖企业印章，经法定代表人签字或业主签字后，将《税务登记表》或者《注册税务登记表》报送主管国家税务机关。

税务机关受理后进行审核，对纳税人填报的《税务登记表》、提供的证件和资料，应当在收到之日起30日内审核完毕，符合规定的，予以登记；对不符合规定的不予登记，也应在30日内予以答复。

（3）领取税务登记证件。纳税人提交的证件和资料齐全且《税务登记表》的填写内容符合规定的，税务机关应及时发放税务登记证件。纳税人提交的证件和资料不齐全或《税务登记表》的填写内容不符合规定的，税务机关应当场通知其补正或重新填报。纳税人提交的证件和资料明显有疑点的，税务机关应进行实地调查，核实后予以发放税务登记证件。

税务登记证件的主要内容包括：纳税人名称、税务登记代码、法定代表人或负责人、生产经营地址、登记类型、核算方式、生产经营范围（主营、兼营）、发证日期、证件有效期等。

税务登记证分为正本和副本。正本只核发一份，增值税一般纳税人因业务需要可申请给多本副本。纳税人领取税务登记证后，应按照规定交纳工本费。

## （二）变更登记

变更登记，是指纳税人在办理税务登记后，原登记的内容发生变化时向原税务机关申报办理的税务登记。

纳税人改变名称、改变法定代表人或者业主姓名、改变经济类型或经济性质、改变住所或者经营地点（指不涉及改变主管国家税务机关）、改变生产经营范围或经营方式；增减注册资金（资本）；改变隶属关系、生产经营期限；改变或增减银行账号；改变生产经营权属以及改变其他税务登记等内容的，纳税人应当自工商行政管理机关办理变更登记之日起30日内，持有关证件向原主管国家税务机关提出变更登记书面申请报告。

纳税人已在工商行政管理机关办理变更登记的，应当自工商行政管理机关变更登记之日起30日内，向原税务登记机关提供有关证件、资料，申报办理变更税务登记。

纳税人按照规定不需要在工商行政管理机关办理变更登记，或者其变更登记的内容与工商登记内容无关的，应当自税务登记内容实际发生变化之日起30日内，或者自有关机关批准或者宣布变更之日起30日内，持有关证件到原税务登记机关申报办理变更税务登记。

变更税务登记的程序如下：填写《税务登记变更表》；提供相关证件、资料；税务机关受理；主管税务机关审核；重新制发《税务登记证》。

## （三）停业、复业登记

停业、复业登记是纳税人暂停和恢复生产经营活动而办理的纳税登记。

实行定期定额征收方式的纳税人在营业执照核准的经营期内需要停业的，应向原税务登记机关提交停业申请书，说明停业的理由、时间、停业前的纳税情况和发票的领、用、存情况。

税务机关收到纳税人停业书面申请时，发放“停业申请表”一式三份，纳税人如实填写。税务机关经过审核，应当责成申请停业纳税人结清税款并收回其税务登记证件、发票领购簿和发票，并办理停业登记，批准纳税人停业。

纳税人应当于恢复生产经营之前，向税务机关提出复业申请，经确认后，办理复业登记，领回或启用税务登记证件和发票领购簿及其领购的发票，纳入正常管理。

纳税人停业期满不能及时恢复生产经营的，应当在停业期满前向税务机关提出延长停业登记。纳税人停业期满未按期复业又不申请延长停业的，税务机关应当视为已恢复营业，实施正常的税收征收管理。

### （四）注销税务登记

注销税务登记，是指纳税人发生解散、破产、撤销以及终止履行纳税义务的其他情形时，向原登记税务机关申请办理的登记。

纳税人发生解散、破产、撤销以及其他情形，依法终止纳税义务的，应当在向工商行政管理机关或者其他机关办理注销登记前，持有关证件和资料向原税务登记机关申报办理注销税务登记；按规定不需要在工商行政管理机关或者其他机关办理注册登记的，应当自有关机关批准或者宣告终止之日起 15 日内，持有关证件和资料向原税务登记机关申报办理注销税务登记。

纳税人被工商行政管理机关吊销营业执照或者被其他机关予以撤销登记的，应当自营业执照被吊销或者被撤销登记之日起 15 日内，向原税务登记机关申报办理注销税务登记。

纳税人因住所、经营地点变动，涉及改变税务登记机关的，应当在向工商行政管理机关或者其他机关申请办理变更、注销登记前，或者住所、经营地点变动前，持有关证件和资料，向原税务登记机关申报办理注销税务登记，并自注销税务登记之日起 30 日内向迁达地税务机关申报办理税务登记。

境外企业在中国境内承包建筑、安装、装配、勘探工程和提供劳务的，应当在项目完工、离开中国前 15 日内，持有关证件和资料，向原税务登记机关申报办理注销税务登记。

### （五）外出经营报验登记

纳税人到外县（市）临时从事生产经营活动的，应在外出生产经营以前，持税务登记证件和书面申请，到所属主管税务机关申请开具《外出经营活动税收管理证明》，并向营业地税务机关报验登记，接受税务管理。纳税人外出经营结束后，应于《外出经营活动税收管理证明》有效期届满后 10 天内，将经营地主管税务机关注明经营情况并加盖印章的《外出经营活动税收管理证明》报所属主管税务机关核销。

## 二、发票管理

### （一）发票的日常管理环节

发票是单位和个人在购销商品、提供或者接受服务以及从事其他经营活动中，开具、取得的收付款凭证。发票管理是通过税务机关对发票的印制、供应、使用、保管、检查、违章处理等各环节所进行的一系列筹划、组织和控制活动。

为了加强发票管理和财务监督，保障国家税收收入，维护经济秩序，根据《税收征管法》，1993 年 12 月 12 日经国务院批准并实施了《中华人民共和国发票管理办法》。该办法规定在中华人民共和国境内印制、领购、开具、取得和保管发票的单位和个人（简称印制、使用发票的单位和个人），必须遵守《中华人民共和国发票管理办法》。国家税务总局统一负责全国发票管理工作。

税务机关是发票的主要管理机关，负责发票的印制、领购、开具、取得、保管、缴销的管理和监督。

1. 发票的印制

发票由各级税务机关统一管理。增值税专用发票由国务院主管税务部门指定的企业印制；其他发票按照国务院主管税务部门的规定，分别由省、自治区、直辖市国家税务局、地方税务局指定的企业印制。未经上述税务机关制定，不得印制发票。发票防伪专用品由国家税务总局指定企业生产。

有固定生产经营场所、财务和发票制度健全、发票使用量较大的单位，可申请印制有本单位名称的发票；如统一发票式样不能满足这些单位的业务需要，也可以自行设计单位的发票式样，但均需报经县（市）以上税务机关批准。

2. 发票的领购

依法办理税务登记证的单位和个人，在领取税务登记证件后，可向主管税务机关提出购票申请，提供经办人身份证明、税务登记证件和其他证明，以及财务印章或发票专用章的印模，经主管税务机关审核后，发给发票领购簿。然后，凭发票领购簿核准的种类、数量以及购票方式向主管税务机关领购发票。购票方式通常包括限量供应（一般以一个季度的用量为限）、交旧购新或验旧购新等。

依法不需要办理税务登记的单位需要购领发票的以及需要临时使用发票的单位和个人，可直接向税务机关申请办理。

税务机关对外省、自治区、直辖市来本辖区从事临时经营活动的单位和个人申请领购发票的，可以要求其提供在我国境内具有担保能力的公民、法人或其他经济组织作保证人（国家机关不得作保证人），也可以根据所领购发票的票面限额及数量缴纳不超过一万元的保证金，并限期缴销发票。未按期缴销发票的，由保证人或者以保证金承担法律责任。

3. 发票的保管

纳税人领购的空白发票，应设置专柜由专人负责保管，确保发票的安全，做到能防盗、防失、防潮。开错的作废发票，必须将全部联次粘贴在原发票存根上套写“作废”字样或“误填作废”字样，一起妥善保管，以备查核。已开具的发票存根联和发票登记簿，应当保存5年。在保管期内，不得私自销毁；保存期满，报经税务机关查验后，由主管税务机关予以销毁。使用发票的单位和个人应当妥善保管发票，不得丢失。发票如有丢失，应于丢失当日书面报告主管税务机关，并在报刊和电视等传播媒介上公告声明作废。

4. 发票的缴销

发票缴销是指用票单位和个人按照规定向税务机关上缴已使用或未使用的发票。发票缴销一般包括下列几种情况：

（1）用票单位和个人已使用的发票保管期满后，应向主管税务机关缴销。

（2）用票单位和个人发生合并、联营、分设、迁移、停业、歇业等事项时，应在申报办理变更税务登记、注销税务登记的同时，将原来印制、购买的发票向税务机关申请缴销。

（3）税务机关在实行发票换版、更换发票监制章时，原来的发票使用期满后，用票单位和个人应将其登记造册，集中向税务机关缴销。

（4）用票单位和个人有严重违反税务管理或发票管理制度行为的，由税务机关将其发票予以缴销。

在办理发票缴销手续时，由用票单位和个人根据发票管理规定，编制发票缴销清册，说明发票种类、号码及使用情况，说明缴销的依据和理由，经负责人签字，加盖单位公章后，连同发票一并报送税务机关。

## （二）增值税专用发票的管理

1. 增值税纳税人的认定

（1）增值税一般纳税人的认定。增值税专用发票是增值税一般纳税人（以下简称一般纳税人）销售货物或者提供加工、修理修配劳务开具的一种发票。一般纳税人认定条件包括：工业企业年应征增值税销售额在100万元以上；商业企业年应征增值税销售额在180万元以上；银行开立结算账户；在工商行政管理部门办理了企业法人（营业）执照，有固定的生产经营场所；在国家税务局办理了税务登记，并取得税务登记证；有专门从事财会工作的人员，其应有财政部门核发的会计证或具备会计员以上职称的可以从事会计工作的资格证明。

按《增值税暂行条例》及其《增值税暂行条例实施细则》的规定和现行会计制度的要求，一般纳税人必须设置如下基本账户：按有关增值税核算规定准确核算增值税销项税额、进项税额和应纳税额及企业的生产经营成果。

（2）增值税小规模纳税人的认定。增值税小规模纳税人（以下简称小规模纳税人）是指年销售额在规定标准以下，并且会计核算不健全，不能按规定报送会计资料，实行简易办法征收增值税的纳税人。具体来说，符合以下条件之一的，就属于小规模纳税人：①年应税销售额未超过100万元的工业企业。工业企业，是指从事货物生产、加工、修理修配的企业及企业性单位，包括以工业生产为主，兼营货物批发、零售的企业及企业性单位。②年应税销售额未超过180万元的商业企业。商业企业，是指从事货物批发、零售等商业经营活动的企业及企业性单位，包括以货物批发、零售为主，兼营工业生产的企业及企业性单位。

除此以外，还有三种纳税人也视同为小规模纳税人，即：年销售额超过小规模纳税人纳税标准的个人（不包括个体经营者）；非企业性单位；不经常发生应税行为的企业。

2. 增值税专用发票的领购和使用

增值税专用发票只限于一般纳税人使用，小规模纳税人和非增值税纳税人不得领购使用。一般纳税人有下列情形之一的，不得领购使用专用发票：

（1）会计核算不健全，不能向税务机关准确提供增值税销项税额、进项税额、应纳税额数据及其他有关增值税税务资料的。上述其他有关增值税税务资料的内容，由省、自治区、直辖市和计划单列市国家税务局确定。

（2）有《税收征管法》规定的税收违法行为，拒不接受税务机关处理的。

（3）有下列行为之一，经税务机关责令限期改正而仍未改正的：①虚开增值税专用发票；②私自印制专用发票；③向税务机关以外的单位和个人买取专用发票；④借用他人专用发票；⑤未按规定开具专用发票；⑥未按规定保管专用发票和专用设备；⑦未按规定申请办理防伪税控系统变更发行；⑧未按规定接受税务机关检查。

（4）销售的货物全部属于免税项目者。

3. 增值税专用发票的开具

一般纳税人销售货物或者提供应税劳务，应向购买方开具专用发票。小规模纳税人需要开具专用发票的，可向主管税务机关申请代开。

（1）开具增值税专用发票的要求。开具增值税专用发票的要求是：字迹清楚；不得涂改。如填写有误，应另行开具增值税专用发票，并在误填的增值税专用发票上注明“误填作废”四字，增值税专用发票开具后因购货方不索取而成为废票的，应按填写有误办理；项目填写齐全；票、物相符，票面金额与实际收取的金额相符；各项目内容正确无误；全部联次一次填开，上、下联的内容和金额一致；发票联和抵扣联加盖财务专用章或发票专用章；按照规定的时限开具专用发票；不得开具伪造的增值税专用发票；不得拆本使用增值税专用发票；不得开具票样与国家税务总局统一制定的票样不相符合的增值税专用发票；开具发票应当使用中文，民族自治地方可以同时使用当地通用的一种民族文字；外商投资企业和外国企业可以同时使用一种外国文字；纳税人使用十万元版增值税专用发票，其填开的销售金额必须达到所限面额最高一位，否则，按照未按规定填开增值税专用发票处理，其抵扣联不得作为扣税凭证；不得超面额开具增值税专用发票。超面额开具增值税专用发票，是指纳税人在增值税专用发票“金额栏”逐行填写的销售额或合计行填写的销售额超过了该栏的最高金额单位。凡超面额开具增值税专用发票的，属于未按规定开具增值税专用发票行为，购货方取得这种专用发票一律不得作为扣税凭证。

开具的专用发票有不符合上述要求者，不得作为扣税凭证，购买方有权拒收。另外开具专用发票应严格依照《增值税专用发票使用规定》统一加盖单位财务专用章或发票专用章，不得加盖其他财务印章。根据不同版本的专用发票，财务专用章或发票专用章分别加盖在专用发票的左下角或右下角，覆盖“开票单位”一栏。财务专用章或发票专用章使用红色印泥。纳税人开具专用发票不得手工填写“销货单位”栏，凡手工填写“销货单位”栏的，属于未按规定开具专用发票，购货方不得作为扣税凭证。专用发票“销货单位”栏戳记使用蓝色印泥。

除规定不得开具增值税专用发票的情形外，一般纳税人销售货物（包括视同销售货物在内）、应税劳务、根据《增值税暂行条例》实施细则规定应当征收增值税的非应税劳务，必须向购买方开具专用发票。

（2）不得开具增值税专用发票的情形。下列情形不得开具专用发票：向消费者销售应税项目；销售免税项目；销售报关出口的货物，在境外销售应税劳务；将货物用于非应税项目；将货物用于集体福利或个人消费；将货物无偿赠送他人（如果受赠人为一般纳税人，可根据受赠者要求开具专用发票）；提供非应税劳务（应当征收增值税的除外），转让无形资产或销售不动产；商业企业零售的烟、酒、食品、服装、鞋帽（不包括劳保专用部分）、化妆品等消费品。

向小规模纳税人销售应税项目，可以不开具增值税专用发票。对工商企业销售的机械、机车、汽车、轮船、锅炉等大型机械电子设备，如购货方索取增值税专用发票，销货方可开具增值税专用发票。

4. 开具增值税专用发票要注意的问题

（1）“单价”、“金额”栏填写不含税单价、金额。如果纳税人采用销售额增值税合并定价方法，应按有关销售额计算规定换算成不含税单价、金额。纳税人以含税单价销售货物或应税劳务，换算成不含税单价尾数为小数点后两位，即“元”以下保留到“分”。对通过换算使单价、销售额和税额等项目发生尾数误差的，应按以下方法计算填开：销售额计算公式为销售额 = 含税总收入 ÷ （1 + 税率或征收率）；税额计算公式为税额 = 含税总收入 - 销售额；不含税单价计算公式为不含税单价 = 销售额 ÷ 数量。按照上述方法计算开具的专用发票，如果票面“货物数量 × 不含税单价 = 销售额”这一逻辑关系存在少量尾数误差，属于正常现象，可以作为购货方的扣税凭证。

（2）增值税专用发票汇总开具方法的规定。为了减少开具专用发票的工作量，降低专用发票的使用成本，销售货物品种较多的，可以汇总开具专用发票。如果所售货物适用的税率不一致，应按不同税率分别汇总填开专用发票。汇总填开专用发票，可以不填写“商品或劳务名称”、“计量单位”、“数量”和“单价”栏。汇总填开专用发票，必须附有销售方开具并加盖财务专用章或发票专用章的销货清单。销货清单应填写购销双方的单位名称、商品或劳务名称、计量单位、数量、单价、销售额，销货清单的汇总销售额应与专用发票“金额”栏的数字一致。购货方应索取销货清单一式两份，分别附在发票联和抵扣联之后。

（3）开具专用发票，必须在“金额”、“税额”栏合计（小写）数前用“¥”符号封顶，在“价税合计（大写）”栏大写合计数前用“⊗”符号封顶。

（4）购货方单位名称必须详细填写，不得简写。如果单位名称较长，可在“名称”栏分上下两行填写，必要时可出该栏的上下横线。“开户银行及账号”栏和“电话号码”栏必须如实填写，不得简写。

（5）“税率”栏，按适用的税率填写。一般纳税人销售货物按简易办法计算缴纳增值税的货物，本栏填写征收率6%。

5. 增值税专用发票开具时限的规定

采用预收货款、托收承付、委托银行收款结算方式的，为货物发出当天；采用交款提货结算方式的，为收到货款的当天；采用赊销、分期付款结算方式的，为合同约定的收款日期的当天；将货物交付他人代销，为收到受托人送交的代销清单的当天；设有两个以上机构并实行统一核算的纳税人，将货物从一个机构移送其他机构用于销售，按规定应当征收增值税的，为货物移送的当天；将货物作为投资提供给其他单位或个体经营者，为货物移送的当天；将货物分配给股东，为货物移送的当天。

一般纳税人必须按规定时限开具专用发票，不得提前或滞后。对已开具专用发票的销售货物，要及时足额计入当期销售额征税。凡开具了专用发票，其销售额未按规定计入销售账户核算的，一律按偷税论处。对代开、虚开专用发票的一律按票面所列货物的适用税率全额补征税，并根据《税收征管法》规定按偷税给予处罚。

6. 为小规模纳税人代开增值税专用发票的有关规定

(1) 代开增值税专用发票的范围。代开增值税专用发票的范围包括：从事工业、手工业生产向一般纳税人销售货物的小规模纳税人；从事商业批发向一般纳税人销售货物的小规模纳税人；为一般纳税人提供加工、修理修配劳务的，具有一定规模的小规模纳税人。

(2) 申请代开专用发票的有关手续和规定。申请代开专用发票的有关手续和规定包括：①小规模纳税人需代开专用发票的，首先向分局申请代开资格，并填写《增值税小规模纳税人代开增值税专用发票审批表》，经主管税务机关审批同意后，方可申请开具专用发票。②小规模纳税人向分局申请开具专用发票，应提供发生购销业务、接受劳务或者其他经营活动方面的有关证明，填写代开申请单，由分局开票人员审核无误后到纳税申报窗口开具税收缴款书并交清税款后，再到代开窗口凭税收缴款书开具专用发票。③为小规模纳税人开具的专用发票必须在底端的中间位置加盖开票税务机关代开增值税专用发票专用章，同时按规定加盖纳税人财务专用章或发票专用章。④小规模纳税人专用发票如需作废或红冲，其已缴相应税款不退还，但可在下次开票时抵减或在下月纳税申报时抵减当月税款。

## （三）普通发票的管理

普通发票主要由营业税纳税人和小规模纳税人使用，一般纳税人在不能开具专用发票的情况下也可以使用普通发票。普通发票按照征收管理的范围，可以划分为一般行业发票和专业发票两类。行业发票适用于某个行业的经营业务，如商业零售统一发票、商业批发统一发票、工业企业产品销售统一发票等。专业发票是指国有金融、保险企业的存贷、汇兑、转账凭证、保险凭证；国有邮政、电信企业的邮票、邮单、话务、电报收据；国有铁路、国有航空企业和交通部门、国有公路、水上运输企业的客票、货票等。

1. 普通发票的基本内容

普通发票的基本内容包括：发票的名称、字轨号码、联次及用途、顾客名称、开户银行及账号、商品名称或经营项目、计量单位、数量、单价、大小写金额（超过票面限定金额填开无效）、备注、开票日期、开票人、开票单位（个人）、名称（章）等。

2. 企业自印普通发票的管理

（1）有固定生产经营场所、财务和发票管理制度健全、自觉依法纳税且年普通发票使用量在1 000本以上的一般纳税人，确需申请印有企业名称普通发票的，按照严格控制、从严审批的原则，经主管国税机关同意，县（市）国税局审核，省级国税局批准后到指定印刷厂印刷，并由主管国税机关集中保管，限量供应。

（2）企业必须按照规定的统一票样印制普通发票，个别纳税户因特殊需要确需改变统一发票票样的，由省级国税局批准。

（3）企业申请自印的发票，原则上一次印刷不得超过一年的使用量。

3. 普通发票的使用和保管

（1）销售商品、提供服务以及从事其他经营活动的单位和个人，对外发生经营业务收取款项，收款方应向付款方开具发票，并应按规定的时限、顺序、逐栏、全部联次一次性如实开具并加盖单位财务印章或者发票专用章，付款方应当向收款方取得发票，在取得发票时，不得要求变更品名和金额。不符合规定的发票，不得作为财务报销凭证，任何单位和个人有权拒收。

（2）发票限于领购单位和个人在本省、自治区、直辖市内开具，不得跨越规定的使用区域携带、邮寄或运输空白发票。

（3）任何单位和个人不得转借、转让、代开发票；未经税务机关批准，不得拆本使用发票；不得自行扩大专业发票使用范围。

（4）不得携带、邮寄或运输空白发票出入境。

（5）开具发票的单位和个人应当建立发票使用登记制度，设置发票登记簿，并定期向主管税务机关报告发票使用情况，在办理变更或者注销登记的同时，应办理发票和发票领购簿的变更或缴销手续。

（6）开具发票的单位和个人应当按照税务机关的规定存放和保管发票，不得擅自损毁。已经开具的发票存根联和发票登记簿应保存10年，保存期满，报经税务机关查验后销毁。

（7）丢失、被盗发票，应在丢失、被盗发票的当天书面报告税务机关，填写《发票挂失申请表》，经税务机关审核后，在一个星期内到市以上的报社和电视台刊登和报送发票作废声明。作废声明的内容包括：发票名称、面额、字轨、起止号码和用票户名称、地址及丢失、被盗发票的时间等。

4. 普通发票的填开

（1）销售商品、提供服务以及从事其他经营活动的单位和个人，对外发生经营业务收取款项，收款方应当向付款方开具发票；在特殊情况下，由付款方向收款方开具发票。

（2）开具发票应当按照规定的时限、顺序，逐栏、全部联次一次性如实开具，并加盖单位财务印章或者发票专用章。使用电子计算机开具发票，须经主管税务机关批准，并使用税务机关统一监制的机外发票，开具后的存根联应当按照顺序号装订成册。

（3）任何单位和个人不得转借、转让、代开发票；未经税务机关批准，不得拆本使用发票，不得自行扩大专业发票地使用范围。发票限于领购单位和个人在本省、自治区、直辖市内开具。任何单位和个人未经批准，不得跨规定地使用区域携带、邮寄、运输空白发票。禁止携带、邮寄、运输空白发票出入境。禁止倒买倒卖发票、发票防伪专用品。省、自治区、直辖市税务机关可以规定跨市、县开具发票的办法。

（4）发票填开的“十不准”：

①不准“大头小尾”。所谓“大头小尾”是指票据填开人，将复写发票分联分别填写，发票或付款报销联开大金额，而存根、记账联开小金额。这是当前一些不法分子为隐瞒收入，达到偷税、贪污公款目的而使用的一种惯用手法。

②不准转借代开。所谓转借代开，是指填开票据地单位或个人之间相互转借票据或者超越工作职责范围，徇私情违章替他人开具票据。这种行为严重影响发票管理程序，极易造成漏洞。

③不准“卖甲开乙”。所谓“卖甲开乙”，是指票据填开人迎合顾客的要求，故意将“甲”写成“乙”，帮助他人弄虚作假。这种行为的目的是为了使取得发票的单位和个人，报销国家不允许开支的款项，或者购私物以公款报销。前者是严重违反财经纪律的行为，后者是贪污行为。

④不准涂改套用。所谓涂改套用，是指用票单位或个人以各种名义套取票据后，涂改刮擦原写内容，重新书写。目的是改变票据的本来内容，再次使用，以逃避检查和纳税。

⑤不准拆本使用。所谓拆本使用，是指用票单位和个人将整本票据拆开，零星使用。这样极易造成票据丢失，不易管理。

⑥不准使用化学药品冲洗重用。所谓化学药品冲洗重用，是指用票单位和个人取得票据以后，以非法手段将原填写内容使用化学药品冲洗掉，重新使用。

⑦不准买卖票据。所谓买卖票据，是指单位或个人之间，以不合法的手段买

卖合法票据，目的是非法使用，取得私利。

⑧不准使用无效票据。无效票据是指因发票管理规定变动或其他原因，经税务机关明令停止使用而作废的；由于书写错误或其他原因作废的；未经税务机关批准而擅自印刷的；应套印而未套印税务机关监制章的，等等。

⑨不准盗用票据。所谓盗用票据，是指以窃取手段取得票据后非法填用。

⑩不准以收据、白纸条代替发票使用。以收据、白纸条代替发票使用，其目的是偷逃税收，应引起高度注意。

（5）开具发票的单位和个人应当建立发票使用登记制度，设置发票登记簿，并定期向主管税务机关报告发票使用情况；若开具发票单位和个人办理变更或者注销税务登记，应同时办理发票和发票领购簿的变更、注销手续。开具发票的单位和个人应当按照税务机关的规定存放和保管发票，不得擅自损毁。已经开具的发票存根联和发票登记簿，应当保存 10 年。保存期满，报经税务机关后销毁。

5. 跨省、市、县从事临时经营活动的单位和个人领购普通发票办法

跨省、市、县从事临时经营活动的单位和个人领购普通发票办法包括：临时到本省、市、县以外从事经营活动的单位或者个人，应当凭所在地税务机关的证明，向经营地税务机关申请领购经营地的发票；经营地税务机关可以要求其提供保证人或者根据所领购发票的票面限额及数量交纳不超过 1 万元的保证金，并限期缴销发票；按期缴销发票的，解除保证人的担保义务或者退还保证金，未按期缴销发票的，由保证人或者以保证金承担法律责任；经营地主管国家税务机关收取发票保证金应当开具收据。

6. 纳税人申请代开普通发票需要的手续

主管国家税务机关为纳税人开具普通发票应当严格审核申请代开发票单位和个人的有关手续，有关手续包括：付款单位接收产品（商品）、劳务承认付款的证明；申请代开单位的税务登记证件或证实申请代开人职业的证明；申请代开人的居民身份证；其他有关证明。

7. 开具普通发票后，发生退货或销售折让的处理

（1）购销双方发票均未入账，购货方应将发票退还给销货方，销货方收到该发票后粘贴在该份发票的存根联上，将所有联次注明“作废”字样，并按实际销售重新开具发票。

（2）在购货方发票未作账务处理，而销货方已作账务处理的情况下，购货方将原发票退还给销货方。销货方收到发票后，在该发票上注明“作废”字样，同时开具相同数额的红字普通发票，将注明“作废”退还的发票粘贴在红字发票后面，撕下红字发票记账联入账，并按实际销售重新开具发票。

（3）在购货方发票已作账务处理，发票无法退还销货方的情况下，销货方必须取得购货方出具的退货（含部分退货）或折让书面证明，据以开具红字普通发票，证明应粘贴于红字发票存根联后面，发票联交购货方入账，记账联由销货方入账。

### （四）专业发票的管理

1. 专业发票管理范围

专业发票是指那些性质特殊，使用对象明确，使用范围较窄，用途单一且经法定机关审批使用的各类营业收款凭证（如国有金融、邮电、铁路、民用航空、公路和水上运输等单位在某些特定业务范围内使用的营业收款凭证）。专业发票经国家税务总局或省、自治区、直辖市以上的国税局批准后，可由用票单位自定式样，自行印制、发放和管理，不套印税务机关发票监制章。

2. 确定专业发票的审批权限与条件

（1）审批权限。专业发票的审批机关是国家税务总局或省、自治区、直辖市税务局。由国务院金融、邮电、铁路、民用航空、交通主管部门统一规定，在全国范围内统一使用、流通的专业发票，由国家税务总局审批，并抄送各地税务机关。

上述行业的省级行业主管部门，在中央统一规定之外补充的专业发票，《发票管理办法》及其细则未列举的仅在各省、自治区、直辖市范围内统一式样的专业发票（如电影票、专用发票等）或虽属以上列举的行业，但是由地方自办的企业（如地方航空公司）所使用的专用发票等，由省、自治区、直辖市国税局审批并抄报国家税务总局。

（2）认定条件。从经济性质来审查，必须是国家有的。从行业来说，必须是《发票管理办法》列举的行业，不得自行放宽。从业务内容来看，必须是特定的业务。如金融、保险企业的存贷、汇总、转账凭证、保险凭证可作为专业发票，但其收购、销售金银的收付款凭证，出售房地产、验钞机、点钞机的收款凭证，都不应列入专业发票。

## 三、纳税申报

### （一）纳税申报对象

纳税申报对象是指按照国家法律、行政法规的规定，负有纳税义务的纳税人或者负有代扣代缴义务的扣缴义务人。纳税人（含享受减免税的纳税人）、扣缴义务人无论本期有无应纳、应缴税款，都必须按税法规定的期限如实向主管税务机关办理纳税申报。享受减免税的纳税人，也应按期办理纳税申报。

### （二）纳税申报的内容

纳税人、扣缴义务人的纳税申报或者代扣代缴、代收代缴税款报告表的主要内容包括：税种、税目、应纳税项目或者应代扣代缴、代收代缴税款项目、适用税率或者单位税额、计税依据、扣除项目及标准、应纳税额或者应代扣代缴、代收代缴税额、税款所属期限等。

### （三）纳税申报须知

1. 纳税人、扣缴义务人必须在主管税务机关确定的申报期限内，到主管税务机关办理纳税申报或报送代扣代缴、代收代缴税款报告表，递交纳税申报表。

2. 扣缴义务人办理代扣代缴、代收代缴税款报告时，应当如实填写代扣代缴、代收代缴税款报告表，并报送代扣代缴、代收代缴税款的合法凭证以及税务机关规定的其他有关证件、资料。

3. 纳税人、扣缴义务人不能按期办理纳税申报或者报送代扣代缴、代收代缴税款报告表的，应向主管税务机关提出书面延期申请，主管税务机关应进行审核，做出是否批准延期申报。

4. 经核准延期办理前款规定的申报、报送事项的，应当在纳税期内按照上期实际缴纳的税额或者税务机关核定的税额预缴税款，并在核准的延期内办理税款结算。

5. 纳税人、扣缴义务人可以直接到税务机关办理纳税申报或者报送代扣代缴、代收代缴税款报告表，也可以按照规定采取邮寄、数据电文或者其他方式办理上述申报、报送事项。

### （四）纳税申报应报送的资料

纳税人办理纳税申报时，应当如实填写纳税申报表，并根据不同情况相应报送有关证件、资料。有关证件、资料包括：财务、会计报表及其说明材料；与纳税有关的合同、协议书；外出经营活动税收管理证明；境内或者境外公证机构出具的有关证明文件；税务机关规定应当报送的其他有关证件、资料。

### （五）纳税申报的期限

各税种的申报期限如下：

1. 缴纳增值税、消费税的纳税人，以1个月为一期纳税的，于期满后10日内申报，以1天、3天、5天、10天、15天为一期纳税的，自期满之日起5日内预缴税款，于次月1日起10日内申报并结算上月应纳税款。

2. 缴纳企业所得税的纳税人应当在月份或者季度终了后15日内，向其所在地主管国家税务机关办理预缴所得税申报；内资企业在年度终了后45日内、外商投资企业和外国企业在年度终了后4个月内向其所在地主管国家税务机关办理所得税申报。

3. 其他税种，税法已明确规定纳税申报期限的，按税法规定的期限申报。

4. 税法未明确规定纳税申报期限的，按主管国家税务机关根据具体情况确定的期限申报。

### （六）纳税申报的方式

1. 上门申报

纳税人、扣缴义务人、代征人应当在纳税申报期限内到主管国家税务机关办理纳税申报、代扣代缴、代收代缴税款或委托代征税款报告。

2. 邮寄申报

纳税人到主管国家税务机关办理纳税申报有困难的，经主管国家税务机关批准，也可以采取邮寄申报，以邮出地的邮戳日期为实际申报日期。

3. 电传申报

实行自核自缴，且有电传条件的纳税人，经主管国家税务机关批准，可以采取电传申报。

**【案例3-3】**M市某私营企业办理了营业执照，主要从事塑料包装物的批发与零售业务，一直未办理税务登记。该市国税局在纳税检查中发现该企业办理营业执照后超过一个月仍未办理税务登记，遂向其下达了《责令限期改正通知书》、《税务行政处罚决定书》，责令其于10日内办理税务登记，并处罚款2 000元。该企业按期缴纳了罚款，但过了10日仍未办理税务登记。M市国税局提请M市工商行政管理局吊销了该企业的营业执照。

**【案例评析】**该企业在领取了营业执照之后，未按要求到当地税务机关进行税务登记，在税务机关向其发出《责令限期改正通知书》和《税务行政处罚决定书》后，仍未到税务机关进行登记。根据《税收征管法》的有关规定，从事生产、经营的纳税人领取工商营业执照的，应当自领取工商营业执照之日起30日内申报办理税务登记，税务机关核发税务登记证及副本。纳税人未按规定的期限申报办理税务登记的，由税务机关责令限期改正，并可处2 000元以上10 000

元以下的罚款，依法向工商行政管理机关提请吊销该企业的营业执照。

## 第四节　税款征收和税务代理

### 一、税款征收

税款征收是税务机关依照税收法律、行政法规的规定将纳税人应当缴纳的税款组织征收入库的一系列活动的总称。对于纳税人来说，也就是税款缴纳。税款征收是税收征收管理的目的和归宿，是实现税收职能的最关键的环节，是税收征收管理的核心。

#### （一）税款征收的原则

1. 税务机关是征税的惟一行政主体

根据《税收征管法》第二十九条的规定："除税务机关、税务人员以及经税务机关依照法律、行政法规委托的单位和个人外，任何单位和个人不得进行税款征收活动。"第四十一条同时规定："采取税收保全措施、强制执行措施的权利，不得由法定的税务机关以外的单位和个人行使。"

2. 税务机关依法征收税款

根据《税收征管法》第二十八条的规定，税务机关只能依照法律、行政法规的规定征收税款。未经法定机关和法定程序调整，征纳双方均不得随意变动。税务机关代表国家向纳税人征收税款，不能任意征收，只能依法征收。

税务机关不得违反法律、行政法规的规定开征、停征、多征、少征、提前征收或者延缓征收税款或者摊派税款。

在税款征收过程中，税务机关应当按照税收法律、行政法规预先规定的征收标准进行征税。不得擅自增减改变税目、调高或降低税率、加征或减免税款、提前征收或延缓征收税款以及摊派税款。

税务机关执法必须遵守法定权限和法定程序。例如，采取税收保全措施或强制执行措施时；办理减税、免税、退税时；核定应纳税额时；进行纳税调整时；针对纳税人的欠税，进行清理，采取各种措施时，税务机关都必须按照法律或者行政法规规定的审批权限和程序进行操作，否则就是违法。

税务机关征收税款或扣押、查封商品、货物或其他财产时，必须向纳税人开具完税凭证或开付扣押、查封的收据或清单。

税款、滞纳金、罚款统一由税务机关上缴国库。

3. 税款优先的原则

《税收征管法》第四十五条的规定，第一次在税收法律上确定了税款优先的地位，确定了税款征收在纳税人支付各种款项和偿还债务时的顺序。税款优先的原则不仅增强了税法的刚性，而且增强了税法在执行中的可操作性。

（1）税收优先于无担保债权。这里所说的税收优先于无担保债权是有条件的，也就是说并不是优先于所有的无担保债权，对于法律上另有规定的无担保债权，不能行使税收优先权。

（2）纳税人发生欠税在前的，税收优先于抵押权、质权和留置权的执行。这里有两个前提条件：其一，纳税人有欠税；其二，欠税发生在前，即纳税人的欠税发生在以其财产设定抵押、质押或被留置之前。纳税人在有欠税的情况下设置抵押权、质权、留置权时，应当向抵押权人、质权人说明其欠税情况。

（3）税收优先于罚款、没收非法所得。

### （二）税款征收方式

税款征收的方式，亦称税款征收的方法，它是指税务机关依照税法规定和纳税人的生产经营、财务管理情况以及便于征收和保证国家税款及时足额入库的原则而采取的具体组织税款入库的方法。

根据新《税收征管法》及《征管法实施细则》的规定，税款征收的方式主要有查账征收、查定征收、查验征收、定期定额征收、代扣代缴、代收代缴、邮寄纳税以及其他方式等。

1. 查账征收

查账征收是指税务机关按照纳税人提供的账表所反映的经营情况，依照适用税率计算缴纳税款的方式。实行这种征收方式的程序是：由纳税人在规定的纳税期限内向税务机关报送纳税申报表和财务会计报表，经税务机关查账核实后，填写缴款书，由纳税人到当地开户银行缴纳税款。

2. 查定征收

查定征收，是由税务机关根据纳税人的从业人员、生产设备、耗用原材料等因素，在正常的生产经营条件下，对其产制的应税产品查实核定产量、销售额并据以计征税款的一种方式。如果实际产量超过查定额时，纳税人应申报补缴差额税款；如不及查定额时，可报请税务机关重新审定。目前，查定征收仅适用于会计核算不健全的小型工矿企业和个体工业户，查实的内容主要是应税产品产量、销售数量和销售价格，按季或按年核定其应纳税额，分月缴纳。

3. 查验征收

查验征收是税务机关对纳税人应税商品，通过查验数量，按市场一般销售单价计算其销售收入并据以征税的一种方式，适用于城乡集贸市场的临时经营以及场外，如火车站、机场、码头、公路交通要道等地方经销商品的课税。其税款征收程序是：个体工商户按照税务机关制定的报验商品范围，如纺织、服装、鞋帽等，在购进这些商品后，持进货凭证和有关税收凭证连同商品一起到税务机关报验，由税务机关查验征收税款；或在进入市场时，由个体工商户向税务机关申报登记，税务机关在商品的适当部位印（粘）标记，据以计算应征税款。

4. 定期定额征收

定期定额征收，是对账制不健全，营业额和所得额难以准确计算的小型工商户，主要是城乡个体工商户，经过自报公议，由税务机关核定一定时期的营业额和所得税附征率，实行产品税、增值税、营业税、所得税和其他地方个税合并征收的一种征收方式。

5. 其他征收方式

除上述四种征收方式外，目前还包括委托代征方式和邮寄申报纳税方式等。委托代征税款方式是受委托的有关单位按照税务机关核发的代征证书的要求，以税务机关的名义向纳税人征收一些零散税款的方式。

邮寄申报纳税方式是纳税人在邮寄纳税申报表的同时，经税务机关审核，汇寄并解缴应纳税款的方式。纳税人到税务机关办理纳税有困难的（如距离税务机关申报站较远的郊区、农村所在地的纳税人申报等），经税务机关批准方可通过邮寄申报纳税。

### （三）税款征收程序与措施

1. 税款征收程序

因征收方式不同，税款征收程序也有所不同，税款一般由纳税人直接向国家金库经收处（设在银行）缴纳。国库经收处将收缴的税款，随同缴款书划转支金库。

税务机关征收税款时，必须开具完税凭证。完税凭证是税务机关收取税款时的专用凭证和纳税义务的合法证明，包括各种完税证、缴款书、印花税票及其他完税证明。

2. 税款征收措施

（1）加收滞纳金。纳税人未按照期限缴纳税款的，扣缴义务人未按照规定期限解缴税款的，税务机关除责令其限期缴纳外，从滞纳税款之日起，按日加收滞纳税款万分之五的滞纳金。

（2）核定应纳税额。纳税人有下列情形之一的，税务机关有权核定其应纳税额：

①依照法律、行政法规的规定可以不设置账簿的。

②依照法律、行政法规的规定应当设置但未设置账簿的。

③擅自销毁账簿或者拒不提供纳税资料的。

④虽设置账簿，但账目混乱或者成本资料、收入凭证、费用凭证残缺不全，难以查账的。

⑤发生纳税义务，未按照规定的期限办理纳税申报，经税务机关责令限期申报，逾期仍不申报的。

⑥纳税人申报的计税依据明显偏低，又无正当理由的。

（3）税收保全措施。在纳税人纳税期限届满之前，税务机关认为从事生产经营的纳税人有逃避纳税义务行为的，可以采取税收保全措施，但应经县以上税务局（分局）局长批准。

（4）税收强制执行措施。从事生产经营的纳税人、扣缴义务人未按照规定的期限缴纳或者解缴税款，纳税担保人未按照规定的期限缴纳所担保的税款，由税务机关责令其限期缴纳而逾期仍未缴纳的，经县以上税务局（分局）局长批准，税务机关可以采取强制执行措施。

（5）出境清税。欠缴税款的纳税人需要出境的，应在出境前向税务机关结清应纳税款、滞纳金或者提供担保，未结清税款又不提供担保的，税务机关可以通知出境管理机关阻止其出境。

（6）税款追征。因纳税人、扣缴义务人计算错误等失误，未缴或者少缴税款的，税务机关在3年内可以追征税款、滞纳金；有特殊情况的，追征期可以延长到5年；对偷税、抗税、漏税的，税务机关追征其未缴或者少缴的税款、滞纳金或者所骗取的税款，不受此限。因税务机关的责任致使纳税人、扣缴义务人未缴或者少缴税款的，税务机关在3年内可以要求纳税人、扣缴义务人补缴税款，但是不得加收滞纳金。

（7）其他有关税款征收的规定：①税务机关征收税款，税收优先于无担保债权，法律另有规定的除外。纳税人欠缴的税款发生在纳税人以其财产设定抵押、质押或者纳税人的财产被留置之前的，税收应当先于抵押权、质权、留置权执行。②纳税人欠缴税款，同时又被行政机关决定处以罚款、没收违法所得的，税收优先于罚款、没收违法所得。③欠缴税款的纳税人因怠于行使到期债权，或者放弃到期债权，或者无偿转让财产，或者以明显不合理的低价转让财产且受让人知道该情形，对国家税收造成损害的，税务机关可以行使代位权、撤销权。④纳税人合并时未缴清税款的，应当由合并后的纳税人继续履行未履行的纳税义务；纳税人分立时未缴清税款的，分立后的纳税人对未履行的纳税义务应当承担连带责任。⑤纳税人超过应纳税额缴纳的税款，税务机关发现后应当立即退还；纳税人自结算缴纳税款之日起3年内发现的，可以向税务机关要求退还多缴的税款并加算银行同期存款利息，退税利息按照税务机关办理退税手续当天中国人民银行规定的活期存款利率计算。⑥对审计机关、财政机关依法查出的税收违法行为，税务机关应当根据有关机关的决定、意见书，依法将应收的税款、滞纳金按照税款入库预算级次缴入国库。

## 二、税务代理

### （一）税务代理的概念

税务代理是民事代理的一种，是指税务代理人在法定范围内接受纳税人的委托，以纳税人名义代为办理税务事宜的专门行为。它是一国经济发展和税收法制发展到一定程度时，从市场中介行业中独立出来专门从事税务中介服务的行业，对一国的经济繁荣和税制建设起着重要作用。我国在1994年颁布的《税务代理试行办法》，确立了税务代理制度，并在我国税收征管和税收法制建设方面发挥着重要的作用。

### （二）税务代理的特点

1. 中介性

税务代理的本质是一种社会中介服务，税务代理人在其代理权限内独立行使代理权，不受其他机关、社会团体和个人的非法干预。注册税务师是独立行使自己职责的行为主体，其从事的具体代理活动不受税务机关控制，更不受纳税人、扣缴义务人左右，而是严格按照税法的规定，靠自己的知识和能力独立处理受托业务，帮助纳税人、扣缴义务人准确地履行纳税或扣缴义务，并维护他们的合法权益，从而使税法意志得以真正的实现。税务代理作为一种社会中介服务，应实行自主经营、独立核算，同时也要依法纳税。因而，税务代理人在执行代理业务时须有相应的报酬。这种报酬应依照国家规定，遵循公开、公正、诚实信用的原则和公平竞争、自愿有偿、委托人付费的原则，在国家确立的政府指导价范围内收取。

2. 法定性

法律、法规是进行任何活动的前提，开展税务代理，必须严格遵守国家的税收法律、法规，包括实体法和程序法。首先，从事税务代理的税务代理人和税务代理机构必须是合法的。税务代理人必须通过国家组织的注册税务师资格考试，并注册执业的注册税务师；税务代理机构必须是依照国家法律设立的税务师事务所，而且税务代理合同必须由税务师事务所统一签订，不允许注册税务师单独与委托人签订合同。凡未取得税务代理资格的机构所从事的税务代理业务，税务机关一律不得受理。其次，税务代理人在办理税务代理业务的过程中应严格按照税务法律、法规的有关规定，全面履行职责，不能超越代理权限和代理范围，对税务机关职权范围内的事务和法律、法规规定只能由纳税人、扣缴义务人自行办理的，不得进行代理，对纳税人、扣缴义务人的违法事项不得代理，并将违法事项报告税务机关。只有这样，才能既保证国家的税收利益，维护税收法律和法规的严肃性，又保护纳税人的合法权益，同时使其代理成果为税务机关所认可。因此，依法代理是税务代理业生存和发展的基本前提，也是税务代理的最基本原则。

3. 自愿性

税务代理属于委托代理，必须依照民法有关代理活动的基本原则，坚持自愿委托。代理关系的建立要符合代理双方的共同意愿。税务代理关系的产生必须以委托方和受委托方的自愿为前提。税务代理不是纳税的法定必须程序。税务代理当事人双方之间是一种基于平等的双向选择而形成的合同契约关系，而不是行政隶属关系。纳税人和扣缴义务人有委托和不委托的选择权，也有委托何人的选择权。如果纳税人和扣缴义务人没有自愿委托他人代理税务事宜，任何单位和个人都不能强令代理。尤其是税务机关不得强制纳税人实施税务代理，也不能以税务机关的名义为纳税人指定税务代理机构。代理人作为受托方，也有选择纳税人、扣缴义务人的权利，对纳税人、扣缴义务人的委托事项，违法的要拒绝代理。

4. 公正性

税务代理人在执业过程中，既要维护纳税人、扣缴义务人的合法权益，帮助其正确履行纳税义务，避免因不知法而导致不必要的处罚，还可通过税收筹划节省不必要的税收支出，减少损失；又要维护国家的税收利益，按照国家税法规定督促纳税人、扣缴义务人依法履行纳税及扣税义务，以促进纳税人、扣缴义务人知法、懂法、守法，实现国家的税法意志，而不能向任何一方倾斜。因此，税务代理人必须坚持客观公正的原则，以服务为宗旨，正确处理征纳矛盾，协调征纳关系。在税务代理过程中，既要对被代理人负责，又要对国家负责，代理行为既要符合国家法律、法规的规定，又要符合被代理人的意愿，代理人既要在从事代事业务期间和停止代理业务之后保守因代理业务而获知的秘密，又要对被代理人偷税、骗取减税免税和退税等不法行为予以制止，并及时报告税务机关，而且注册税务师承办代理业务时，如与委托人存在某种利害关系，可能影响代理业务公正执行的，应当主动向其所在的税务师事务所说明情况或请求回避。

## （三）税务代理业务

税务代理的业务是指法律规定的税务代理人可以从事的税务代理事项。为保障税务代理行业的正常发展，世界各国一般都在法律上明确了税务代理业务的范围，国外税务代理业务范围十分广泛，不仅包括一般的纳税申报、办理退税、税务咨询等一般业务，而且充分利用税务代理人的专业素质进行较高层次的税收筹划等业务。我国由于税务代理业还不成熟，认识上有待深化，存在与相近的行业如注册会计师、律师、代理记账的普通会计的业务范围如何划分等问题。因此，我国《注册税务师资格制度暂行规定》等二十条采取了肯定式列举的方法对我国税务代理的业务范围作出了规定。根据该规定，纳税人、扣缴义务人可以委托税务代理人办理的涉税业务包括：税务登记、变更税务登记和注销税务登记；普通发票领购手续；纳税申报和扣缴税款报告；缴纳税款和申请退税；制作涉税文书；审查纳税情况；建账建制、办理账务；税务行政复议；税务咨询，受聘税务顾问；国家税务总局规定的其他业务。

根据现行有关法律的规定，注册税务师不能违反法律、行政法规的规定行使税务机关的行政职能。同时，对税务机关规定必须由纳税人、扣缴义务人自行办理的税务事宜，注册税务师不得代理。例如，《注册税务师资格制度暂行规定》明确规定，增值税专用发票的领购事宜必须由纳税人自行办理，注册税务师不得代理。另外，纳税人、扣缴义务人违反税收法律、法规的事宜，注册税务师不准代理。例如《注册税务师资格制度暂行规定》第二十六条、第三十条都明确规定了注册税务师不得授受纳税人、扣缴义务人违反税收法律、行政法规事项的委托，并有义务对其行为加以制止及报告有关税务机关。

根据委托人授权的范围大小，税务代理人可对其进行全面代理和单项代理。单项代理是指纳税人、扣缴义务人将自身某一项具体的涉税事宜委托税务代理人办理，而全面代理则是指纳税人、扣缴义务人对多项涉税问题进行委托的代理。根据委托人委托期限的长短，税务代理人可对其进行常年代理或临时代理。常年代理一般指委托代理期限在 1 年以上的代理；临时代理是指委托代理期限在 1 年以内、一次性的代理。纳税人、扣缴义务人可根据实际需要自行确定不同的税务代理方式。

**【案例 3 - 4】**2001 年 8 月，某税务机关在一次专项检查中发现并查实，一家私营企业作为一般纳税人，从2000年7月成立之初就利用不开或少开发票、发票外收入不入账等手段进行偷税，累计偷税额达8万元。8月12日，该税务机关依据法定程序对其作出补税并罚款的决定，并下达了“税务处理决定书”等税务文书，限定该企业在8月27日前缴清税款及罚款。期间，该企业并没有履行决定书中的处理规定。8月20日，税务机关接到群众举报，反映该企业有转移财产迹象。税务机关在调查核实后，于8月21日责成该企业8月22日前缴纳税款或提供纳税担保。8月23日，该企业一直未履行税务机关的决定，税务机关遂于8月23日上午8时依法采取税收保全措施，扣押了其相当于应纳税款的商品及货物。该企业于8月24日缴清了税款，税务机关于8月26日下午4时才解除税收保全措施。8月28日，该企业向当地法院起诉，认为税务机关的税收保全措施给其合法利益造成了损害，要求税务机关赔偿其经济损失，法院依法判处税务机关承担赔偿责任。

**【案例评析】**这是一个有关税务行政赔偿的案例。税务行政赔偿是指税务机关作为履行国家赔偿义务的机关，对本机关及其工作人员的职务违法行为给纳税人和其他税务当事人的合法权益造成损害，代表国家予以赔偿的制度。本案例中，税务机关为保全国家税收收入，依法行使了税收保全措施，依据税收保全措施的实施规定，纳税人在税务机关实施税收保全措施后按规定期限缴纳了税款的，税务机关应在收到税款或银行转回的税票后的24小时内解除税收保全措施。上述案例中，纳税人于8月24日缴清了税款，而税务机关直到26日下午4时才解除税收保全措施，显然超过了法律规定的24小时时限，影响了纳税人的正常经营，给纳税人造成了一定的经营损失。所以，依据国家赔偿法的规定，法院依法判处了税务机关承担赔偿责任。

## 第五节 税务检查

税务检查也叫纳税检查，是税务机关以国家的法律、法规政策和税收征收管理制度为依据，对纳税人履行纳税义务情况及其偷逃税行为的审核和查处的总称。

### 一、税务检查机构、内容及范围

#### （一）税务检查机构和内容

税务检查机构是国家税务局和地方税务局。税务检查的主要内容有：检查纳税人、扣缴义务人执行税收政策、法律法规的情况；检查各项税款的缴纳情况；检查纳税人、扣缴义务人执行财经纪律和税款核算情况；检查纳税人、扣缴义务人的发票使用、保管情况；检查纳税人、扣缴义务人执行税务机关依法规定的其他有关事项的情况。

### （二）税务检查范围

税务机关有权进行税务检查的范围包括：检查纳税人的账簿、记账凭证、报表和有关资料，检查扣缴义务人代扣代缴、代收代缴税款账簿、记账凭证和有关资料；到纳税人的生产经营场所和货物存放地检查纳税人应纳税的商品、货物或者其他财产，检查扣缴义务人与代扣代缴、代收代缴税款有关的经营情况；责成纳税人、扣缴义务人提供与纳税或者代扣代缴、代收代缴税款有关的文件、证明材料和有关资料；询问纳税人、扣缴义务人与纳税或者代扣代缴、代收代缴税款有关的问题和情况；到车站、码头、机场、邮政企业及其分支机构检查纳税人托运、邮寄的应纳税商品、货物或者其他财产的有关单据、凭证和有关资料；经县以上税务局（分局）局长批准，凭全国统一格式的检查存款账户许可证明，查询从事生产经营的纳税人、扣缴义务人在银行或者其他金融机构的存款账户。

## 二、税款检查中纳税人和扣缴义务人的权利与义务

### （一）纳税人和扣缴义务人的权利

1. 纳税人和扣缴义务人的基本权利

纳税人和扣缴义务人的基本权利包括：有权向税务机关了解国家税收法律、行政法规的规定以及纳税程序等。有权要求税务机关为纳税人、扣缴义务人的情况保密。纳税人依法享有申请减税、免税、退税的权利。对税务机关所作出的决定，享有陈述权、申辩权。依法享有申请行政复议、提起行政诉讼、请求国家赔偿等权利。有权控告和检举税务机关、税务人员的违法违纪行为。享有受尊重权。税务机关、税务人员必须清正廉洁、文明服务，尊重和保护纳税人、扣缴义务人的权利，依法接受监督。

2. 纳税人和扣缴义务人在税务管理方面的权利

（1）享有便利权。纳税人、扣缴义务人可以直接到税务机关办理纳税申报或者报送代扣代缴、代收代缴税款报告表，也可以按照规定采取邮寄、数据电文或者其他方式办理上述申报、报送事项。

（2）延期申报权。纳税人、扣缴义务人不能按期办理纳税申报或者报送代

扣代缴、代收代缴税款报告表的，经税务机关核准，可以延期申报。纳税人、扣缴义务人因不可抗力不能按期办理纳税申报或者报送代扣代缴、代收代缴税款报告表的，可以延期办理。但是，应当在不可抗力情形消除后立即向税务机关报告。税务机关应当查明事实，予以核准。

（3）实行定期定额缴纳税款的纳税人，可以实行简易申报、简并征期等申报纳税方式。

（4）纳税人、扣缴义务人会计制度健全，能够通过计算机正确、完整计算其收入和所得或者代扣代缴、代收代缴税款情况的，其计算机输出的完整的书面会计记录可视同会计账簿。

（5）生产经营规模小又确无建账能力的纳税人，可以聘请经批准从事会计代理记账业务的专业机构或者经税务机关认可的财会人员代为建账和办理账务；聘请上述机构或者人员有实际困难的，经县以上税务机关批准，可以按照税务机关的规定，建立收支凭证粘贴簿、进货销货登记簿或者使用税控装置。

3. 纳税人和扣缴义务人在税款征收方面的权利

（1）延期缴纳税款权。纳税人因有特殊困难，不能按期缴纳税款的，经省、自治区、直辖市国家税务局、地方税务局批准，可以延期缴纳税款，但最长不得超过3个月。特殊困难是指有下列情形之一的：①因不可抗力导致纳税人发生较大损失，正常生产经营活动受到较大影响的；②当期货币资金在扣除应付职工工资、社会保险费后，不足以缴纳税款的。

（2）纳税人可以依照法律、行政法规的规定书面申请减免税。

（3）扣缴义务人代扣、代收税款时，纳税人要求扣缴义务人开具代扣、代收税款凭证的，扣缴义务人应当开具。

（4）纳税人可以向主管税务机关提出与其关联企业之间业务往来的定价原则和计算方法，主管税务机关审核、批准后，与纳税人预先约定有关定价事项。

（5）纳税人对税务机关依法核定的应纳税额有异议的，应当提供相关证据，经税务机关认定后，调整应纳税额。

（6）受赔偿权。纳税人在限期内已缴纳税款，税务机关未立即解除税收保全措施，使纳税人的合法利益遭受损失的，税务机关应当承担赔偿责任。税务机关滥用职权违法采取税收保全措施、强制执行措施，或者采取税收保全措施、强制执行措施不当，使纳税人、扣缴义务人或者纳税担保人的合法权益遭受损失的，应当依法承担赔偿责任。

（7）税务机关采取税收保全措施和强制执行措施必须依照法定的权限和程序进行，不得查封、扣押纳税人个人及其扶养的家属维持生活必需的住房和用品。税务机关对单价5 000元以下的其他生活用品，不得采取税收保全措施和强制执行措施。

（8）抵押权人、质权人可以请求税务机关提供有关的欠税情况。

（9）纳税人自结算缴纳税款之日起3年内发现多缴税款的，可以向税务机关要求退还多缴的税款并加算银行同期存款利息。

（10）纳税人、扣缴义务人可以委托税务代理人代为办理税务事宜。

4. 纳税人和扣缴义务人在税务检查方面的权利

（1）对未出示税务检查证和税务检查通知书的，被检查人有权拒绝检查。

（2）税务机关在对纳税人、扣缴义务人及其他当事人处以罚款或者没收违法所得时，应当开付罚没凭证；未开付罚没凭证的，纳税人、扣缴义务人以及其他当事人有权拒绝给付。

### （二）纳税人和扣缴义务人的义务

根据《税收征管法》的有关规定，纳税人应当履行的义务包括：按时缴纳或解缴税款的义务；代扣、代收税款的义务；依法办理税务登记的义务；按照规定使用税务登记证件的义务；依法设置账簿、进行核算并保管账簿和有关资料的义务；财务会计制度或办法、会计核算软件备案的义务；按规定开具、使用、取得发票的义务；按照规定安装、使用税控装置的义务；办理纳税申报和报送纳税资料的义务；延期申报必须预缴税款的义务；不得拒绝扣缴义务人代扣、代收税款的义务；依法计价核算与关联企业之间的业务往来的义务；结清税款或提供担保的义务；欠税人应当向抵押权人、质权人说明欠税情况的义务；继续纳税和承担连带责任的义务；向税务机关提供税务信息的义务；接受税务检查的义务；发生纳税争议先缴纳税款或提供担保的义务。

**【案例3-5】**某营利性医院在执行董事的授意下，财会部门截留收费处的营业收入200多万元，在账簿上不列收入，私下在股东之间进行分配，个人所得税经税务机关通知申报而拒不申报，不履行法定扣缴义务，不扣不缴应纳个人所得税。税务稽查按《税收征收管理法》第六十九条的规定追缴了纳税人的个人所得税，并对医院处以应扣未扣税款3倍的罚款。

**【案例评析】**扣缴义务人（某医院）采取了《税收征管法》第六十三条第一款所列“在账簿上不列收入，经税务机关通知申报而拒不申报”的偷税手段，完全不履行法定的扣缴义务，不缴应纳税款，但系应扣未扣、应收而不收税款行为，适用《税收征收管理法》第六十九条规定，税务机关做了大量工作追缴了纳税人的税款，医院未构成偷税。

# 第六节　纳税人的法律责任

## 一、行政法律责任

### （一）税务违法行政处罚

1. 责令限期改正。责令限期改正是税务机关对违反法律、行政法规所规定义务的当事人的谴责和申诫。责令限期改正主要适用于情节轻微或尚未构成实际危害后果的违法行为，是一种较轻的处罚形式。责令限期改正既可以起到教育的作用，又具有一定的处罚作用，因而为税收法律、法规广泛采用。

2. 罚款。罚款是对违反税收法律、法规，不履行法定义务的当事人的一种经济上的处罚。由于罚款既不影响被处罚人的人身自由及其合法活动，又能起到对违法行为的惩戒的作用，因而是税务行政处罚中应用最广的一种。正是由于罚款在税务行政处罚中运用很广，而且意味着对相对一方当事人财物的剥夺，因此，运用这一处罚形式必须依法行使，严格遵循法律、法规规定的数额、幅度、权限和程序及形式。

3. 没收非法所得。没收非法所得是税务机关实施的将税务违法人通过非法手段获得的财产收归国家所有的处罚形式。

4. 收缴发票和暂停供应发票。收缴发票和暂停供应发票是指税务机关对违反发票管理规定或有其他税务违法行为的当事人停止其使用、不予出售甚至收缴其普通发票和增值税专用发票的一种处罚形式。

5. 停止出口退税权。停止出口退税权是税务机关对有骗税或其他税务违法行为的出口企业停止其一定时间的出口退税权的处罚形式。

### （二）行政法律责任的种类

1. 违反税务登记管理的行政法律责任

纳税人未按照规定的期限申报办理税务登记、变更或者注销登记的，由税务机关责令限期改正，可以处 2 千元以下的罚款；情节严重的，处 2 千元以上 1 万元以下的罚款。

纳税人不办理税务登记的，由税务机关责令限期改正；逾期不改正的，经税务机关提请，由工商行政管理机关吊销其营业执照。

纳税人未按照规定使用税务登记证件，或者转借、涂改、损毁、买卖、伪造税务登记证件的，处2千元以上1万元以下的罚款；情节严重的，处1万元以上5万元以下的罚款。

2. 违反账簿、凭证管理的行政法律责任

纳税人未按照规定设置、保管账簿或者保管记账凭证和有关资料或者未按照规定将财务会计制度或财务会计处理方法和会计核算软件报送税务机关备查，以及未按照规定将其全部银行账号向税务机关报告的，由税务机关责令限期改正，可以处2千元以下的罚款；情节严重的，处2千元以上1万元以下的罚款。纳税人编造虚假计税依据的，由税务机关责令限期改正，并处5元以下的罚款。

3. 违反税控装置管理的行政法律责任

纳税人未按规定安装、使用税控装置，或者损毁、擅自改动税控装置的，由税务机关责令限期改正，可以处2千元以下的罚款；情节严重的，处2千元以上1万元以下的罚款。

4. 纳税人未按期办理纳税申报的行政法律责任

纳税人未按照规定的期限办理纳税申报和报送纳税资料的，由税务机关责令限期改正，可以处2千元以下的罚款；情节严重的，可以处2千元以上1万元以下的罚款。

纳税人不进行纳税申报，不缴或者少缴应纳税款的，由税务机关追缴其不缴或少缴的税款、滞纳金，并处不缴或少缴税款50%以上5倍以下的罚款。

5. 纳税人偷税的行政法律责任

纳税人偷税数额不满1万元或者偷税数额占应纳税额不到10%的，由税务机关追缴其不缴或者少缴的税款，并处不缴或者少缴税款5%以上5倍以下的罚款。

6. 纳税人抗税的行政法律责任

由税务机关追缴其拒缴的税款、滞纳金，并处拒缴税款1倍以上5倍以下的罚款。

7. 纳税人骗税的行政法律责任

纳税人以假报出口或者其他欺骗手段骗取国家出口退税款的，由税务机关追缴其骗取的退税款，并处骗取税款1倍以上5倍以下的罚款。对骗取国家出口退税款的，税务机关可以在规定期间内停止为其办理出口退税。

8. 纳税人逃避追缴欠税的行政法律责任

纳税人欠缴应纳税款，采取转移或者隐匿财产的手段，妨碍税务机关追缴欠缴税款的，由税务机关追缴欠缴的税款、滞纳金，并处欠缴税款50%以上5倍以下的罚款。

9. 纳税人逾期未缴纳欠税的行政法律责任

纳税人在规定期限内不缴或者少缴应纳税款的，经税务机关责令限期缴纳，逾期仍未缴纳的，税务机关除依照《税收征管法》的规定采取强制执行措施追缴其不缴或者少缴的税款外，可以处不缴或者少缴税款50%以上5倍以下的罚款。

10. 纳税人阻挠税务检查的行政法律责任

纳税人以逃避、拒绝或者以其他方式阻挠税务检查的，由税务机关责令限期改正，可以处1万元以下的罚款；情节严重的，处1万元以上5万元以下的罚款。

11. 纳税人拒不接受税务处理的行政法律责任

纳税人具有《税收征管法》规定的税收违法行为，拒不接受税务机关处理的，税务机关可以收缴其发票或者停止向其发售发票。

12. 纳税人违反发票管理的行政法律责任

纳税人未按规定印制、领购、开具、保管、取得发票，未按规定接受发票检查，税务机关可以责令限期改正，没收非法所得，并处1万元以下的罚款。

## 二、税务违法的刑事法律责任

### （一）偷税罪

纳税人采取伪造、变造、隐匿、擅自销毁账簿、记账凭证，在账簿上多列支出或者不列、少列收入，经税务机关通知申报而拒不申报或者进行虚假的纳税申报手段，不缴或者少缴应纳税款，偷税数额占应纳税额10%以上不满30%并且偷税数额在1万元以上不满10万元的，或者因偷税被税务机关给予两次行政处罚又偷税的，处3年以下有期徒刑或者拘役，并处偷税数额1倍以上5倍以下罚金；偷税数额占应纳税额的30%以上并且偷税数额在10万元以上的，处3年以上7年以下有期徒刑，并处偷税数额1倍以上5倍以下罚金。

### （二）抗税罪

以暴力、威胁方法拒不缴纳税款的，处3年以下有期徒刑或者拘役，并处拒缴税款1倍以上5倍以下罚金；情节严重的，处3年以上7年以下有期徒刑，并处拒缴税款1倍以上5倍以下罚金。

### （三）逃避追缴欠税罪

纳税人欠缴应纳税款，采取转移或者隐匿财产的手段，致使税务机关无法追缴欠缴的税款，数额在1万元以上不满10万元的，处3年以下有期徒刑或者拘役，并处或者单处欠缴税款1倍以上5倍以下罚金；数额在10万元以上的，处3年以上7年以下有期徒刑，并处欠缴税款1倍以上5倍以下罚金。

### （四）骗取出口退税罪

以假报出口或者其他欺骗手段，骗取国家出口退税款，数额较大的，处5年以下有期徒刑或者拘役，并处骗取税款1倍以上5倍以下罚金；数额巨大或者有其他严重情节的，处5年以上10年以下有期徒刑，并处骗取税款1倍以上5倍以下罚金；数额特别巨大或者有其他特别严重情节的，处10年以上有期徒刑或者无期徒刑，并处骗取税款1倍以上5倍以下罚金或者没收财产。

### （五）虚开增值税专用发票用于骗取出口退税、抵扣税款发票罪

虚开增值税专用发票或者虚开用于骗取出口退税、抵扣税款的其他发票的，处3年以下有期徒刑或者拘役，并处2万元以上20万元以下罚金；虚开的税款数额较大或者有其他严重情节的，处3年以上10年以下有期徒刑，并处5万元以上50万元以下罚金或者没收财产。虚开的税款数额特别巨大，情节特别严重，给国家利益造成特别重大损失的，处无期徒刑或者死刑，并处没收财产。

单位犯本罪的，对单位判处罚金，并对其直接负责的主管人员和其他直接责任人员处3年以下有期徒刑或者拘役；虚开的税款数额较大或者有其他严重情节的，处3年以上10年以下有期徒刑；虚开的税款数额巨大或者有其他特别严重情节的，处10年以上有期徒刑或者无期徒刑。

虚开增值税专用发票或者虚开用于骗取出口退税、抵扣税款的其他发票是指有为他人虚开、为自己虚开、让他人为自己虚开、介绍他人虚开行为之一的。

### （六）伪造、出售伪造的增值税专用发票罪

伪造、出售伪造的增值税专用发票的，处3年以下有期徒刑、拘役或者管制，并处2万元以上20万元以下罚金；数量较大或者有其他严重情节的，处3年以上10年以下有期徒刑，并处5万元以上50万元以下罚金；数量巨大或者有其他特别严重情节的，处10年以上有期徒刑或者无期徒刑，并处5万元以上50万元以下罚金或者没收财产。数量特别巨大，情节特别严重，严重破坏经济秩序

的，处无期徒刑或者死刑，并处没收财产。

单位犯本罪的，对单位判处罚金，并对其直接负责的主管人员和其他直接责任人员处3年以下有期徒刑、拘役或者管制；数量较大或者有其他严重情节的，处3年以上10年以下有期徒刑；数量巨大或者有其他特别严重情节的，处10年以上有期徒刑或者无期徒刑。

### （七）非法出售增值税专用发票罪

非法出售增值税专用发票的，处3年以下有期徒刑、拘役或者管制，并处2万元以上20万元以下罚金；数量较大的，处3年以上10年以下有期徒刑，并处5万元以上50万元以下罚金；数量巨大的，处10年以上有期徒刑或者无期徒刑，并处5万元以上50万元以下罚金或者没收财产。

### （八）非法购买增值税专用发票、购买伪造的增值税专用发票罪

非法购买增值税专用发票、购买伪造增值税专用发票的，处5年以下有期徒刑或者拘役，并处或者单处2万元以上20万元以下罚金。

非法购买增值税专用发票、购买伪造的增值税专用发票又虚开或出售的，分别依照上述第五条、第六条、第七条的规定定罪处罚。

### （九）非法制造、出售非法制造的用于骗取出口退税、抵扣税款发票罪

伪造、擅自制造或者出售伪造、擅自制造的可用于骗取出口退税、抵扣税款的其他发票的，处3年以下有期徒刑、拘役或者管制，并处2万元以上20万元以下罚金；数量巨大的，处3年以上7年以下有期徒刑，并处5万元以上50万元以下罚金；数量特别巨大的，处7年以上有期徒刑，并处5万元以上50万元以下罚金或者没收财产。

### （十）非法制造、出售非法制造的发票罪

伪造、擅自制造或者出售伪造、擅自制造的上述第九条规定的其他发票的，处2年以下有期徒刑、拘役或者管制，并处或者单处1万元以上5万元以下罚金；情节严重的，处2年以上7年以下有期徒刑，并处5万元以上50万元以下罚金。

### （十一）非法出售用于骗取出口退税、抵扣税款发票罪

非法出售用于骗取出口退税、抵扣税款发票的，处3年以下有期徒刑、拘役

或者管制，并处2万元以上20万元以下罚金；数量巨大的，处3年以上7年以下有期徒刑，并处5万元以上50万元以下罚金，数量特别巨大的，处7年以上有期徒刑，并处5万元以上50万元以下罚金或者没收财产。

### （十二）非法出售发票罪

非法出售用于骗取出口退税、抵扣税款发票以外的其他发票的，处2年以下有期徒刑、拘役或者管制，并处或者单处1万元以上5万元以下罚金；情节严重的，处2年以上7年以下有期徒刑，并处5万元以上50万元以下罚金。

## 三、税务行政复议

### （一）税务行政复议的概念

税务行政复议是我国行政复议制度的一个重要组成部分。税务行政复议以税务行政争议为其自身的调整对象，即所处理的争议必须是税务机关在税收征管中发生的纠纷，而不是其他纠纷。这里所说的税务争议是指在税务活动中，税务当事人与税务部门之间由于税务机关的行政行为而引起的纠纷和争议。税务行政复议以当事人不服税务机关的处理决定为前提，如果税务机关未作出处理，或者当事人服从了处理决定，税务行政复议就不存在了。接受申请的复议机关不仅可以对原具体行政行为的合法性进行审查，而且可以对其适当性进行审查。税务行政复议与行政诉讼相衔接，构成行政诉讼的前置程序。税务行政复议案件的审理以书面形式进行，以不调解为原则。而且税务行政复议不作公开审理，一般也无须当事人到场。税务行政复议是由原处理税务机关的上级税务机关进行，而不是其他行政机关或其他税务机关。

### （二）税务行政复议原则

税务行政复议原则是指复议机关在解决和处理税务争议案件时必须遵守的具有普遍指导意义的基本原则。根据税务行政复议法的规定，税务行政复议应遵循以下原则：

1. 以事实为依据，以法律为准绳原则。以事实为依据指的是税务行政复议机关审理复议案件时，必须以查明的客观情况作为认定事实、判断证据、适用法律、作出裁决的根据。以法律为准绳是指税务行政复议机关在弄清客观情况的基础上，正确适用法律，严格依法办案。

2. 一级复议原则。所谓一级复议原则，是指申请人不服原处理机关的具体行政行为，依法向上一级税务机关申请复议，对复议裁决仍不服的，申请人即可向人民法院起诉，而不能再逐级向税务机关申请复议。

3. 复议机关依法对具体行政行为是否合法和适当进行审查的原则。即税务行政复议机关审理税务争议案件的范围仅限于税务机关的具体行政行为，而复议机关审理税务争议案件的权限不仅包括对具体行政行为是否合法进行审查，而且还可以对具体行政行为是否适当进行审查。

4. 便民原则。就是要求税务行政复议活动能够做到方便复议申请人，不使申请人因为复议活动而造成人力、财力、物力的浪费，这是区别于法院行政诉讼活动的重要特点之一。

5. 税务行政复议不适用调解原则。该原则的基本要求是：税务行政复议机关不能采用调解的方式审理税务行政复议案件，也不能以调解方式结案。

6. 税务行政复议期间税务具体行政行为不停止执行原则。税务行政复议期间税务具体行政行为不停止执行原则是指税务行政行为一经作出即发生法律效力，行政管理相对人必须执行，不能因处于税务行政复议期间而影响税收的缴纳。

### （三）税务行政复议的法定程序

1. 税务行政复议的申请

税务行政复议申请，是指公民、法人或者其他组织向法定复议机关提出行政复议申请，要求其对某一具体行政行为进行审查并作出裁决的意思表示。

2. 税务行政复议的受理

（1）申请人必须按照税务行政复议的要求提交有关材料、证据并提出复议申请。

（2）复议机关收到行政复议申请后，应当在5日内进行审查，决定是否受理。对不符合规定的复议申请不予受理，并书面告知申请人。

3. 税务行政复议的审理与决定

（1）复议决定作出前，申请人可以向复议机关申请撤回其复议申请，但不得以同一基本事实或理由重新申请复议。

（2）行政复议期间具体行政行为不停止执行；但有下列情形之一的，可以停止执行：①被申请人认为需要停止执行的；②复议机关认为需要停止执行的；③申请人申请停止执行，复议机关认为其要求合理，决定停止执行的；④法律规定停止执行的。

（3）复议机关应当自受理申请之日起60日内作出复议决定。情况复杂，不能在规定期限内作出行政复议决定的，经复议机关负责人批准，可以适当延长，并告知申请人和被申请人；但延长期限最多不得超过30日。

(4) 复议决定书一经送达，即发生法律效力。

(5) 被申请人应当履行行政复议决定。被申请人不履行或者无正当理由拖延履行行政复议决定的，复议机关或者有关上级行政机关应当责令其限期履行。

(6) 申请人如果对复议决定不服的，可以向法院起诉。如申请人逾期不起诉又不履行税务行政复议决定的，或者不履行最终裁决的行政复议决定的，由税务机关依法强制执行或者申请人民法院强制执行。

**【案例3-6】**某市审计机关在对A股份有限公司2005年的财务情况进行审计时，发现该公司有以下行为：

(1) 该公司作为一般纳税人，2005年6月，在未发生材料购入业务的情况下，从其他单位买入空白增值税发票，并在发票上注明购入甲材料，买价为3 000万元，增值税额为510万元。财务部门以该发票为依据，编制了购入材料的记账凭证并登记入账，纳税申报时作为增值税进项税额抵扣了当期税款。

(2) 该公司销售商品时，有18张发票是这样开的："发票联"的业务内容真实，但本单位"记账联"和"存根联"的金额比真实金额小。会计以"记账联"编制记账凭证，登记账簿，导致少记销售收入1 600万元，少计增值税272万元。

**【案例评析】**

(1) 纳税人编造虚假计税依据的，由税务机关责令限期改正，并处五万元以下罚款。

(2) 纳税人未按规定印制、领购、开具、保管、取得发票，未按规定接受发票检查，税务机关可以责令限期改正，没收非法所得，并处一万元以下罚款。

(3) 偷税数额占应纳税额百分之十以上不满百分之三十并且偷税数额在一万元以上不满十万元的，或者因偷税被税务机关给予二次行政处罚又偷税的，处三年以下有期徒刑或者拘役，并处偷税数额一倍以上五倍以下的罚金；偷税数额占应纳税额的百分之三十以上并且偷税数额在十万元以上的，处三年以上七年以下有期徒刑，并处偷税数额一倍以上五倍以下的罚金。

(4) 虚开增值税专用发票抵扣税款发票罪。虚开增值税专用发票或者虚开用于抵扣税款的其他发票的，处三年以下有期徒刑或者拘役，并处二万元以上二十万元以下罚金；虚开的税款数额较大或者有其他严重情节的，处三年以上十年以下有期徒刑，并处五万元以上五十万元以下罚金。

(5) 非法购买增值税专用发票罪。非法购买增值税专用发票的，处五年以下有期徒刑或者拘役，并处或者单处二万元以上二十万元以下罚金。

## 本章小结

税收是国家凭借政治权力，按照预定标准，无偿征收实物或货币而形成的特定的分配关系。税收具有特征强制性、无偿性和固定性的特征。税收按征税对象可分为流转税、所得税、财产税、资源税和行为税；按征收管理的分工体系可分为工商税类、关税类；按照计税标准可分为从价税、从量税和复合税。

税法是指调整一切税收关系的法律规范的总称。税法具有政策性、经济性、技术性、复杂性、多样性、综合性和特殊性等特征。税法按照税法的功能作用的不同，可分为税收实体法和税收程序法；按照主权国家行使税收管辖权的不同，可分为国内税法、国际税法、外国税法；按照税法法律级次的不同，可分为税收法律、税收行政法规、税收规章和税收规范性文件。税法的构成要素包括：纳税义务人、征税对象、税目、税率、计税依据、纳税环节、纳税期限、纳税地点、减税免税和法律责任等。

增值税是以生产、销售商品或提供加工、修理修配劳务过程中产生的增值额为征税对象而征收的一种流转税。增值税的主要内容有：增值税税率、增值税应纳税额、增值税小规模纳税人和增值税的征收管理。

消费税是对在我国境内生产、委托加工和进口应税消费品的单位和个人，按应税消费品的销售额或销售数量所征收的一种流转税。消费税的主要内容有：消费税纳税人、消费税税目与税率、消费税应纳税额和消费税的征收管理。

营业税是对在我国境内提供应税劳务、转让无形资产或者销售不动产的单位和个人，就其取得的营业收入额征收的一种税。营业税的主要内容有：营业税纳税人，营业税的税目、税率，营业税应纳税额和营业税的征收管理。

企业所得税是指国家对中国境内企业生产、经营所得和其他所得依法征收的一种税。企业所得税的主要内容有：企业所得税征税对象、企业所得税税率、企业所得税应纳税所得额和企业所得税的征收管理。

个人所得税是对个人取得的各项应税所得征收的一种税。个人所得税的主要内容有：个人所得税纳税义务人，个人所得税的应税项目和税率，个人所得税应纳税所得额和个人所得税的征收管理。

税务管理是指税收征收管理机关为了贯彻、执行国家税收法律制度，加强税收工作，协调征税关系而开展的一项有目的的活动。税务管理主要包括税务登记管理，发票管理和纳税申报等内容。税务登记的种类包括开业登记，变更登记，停业、复业登记、注销登记、外出经营报验登记等。发票管理主要有增值税专用发票的管理和普通发票的管理以及专业发票的管理。

纳税申报包括纳税申报对象，纳税申报的内容，纳税申报须知，纳税申报应报送的资料，纳税申报的期限和纳税申报的方式。

税款征收是税务机关依照税收法律、行政法规的规定将纳税人应当缴纳的税款组织征收入库的一系列活动的总称。税款征收的原则包括税务机关是征税的唯一行政主体，税务机关依法征收税款，税款优先的原则。税款征收的方式主要有查账征收、查定征收、查验征收、定期定额征收、代扣代缴、代收代缴、邮寄纳税以及其他方式等。税款征收措施主要有加收滞纳金、核定应纳税额、税收保全措施、税收强制执行措施、出境清税、税款追征和其他有关税款征收的规定。

税务代理是民事代理的一种，是指税务代理人在法定范围内接受纳税人的委托，以纳税人名义代为办理税务事宜的专门行为。税务代理具有中介性、法定性、自愿性、公正性的特点。

税务检查也叫纳税检查，是税务机关以国家的法律、法规政策和税收征收管理制度为依据，对纳税人履行纳税义务情况及其偷逃税行为的审核和查处的总称。税务检查主要包括税务检查机构、内容及范围，税款检查中纳税人和扣缴义务人的权利与义务。

税务违法行政处罚包括责令限期改正、罚款、没收非法所得、收缴发票、暂停供应发票和停止出口退税权。

行政法律责任的种类有：违反税务登记管理的行政法律责任；违反账簿、凭证管理的行政法律责任；违反税控装置管理的行政法律责任；纳税人未按期办理纳税申报的行政法律责任；纳税人偷税的行政法律责任；纳税人抗税的行政法律责任；纳税人骗税的行政法律责任；纳税人逃避追缴欠税的行政法律责任；纳税人逾期未缴纳欠税的行政法律责任；纳税人阻挠税务检查的行政法律责任；纳税人拒不接受税务处理的行政法律责任；纳税人违反发票管理的行政法律责任。

刑事法律责任有：偷税罪；抗税罪；逃避追缴欠税罪；骗取出口退税罪；虚开增值税专用发票；用于骗取出口退税、抵扣税款发票罪；伪造、出售伪造的增值税专用发票罪；非法出售增值税专用发票罪；非法购买增值税专用发票、购买伪造的增值税专用发票罪；非法制造、出售非法制造的用于骗取出口退税、抵扣税款发票罪；非法制造、出售非法制造的发票罪；非法出售用于骗取出口退税、抵扣税款发票罪；非法出售发票罪。

税务行政复议是我国行政复议制度的一个重要组成部分。税务行政复议以税务行政争议为其自身的调整对象，税务行政复议应遵循以事实为依据，以法律为准绳原则；一级复议原则；复议机关依法对具体行政行为是否合法和适当进行审查的原则；便民原则；税务行政复议不适用调解原则；税务行政复议期间税务具体行政行为不停止原则。税务行政复议的法定程序有：税务行政复议的申请，税务行政复议的受理，税务行政复议的审理与决定。

## 练习题

### 一、单项选择题

1. 税收法律关系的生产、变更与消灭是由(　　)来决定的。

A. 税收法律事实　　B. 权利主体

C. 权利客体　　D. 税收法律关系内容

2. 区分不同税种的主要标志是(　　)。

A. 纳税义务人　　B. 征税对象

C. 税目　　D. 纳税环节

3. 下面完全由国家税务机关负责征收的税种是(　　)。

A. 增值税　　B. 车辆购置税

C. 营业税　　D. 企业所得税

4. 下列行为必须视同销售货物，应征收增值税的是(　　)。

A. 某商店为厂家代销服装　　B. 某公司将外购饮料用于个人消费

C. 某企业将外购钢材用于在建工程　　D. 某企业将外购食品用于职工福利

5. 下列经营行为中，属于增值税征收范围的是(　　)。

A. 某社会团体下属企业销售货物

B. 个人向受雇企业提供修理修配劳务

C. 某工业企业附属饭店对外提供饮食服务

D. 某工业企业将一台设备对外出租

6. 某厂商 A 将一批应税消费品委托给某加工商 B 加工，在这项应税行为中，消费税的纳税人应是(　　)。

A. 厂商 A　　B. 加工商 B

C. 厂商 A 和加工商 B 都是纳税人　　D. 最终的消费者

7. 如果受托方未能履行代扣代缴委托加工应税消费品的消费税的义务，其未扣缴的消费税应(　　)。

A. 由受托方补缴　　B. 由委托方补缴

C. 由受托方和委托方共同补缴　　D. 由委托方补缴并向受托方收回

8. 下列行为需要缴纳营业税的有(　　)。

A. 自建自用建筑物的自建行为

B. 邮政部门的邮务物品销售行为

C. 共同承担投资风险的无形资产对外投资入股行为

D. 企业将自有房产对外投资成立新企业

9. 企业所得税的应纳税所得额等于纳税人每一纳税年度的(　　)减去税法准予扣除项目的金额。

A. 利润总额　　B. 生产经营所得

C. 收入总额　　D. 生产经营成本

10. 某受雇于外资企业工作的个人，在工作满 5 年后，获得一套企业奖励的价值 80 万元的住房。那么，他在申报个人所得税时，应按照(　　)项目计算缴纳。

A. 劳务报酬所得　　B. 偶然所得

C. 工资、薪金所得　　D. 财产转让所得

11. 根据《税收征收管理法》的规定，企业向税务机关申报办理税务登记的时间是(　　)。

A. 自领取营业执照之日起 15 日内　　B. 自领取营业执照之日起 30 日内

C. 自领取营业执照之日起 45 日内　　D. 自领取营业执照之日起 60 日内

12. 从事生产、经营的纳税人领取工商营业执照（含临时工商营业执照）的，应当自领取工商营业执照之日起(　　)日内申报办理税务登记。

A. 20　　B. 30

C. 50　　D. 60

13. 纳税人办理税务登记后，发生改变法定代表人、增加注册资金（资本）的情形，应当办理(　　)。

A. 开业登记　　B. 停业登记

C. 注册登记　　D. 变更登记

14. 税务登记的停业、复业登记适用于(　　)。

A. 扣缴义务人　　B. 外资企业

C. 所有纳税人　　D. 实行定期定额征收方式的个人工商户

15. 纳税人停业期满未按期复业又不申请延长停业的，税务机关应当视为(　　)。

A. 自动注销税务登记　　B. 已恢复营业，实施正常的税收征收管理

C. 自动延长停业登记　　D. 纳税人已自动接受罚款处理

16. 可以领购使用增值税专用发票的是(　　)。

A. 增值税一般纳税人　　B. 增值税小规模纳税人

C. 只缴纳营业税的纳税人　　D. 法定情形的一般纳税人

17. 下列不属于领购增值税专用发票所需证件的是(　　)。

A. 营业执照

B. 盖有“增值税一般纳税人”专用章的税务登记证（副本）

C. 经办人的身份证明

D. 发票专用章印模

18. 不属于纳税申报方式的是(　　)。

A. 直接申报　　B. 邮寄申报

C. 数据电文申报　　D. 口头申报

19. 由纳税人依据账簿记载，先自行计算缴纳税款，事后由税务机关查账核实，如有不合税法规定的，则多退少补，这种税款征收方式属于(　　)。

A. 查账征收　　B. 查定征收

C. 查验征收　　D. 定期定额征收

20. 纳税人采取在账簿上多列支出或者不列、少列收入的手段，不缴或少缴应纳税款的行为是(　　)。

A. 偷税　　B. 欠税

C. 骗税　　D. 抗税

二、多项选择题

1. 税收的实质是国家为了行使其职能取得财政收入的一种方式，它的特征主要表现在(　　)等三个方面。

A. 非惩罚性　　B. 固定性

C. 强制性　　D. 无偿性

2. 代表国家行使征税职责的机关包括(　　)。

A. 税务机关　　B. 工商管理机关

C. 海关　　D. 财政机关

3. 我国现行税法体系中在使用的累进税率形式有(　　)。

A. 比例税率　　B. 超额累进税率

C. 超率累进税率　　D. 定额税率

4. 以下单位或者个人发生的行为，属于增值税征收范围的有(　　)。

A. 进口固定资产设备　　B. 销售商品房

C. 零售杂货　　D. 生产销售电力

5. 纳税人代有关行政管理部门收取的费用，凡同时符合以下条件的，不属于价外费用，不征收增值税(　　)。

A. 经国务院、国务院有关部门或省级政府批准

B. 开具经财政部门批准使用的行政事业收费专用票据

C. 所收款项全额上缴财政或虽不上缴财政但由政府部门监管，专款专用

D. 按协议留归自己使用的款项

6. 下列属于增值税征税范围的货物有(　　)。

A. 邮政部门销售的信封　　B. 房地产公司销售的普通标准住宅

C. 银行销售的金银　　D. 天然气

7. 消费税的纳税环节包括(　　)。

A. 批发环节　　B. 进口环节

C. 零售环节　　D. 生产销售环节

8. 确定消费税的应税销售额时，不计入销售额的项目有(　　)。

A. 增值税　　B. 消费税

C. 包装物租金　　D. 城建税

9. 企业所得税的纳税义务人是在中国境内实行独立经济核算的企业或组织，但不包括(　　)。

A. 承包国有企业的承包人（未变更原国有企业的名称和工商登记）

B. 有限责任公司

C. 个人独资企业

D. 合伙企业

10. 下列各项所得在计算应纳税所得额时不允许扣减任何费用的有(　　)。

A. 偶然所得　　B. 特许权使用费所得

C. 利息、股息所得　　D. 财产租赁所得

11. 税务登记的种类包括(　　)。

A. 开业登记　　B. 变更登记

C. 停业登记　　D. 复业登记

12. 下列关于发票的表述中，正确的有(　　)。

A. 发票是确定经营收支行为发生的法定凭证

B. 发票是会计核算的原始凭证

C. 发票是税务机关进行税源控制的重要依据

D. 发票是开展税务稽查的重要依据

13. 发票按照用途的不同，可分为(　　)。

A. 增值税专用发票　　B. 普通发票

C. 专业发票　　D. 专用发票

14. 普通发票主要由(　　)使用。

A. 增值税一般纳税人

B. 增值税小规模纳税人

C. 一般纳税人不能开具增值税专用发票的

D. 只缴纳营业税的纳税人

15. 税款征收方式包括(　　)。

A. 按账征收　　B. 查定征收

C. 查验征收　　D. 自计自填代缴

16. 税款征收方式包括(　　)。

A. 代收代缴　　B. 定期定额征收

C. 委托代交　　D. 自计自填自缴

17. 在我国，《税收征收管理法》规定的税收征收管理机关包括(　　)。

A. 财政机关　　B. 国家税务机关

C. 地方税务局　　D. 海关

18. 税款征收措施包括(　　)。

A. 税收保全　　B. 强制执行

C. 加收滞纳金　　D. 吊销营业执照

19. 根据《税收征收管理法》的规定，纳税人在办理注销登记前，应当向税务机关(　　)。

A. 结清应纳税款、滞纳金、罚款　　B. 提供清缴欠税的纳税担保

C. 缴纳不超过10 000元的保证金　　D. 缴销发票和税务登记证件

20. 注销税务登记的适用范围有(　　)。

A. 纳税人发生解散、破产、撤销的

B. 纳税人被工商行政管理机关吊销营业执照的

C. 纳税人因住所、经营地点变更涉及改变主管税务机关的

D. 纳税人发生的其他应办理注销税务登记情况的

三、判断题

1. 作为税收法律关系的一个重要特征，在税收法律关系中，权利主体双方在法律地位上是不对等的。(　　)

2. 由于税收法律关系的权利主体双方在权利与义务上不对等，所以，对税收法律关系的保护是指对征税机关的保护，而不是指对纳税人的保护。(　　)

3. 从事融资租赁业务，如果租赁货物的所有权转让给承租方的，征收增值税；如果租赁货物的所有权未转让给承租方的，征收营业税。(　　)

4. 一般纳税人和小规模纳税人销售农机、农膜、化肥，适用13%的低税率。(　　)

5. 纳税人通过自设非独立核算门市部销售的自产应税消费品，应当按照门市部门对外销售额或者销售数量征收消费税。(　　)

6. 企业所得税的纳税人从境内取得的所得应按规定申报缴纳企业所得税。但来自境外的其他所得只要在境外已缴纳过所得税的，可不用申报缴纳企业所得税。(　　)

7. 纳税人对外进行来料加工业务节省的材料，按合同规定归纳税人所有的，应缴纳所得税。(　　)

8. 个人兼职取得的收入应按照“劳务报酬所得”应税项目缴纳个人所得税。(　　)

9. 退休人员再任职取得的收入应按“工资、薪金所得”应税项目缴纳个人所得税。(　　)

10. 未办理工商营业登记的，从事生产、经营的纳税人可以暂不办理税务登记。(　　)

11. 税务机关是指发票的主管机关。(　　)

12. 专业发票就是专用发票。(　　)

13. 所有的收付款凭证都是发票。（ ）

14. 查账征收是指由纳税人依据账簿记载，先自行计算缴纳税款，事后由税务机关查账核实，如有不符税法规定的，则多退少补。（ ）

15. 对于设置了账簿的企业，税务机关就应当采用查账征收的方式征收税款。（ ）

16. 从事生产、经营的纳税人宣告破产，按照规定应办理工商注销登记的，应当首先向工商行政管理机关办理注销登记，然后向原税务登记机关办理税务注销登记。（ ）

17. 只有从事生产、经营的纳税人才需要办理税务登记或注销税务登记。（ ）

18. 纳税人应持税务登记证在银行开立各种存款账户，并将全部账号向税务机关报告。（ ）

19. 从事生产、经营的纳税人不得转借、转让发票，但根据需要可以代开发票。（ ）

20. 因偷税未缴、少缴的税款或骗取的出口退税款，税务机关有无限期追征权。（ ）

**四、简答题**

1. 简述税收的特征。
2. 简述税收与税法的关系。
3. 简述税法的构成要素。
4. 简述增值税的概念与分类。
5. 简述消费税应纳税额。
6. 简述营业税征收管理。
7. 简述企业所得税应纳税所得额。
8. 什么是税务登记？税务登记的内容有哪些？
9. 简述开业税务登记的内容和程序。
10. 什么是变更登记？简述变更登记的程序。
11. 什么是增值税专用发票？
12. 增值税专用发票的要求是什么？
13. 简述普通发票的内容。
14. 普通发票填开时应符合哪些要求？
15. 什么是纳税申报？简述纳税申报的内容。
16. 税款征收应遵循哪些原则？
17. 税款征收可以采取哪些措施？
18. 什么是税务代理？
19. 什么是税务检查？简述税务检查的范围。
20. 简述纳税人的行政法律责任。

**五、案例分析题**

1. 资料：A公司成立于2000年，主营软件设计与销售业务，在2007年度所得税纳税申报时，A公司与税务机关发生争议，税务机关认为，A公司计提的长期投资减值准备金不得从应纳税所得额中扣除，A公司不同意税务机关的意见，并以此为由拒绝缴纳税款。税务机关在责令期缴纳无效后，作出了暂停该公司使用发票的处罚规定，该公司对此处罚不服，于是向人民法院起诉。

要求：分析A公司拒绝缴纳税款的做法是否违法。

2. 资料：S公司销售部李经理，在某饭店请客吃饭花费1 600元，当李经理要求饭店开具发票时，结账人员开了一张收据，李经理提出需要正式发票回单位报销时，该店却提出如果需要正式发票，还必须加税钱。李经理当即向地税稽查局投诉，地税稽查局接到投诉后，立即到该饭店调查，经核实后，对店主未按规定开具发票的行为给予批评，并罚款200元，同时责令该店给王先生开具了正式发票。

要求：分析税务机关要求该饭店开具正式的发票并作出处罚的决定是否正确。

# 第四章 财政法规制度

## 本章学习目的

本章主要介绍预算、政府采购和国库集中收付三个财政法律制度。通过本章的学习，要求学生了解和掌握国家预算的概念、预算管理的职权和预算组织程序，政府采购的范围、原则和方式，国库集中收付制度的账户体系、财政收入收缴方式和程序、财政支出支付方式和程序。

## 第一节 预算法律制度

### 一、预算法律制度的构成

我国预算法律制度由《中华人民共和国预算法》（以下简称《预算法》）和《中华人民共和国预算法实施条例》（以下简称《预算法实施条例》）构成，预算法是国家重要的经济法之一，预算是国家财力的收支计划，是对国家行政权力监督的一种法律规范。《预算法》自 1995 年 1 月 1 日颁布实施以来，有力地促进了各级人大对财政预决算的审查和监督，各级政府、财税部门和各单位依法加强财政预算管理，促进了财政职能转变及我国公共财政基本框架的建立，对于强化我国预算的分配和监督职能、健全预算管理、加强国家宏观调控、保障经济和社会健康发展，发挥了重要作用。《预算法实施条例》是对《预算法》的解释和补充。

## 二、国家预算

### （一）国家预算的概念

国家预算是政府的财政收支计划，是政府集中和分配资金、调节社会经济生活的主要财政机制，是国家的重要立法文件。国家预算的功能首先是反映政府的财政收支状况。从形式上看，国家预算就是按一定标准将财政收入和支出分门别类地列入特定的表格，可以使人们清楚地了解政府的财政活动，成为反映财政活动的一面镜子。同时，由于国家预算和决算要经过国家权力机构的审批才能生效，因而又是国家的重要立法文件，体现国家权力机构和全体公民对政府财政活动的监督。

### （二）国家预算的作用

国家预算作为财政分配和宏观调控的主要手段，具有分配、调控和监督职能。国家预算的作用是国家预算职能在经济生活中的具体体现，它主要包括三个方面：

1. 财力保证作用

国家预算既是保障国家机器运转的物质条件，又是政府实施各项社会经济政策的有效保证。在编制预算时，要根据对社会经济发展的预计，预测能收取到多少收入，根据社会管理和发展的需要安排支出。

2. 调节制约作用

国家预算作为国家的基本财政计划，是国家财政实行宏观控制的主要依据和主要手段。国家预算的收支规模可调节社会总供给和总需求的平衡，预算支出的结构可调节国民经济结构，因而国家预算的编制和执行情况对国民经济和社会发展都有直接的制约作用。

3. 反映监督作用

国家预算是国民经济的综合反映，预算收入反映国民经济发展规模和经济效益水平，预算支出反映各项建设事业发展的基本情况。因此，通过国家预算的编制和执行便于掌握国民经济的运行状况、发展趋势以及出现的问题，从而采取对策措施，促进国民经济稳定协调地发展。

### （三）国家预算的级次划分

我国国家预算的级次是按照一级政权设立一级预算的原则设立的。我国宪法规定，国家机构由全国人民代表大会、国务院、地方各级人民代表大会和各级人民政府组成。与政权结构相适应，首先是国家预算由中央预算和地方预算组成，预算管理实行分级分税体制；同时结合我国行政区域的划分，《预算法》规定设立五级预算：中央预算，省、自治区、直辖市预算，设区的市、自治州预算，县、自治县、不设区的市、市辖区预算，乡、民族乡、镇预算。

### （四）国家预算的构成

我国的国家预算由中央预算和地方预算组成。地方预算分为省、自治区、直辖市预算，设区的市、自治州预算，县、自治县、不设区的市、市辖区预算，乡、民族乡、镇预算四级。中央预算由中央各部门预算组成，包括地方向中央上解的收入数额和中央对地方返还和补助支出的数额。地方预算由本级政府各部门预算和所属的下级政府总预算组成。部门预算是反映一个部门全部收入和支出的预算，反映各部门为履行职责使用财政资金的情况。部门收入包括财政预算拨款、行政单位预算外资金、事业收入、事业单位经营收入及其他收入；部门支出包括用以上收入安排的各项支出。部门预算的编制单位除了政府组成部门和政府各直属部门外，还包括其他与财政部门直接发生缴款、拨款关系的一级预算单位。

## 三、预算管理的职权

《预算法》明确规定了国家各级权力机构、政府机关、各级财政部门以及各预算具体执行部门和单位在预算管理中的职权，这是保证预算严格依法管理的前提条件，因而是预算法的核心内容。根据宪法和有关法律，对预算管理职权作出以下规定：

### （一）各级人民代表大会的职权

1. 全国人民代表大会的职权

全国人民代表大会审查中央和地方预算草案及中央和地方预算执行情况的报告；批准中央预算和中央预算执行情况的报告；改变或者撤销全国人民代表大会常务委员会关于预算、决算的不适当的决议。

2. 县级以上地方各级人民代表大会的职权

县级以上地方各级人民代表大会审查本级总预算草案及本级总预算执行情况的报告；批准本级预算和本级预算执行情况的报告；改变或者撤销本级人民代表大会常务委员会关于预算、决算的不适当的决议；撤销本级政府关于预算、决算的不适当的决定和命令。

3. 乡、民族乡、镇的人民代表大会的职权

设立预算的乡、民族乡、镇的人民代表大会审查和批准本级预算和本级预算执行情况的报告；监督本级预算的执行；审查和批准本级预算的调整方案；审查和批准本级决算；撤销本级政府关于预算、决算的不适当的决定和命令。

### （二）各级财政部门的职权

1. 国务院财政部门的职权

国务院财政部门具体编制中央预算、决算草案；具体组织中央和地方预算的执行；提出中央预算预备费动用方案；具体编制中央预算的调整方案；定期向国务院报告中央和地方预算的执行情况。

2. 地方各级政府财政部门的职权

地方各级政府财政部门具体编制本级预算、决算草案；具体组织本级总预算的执行；提出本级预算预备费动用方案；具体编制本级预算的调整方案；定期向本级政府和上一级政府财政部门报告本级总预算的执行情况。

### （三）各部门、各单位的职权

1. 各部门的职权

各部门编制本部门预算、决算草案；组织和监督本部门预算的执行；定期向本级政府财政部门报告预算的执行情况。

2. 各单位的职权

各单位编制本单位预算、决算草案；按照国家规定上缴预算收入，安排预算支出，并接受国家有关部门的监督。

## 四、预算收入与预算支出

预算由预算收入和预算支出组成。

### （一）预算收入

预算收入包括：税收收入、依照规定应当上缴的国有资产收益、专项收入和其他收入。预算收入划分为中央预算收入、地方预算收入、中央和地方预算共享收入。

### (二)预算支出

预算支出包括:经济建设支出,教育、科学、文化、卫生、体育等事业发展支出,国家管理费用支出,国防支出,各项补贴支出和其他支出。预算支出划分为中央预算支出和地方预算支出。

## 五、预算组织程序

### (一)预算的编制

1. 预算年度

预算年度自公历1月1日起,至12月31日止。

2. 预算草案的编制依据

中央预算和地方各级政府预算,应当参考上一年预算执行情况和本年度收支预测进行编制。中央预算和地方各级政府预算按照复式预算编制。复式预算的编制办法和实施步骤,由国务院规定。中央政府公共预算不列赤字。

地方各级预算按照量入为出、收支平衡的原则编制,不列赤字。各级预算收入的编制,应当与国民生产总值的增长率相适应。按照规定必须列入预算的收入,不得隐瞒、少列,也不得将上年的非正常收入作为编制预算收入的依据。国务院应当及时下达关于编制下一年预算草案的指示。各级政府编制年度预算草案的依据为:

(1)法律、法规。

(2)国民经济和社会发展计划、财政中长期计划以及有关的财政经济政策。

(3)本级政府的预算管理职权和财政管理体制确定的预算收支范围。

(4)上一年度预算执行情况和本年度预算收支变化因素。

(5)上级政府对编制本年度预算草案的指示和要求。

各部门、各单位编制年度预算草案的依据为:

(1)法律、法规。

(2)本级政府的指示和要求以及本级政府财政部门的部署。

(3)本部门、本单位的职责、任务和事业发展计划。

(4)本部门、本单位的定员定额标准。

(5)本部门、本单位上一年度预算执行情况和本年度预算收支变化因素。

3. 预算草案的编制内容

中央预算的编制内容为:

(1) 本级预算收入和支出。

(2) 上一年度结余用于本年度安排的支出。

(3) 返还或者补助地方的支出。

(4) 地方上解的收入。

中央财政本年度举借的国内外债务和还本付息数额应当在本级预算中单独列示。

地方各级政府预算的编制内容为:

(1) 本级预算收入和支出。

(2) 上一年度结余用于本年度安排的支出。

(3) 上级返还或者补助的收入。

(4) 返还或者补助下级的支出。

(5) 上解上级的支出。

(6) 下级上解的收入。

### (二) 预算的审批

中央预算由全国人民代表大会审查和批准。地方各级政府预算由本级人民代表大会审查和批准。

### (三) 预算的执行

各级预算由本级政府组织执行，具体工作由本级政府财政部门负责。预算年度开始后，各级政府预算草案在本级人民代表大会批准前，本级政府可以先按照上一年同期的预算支出数额安排支出；预算经本级人民代表大会批准后，按照批准的预算执行。

### (四) 预算的调整

预算调整是指经全国人民代表大会批准的中央预算和经地方各级人民代表大会批准的本级预算，在执行中因特殊情况需要增加支出或者减少收入，使原批准的收支平衡的预算的总支出超过总收入，或者使原批准的预算中举借债务的数额增加的部分变更。各级政府对于必须进行的预算调整，应当编制预算调整方案。中央预算的调整方案必须提请全国人民代表大会常务委员会审查和批准。县级以上地方各级政府预算的调整方案必须提请本级人民代表大会常务委员会审查和批准；乡、民族乡、镇政府预算的调整方案必须提请本级人民代表大会审查和批准。未经批准，不得调整预算。未经批准调整预算，各级政府不得作出任何使原批准的收支平衡的预算的总支出超过总收入或者使原批准的预算中举借债务的数额增加的决定。

## 六、决　算

决算草案由各级政府、各部门、各单位在每一预算年度终了后按照国务院规定的时间编制。各部门对所属各单位的决算草案，应当审核并汇总编制本部门的决算草案，在规定的期限内报本级政府财政部门审核。各级政府财政部门对本级各部门决算草案审核后发现有不符合法律、行政法规规定的，有权予以纠正。

国务院财政部门编制中央决算草案，报国务院审定后，由国务院提请全国人民代表大会常务委员会审查和批准。县级以上地方各级政府财政部门编制本级决算草案，报本级政府审定后，由本级政府提请本级人民代表大会常务委员会审查和批准。乡、民族乡、镇政府编制本级决算草案，提请本级人民代表大会审查和批准。

## 七、预决算的监督

全国人民代表大会及其常务委员会对中央和地方预算、决算进行监督。县级以上地方各级人民代表大会及其常务委员会对本级和下级政府预算、决算进行监督。乡、民族乡、镇人民代表大会对本级预算、决算进行监督。

**【案例4-1】**某市直单位按照要求编制本单位预算，报本级财政部门审批后，在预算执行过程中发现需增加一项预算支出，经本级财政部门同意，进行了预算调整。年终，该单位对所属各单位的决算草案进行审核并汇总编制本部门的决算草案，在规定的期限内报本级政府财政部门审核。财政部门对该单位决算草案审核后发现有不符合法律、行政法规规定的，予以纠正。分析：以上说法有哪些不正确，请指出。

**【案例评析】**单位预算应当由本级人民代表大会审查和批准，预算调整应当提请本级人民代表大会常务委员会审查和批准，其余说法正确。

# 第二节　政府采购法律制度

## 一、政府采购法律制度的构成

政府采购制度是为规范政府采购行为而制定的一系列规则、法律、规章和办法的总称。从政府采购产生起，各国就制定了相应的政府采购制度对它进行规范和约束。随着政府采购实践的发展，政府采购制度的内容变得越来越丰富和全面。一般来说，政府采购制度的基本内容包括：

### （一）政府采购法规

政府采购法规主要表现为各国分别制定的适合本国国情的《政府采购法》。该项法规主要包括总则、招标、决议、异议及申诉、履约管理、验收、处罚等内容。

### （二）政府采购政策

政府采购政策即有关政府采购的目的，采购权限的划分，采购调控目标的确立，政府采购的范围、程序、原则、方式方法、信息披露等方面的规定。

### （三）政府采购程序

政府采购程序即有关购买商品或服务的政府单位采购计划拟订、审批，采购合同订立，价款确定，履约时间、地点、方式和违约责任等方面的规定。

### （四）政府采购管理

政府采购管理即有关政府采购管理的原则、方式，管理机构、审查机构与仲裁机构的设置，争议与纠纷的协调与解决等方面的规定。

## 二、政府采购的概念

《政府采购法》定义，政府采购是以公开招标、投标为主要方式选择供应商，从国内外市场为政府部门或所属团体购买商品或劳务的一种制度。它具有公开性、公正性和竞争性的特征，而公开竞争是政府采购制度的基石。只要政府有效地利用商业竞争机制，就能从市场上买到性能最佳和价格低廉的商品或劳务，就能节省费用，使公民缴纳的税收和财政支出产生更大的效益。

### （一）政府采购的主体范围

政府采购的主体范围是指政府采购法律规范的进行采购活动的社会主体。我国《政府采购法》规定，政府采购的主体主要是指国家机关、事业单位、社会团体。国家机关是指各级常务机关、政府机关、人大机关、政协机关等；事业单位指依法设立的履行公共事业发展职能的机构和单位，如学校医院、科研机构等；社会团体是指依法设立的由财政供养的从事公共社会活动的团体组织，如企业联合会、有关行业协会、民主党派等。

### （二）政府采购的资金范围

采购资金的性质是确定采购行为是属于政府采购制度规范范围的重要依据。在正式颁布的《政府采购法》中明确规定，政府采购资金为“财政性资金”。政府采购法律的这种规定，既体现了我国政府采购制度的特点，也反映了我国公共资金管理的特点。按照财政部的现行规定，财政性资金是指预算内资金、预算外资金以及与财政资金相配套的单位自筹资金的总和。预算资金是指财政预算安排的资金，包括预算执行中追加的资金；预算外资金是指按规定缴入财政专户和经财政部门批准留用的未纳入财政预算收入管理的财政性资金；单位自筹资金是指采购机关按照政府采购项目要求，按规定用单位自有资金安排的资金。

### （三）政府集中采购目录和政府采购限额标准

《政府采购法》明确规定，政府采购实行集中采购与分散采购相结合，即对一些政府认为必须集中采购的产品和服务以及一次性采购数额较大的采购，实行集中采购。对于未列入采购目录、一次性采购数额在限额标准以下的采购采取分散采购的方式。

对于政府采购集中和分散范围的处理，各国通常有两种方式：

一是实行集中采购目录制，即由政府采购管理部门来确定政府各部门、事业单位和社会团体采购的相关品目，如汽车、电脑、传真设备等，凡是被纳入该项目的品目，不管采购的金额有多大，都必须实行集中统一采购，并由政府采购监督管理部门统一组织和协调。

二是实行政府采购限额标准制度，即规定政府各相关单位的一次性采购金额超过多少数额以上的，必须实行统一集中采购。这种制度被不少国家和组织采用，如美国规定，凡采购金额在 2 500 美元以下的，属于小额采购；2 500 美元到 25 000 美元之间的，实行询价采购；25 000 美元以上的，实行公开竞争采购。

《政府采购法》所称的政府采购，是指各级国家机关、事业单位和团体组织，使用财政性资金采购依法制定的集中采购目录以内的或者采购限额标准以上的货物、工程和服务的行为。集中采购的范围由省级以上人民政府公布的集中采购目录确定。

### （四）政府采购的对象范围

为了满足实现社会公共职能的需要，政府及其相关部门需要进行各种各样的采购。政府采购所涉及的对象包罗万象，既有有形的，也有无形的，既有物品、工程，也有技术，非常庞杂。为了便于管理和统计，国际上通行的做法是按其性质将采购内容分为三大类：货物、工程和服务。货物是政府为发挥职能所采购的最常见的对象。我国《政府采购法》对货物的定义是：货物，是指各种形态和种类的物品，包括原材料、燃料、设备、产品等。工程是指在地面上下新建、改建、修建、拆除、修缮或翻新构造物与其所属设备及改造自然环境的行为，包括建造房屋、兴修水利、改造环境和交通设施、铺设下水道等建筑项目。

## 三、政府采购的原则

政府采购的原则是指在建立政府制度、颁布政府采购法律法规、实施政府采购活动以及管理政府采购事务中所遵循的基本指导思想。综观各国的政府采购实践，结合现阶段我国的基本国情，政府采购应该遵循的基本原则主要有以下几个方面：公开透明原则、公平竞争原则、公正原则和诚实信用原则。

### （一）公开透明原则

公开透明原则是指有关采购的法律、主体程序和采购活动对社会公开，所有相关信息都必须公之于众。在政府采购中贯彻这一原则使政府采购体制透明化，有助于提高政府采购的效率，减少和消除“暗箱操作”给国家和公民利益带来的损害，使得政府公共支出渠道更加通畅透明。在具体的实践中，我国政府采购的公开原则主要从三个方面得以体现：一是公开的内容，即公开政府采购的法律、法规、行政规章和政策，公开政府采购的项目、条件、过程和开标结果；二是公开的标准，即全面、合法、及时以及以容易理解和容易获得的方式公布政府采购的信息；三是公开的途径，即通过报纸、杂志、广播、电视、互联网等媒介公开，在我国，财政部规定了发布政府采购信息的三个官方途径：《中国财经报》、《中国政府采购》杂志和中国政府采购网。

### （二）公平竞争原则

主要从竞争性原则和公平性原则两方面分别进行考察。政府采购的目标之一就是提高政府采购的效率，在市场经济条件下，实现这个目标的重要途径就是引入竞争机制，即最大限度地利用供应商之间的激烈竞争。政府采购的竞争原则主要是通过招标广告或竞争邀请来实现的。政府采购的公平性原则主要有两方面的内容：一是机会均等；二是待遇平等。机会均等是指政府采购应允许所有有权参加投标的供应商、承包商、服务提供者参与竞争；待遇平等是指政府采购应对所有的参加者一视同仁，给予其同等的待遇。公平性原则是实现采购目标的重要保证。

### （三）公正原则

公正原则主要是指采购人应按照事先公布的原则对待所有的供应商，不偏袒和歧视任何供应商，不滥用手中的权力。

### （四）诚实信用原则

在政府采购中坚持诚信原则，从政府的角度来讲，可以减少交易费用，减少腐败行为的发生，提高政府采购的效率；对于政府采购的供应商来说，可以给企业以必要的约束。诚实信用原则约束的是政府采购活动中的各方当事人，一方面，要求采购主体在项目发标、信息公布、评标评审过程中要真实，不得有所隐瞒；另一方面，需要供应商在提供物品、服务时达到投标时所作出的承诺，对采购活动要有负责的意识。

## 四、政府采购的功能

政府采购是财政支出的一项重要内容，它理所当然具有重要的财政意义；政府采购又是政府的一种经济行为，会对一国的经济和政治产生一定的影响；政府采购还在跨国的经济交往中发挥重要作用。归纳起来，政府采购的功能如下：从财政角度看，政府采购具有节约财政支出、提高采购资金的使用效益的功能；从政府角度看，政府采购具有强化宏观调控的功能；从经济角度看，政府采购具有活跃市场经济的功能；从政治角度看，政府采购具有推进反腐倡廉的功能；从国际贸易角度看，政府采购具有保护民族产业的功能。

### （一）节约财政支出，提高采购资金的使用效益

推行政府采购的初衷就是为了加强财政支出管理，因此，节约财政支出是政府采购的基本功能，它源自于其制度本身固有的利益激励约束机制。节约财政支出主要表现在两个方面：一是从投入的财政资金的量上看，政府采购可以适当节约资金；二是从采购的对象上看，政府采购可以提高财政资金的使用效益。

### （二）强化宏观调控

财政政策和货币政策是政府实现宏观调控的两大传统政策工具。财政政策寓于财政收支之中，相应地，财政政策也分为财政收入政策和财政支出政策。政府采购是财政支出的重要组成部分，是实现财政支出政策的重要工具。政府在政府采购市场中处于有利地位，可以通过调整采购规模、采购时间、采购项目、采购规则等方式来实现特定的宏观调控目标。

### （三）活跃市场经济

政府采购必须遵循公开、公平、公正的原则，在竞标过程中执行严密、透明的“优胜劣汰”机制，所有这些都会调动供应商参与政府采购的积极性，能够促使供应商不断提高产品质量降低生产成本或改善售后服务，使自己能够赢得政府的订单。由于供应商是市场中最活跃的因素，所以供应商竞争能力的提高又能够带动整个国内市场经济的繁荣。从国际竞争的角度看，政府采购有助于供应商迈出国门、走向国际市场，有助于提高我国产品在国际市场上的竞争能力，早日进入国际政府采购市场。总之，政府采购制度的引入，使得整个市场经济更加活跃，产生了较好的“鲶鱼效应”。

### （四）推进反腐倡廉

政府采购作为一项制度安排可以从两方面推进政府的反腐倡廉工作。首先，政府采购内在的监督约束机制，可以促进反腐倡廉；其次，在实践过程中，实行政府采购制度的国家都建立了一整套外在的监督机制，最大限度地增加政府采购的透明度，做到尽可能地避免腐败现象发生。

### （五）保护民族产业

政府采购是世界各国普遍采取的保护国内产业的有效手段。政府采购制度在引入竞争机制的同时，实行“国货优先”的原则，可以有效保护和扶持民族产业。

政府采购的五大功能有内在的联系：市场经济给政府采购节支，政府采购给市场经济活力；推进反腐倡廉功能是节约财政支出这一经济功能在政治上的升华；保护民族产业的功能从某种程序上也可以看成是强化宏观调控功能的一个分支。但也应该看到，五大功能之间也存在着一定的矛盾，强化宏观调控、保护民族产业与节约财政支出之间有时难以做到协调一致。对此我们只能在矛盾中寻求平衡，争取使政府采购的五大功能发挥到最佳水平。

## 五、政府采购的执行模式

按组织模式，可将采购方式分为集中采购和分散采购。集中采购是把完成所有采购和采购相关职能的权利和责任都赋予一个由采购首长控制的中央组织单位；分散采购是将采购职能颁布在整个组织内，由各个部门分别实现政府采购职能。实际上，没有100%的集中采购或分散采购，一个组织究竟在多大程度上实现集中采购和分散采购是根据采购实体的目标、文化、资源和管理需求而定的。

## 六、政府采购当事人

政府采购当事人是指在政府采购中享有权利和承担义务的各类主体，包括采购人、供应商和采购代理机构。采购人是指依法进行政府采购的国家机关、事业单位和团体组织。采购代理机构是指集中采购机构，是非营利事业法人，根据采购人的委托办理采购事宜。采购人采购纳入集中采购目录的采购项目必须委托集中采购机构代理；未纳入集中采购目录的采购项目可以自行采购，也可以委托集中采购机构在委托范围内代理采购。供应商是指向采购人提供货物、工程和服务的法人、其他组织或者自然人，供应商参加政府采购活动应当具备《政府采购法》规定的各项条件。

## 七、政府采购方式

为了规范政府采购当事人的采购行为，维护社会公共利益和政府采购招标投标活动当事人的合法权益，《政府采购法》规定政府采购的主要方式有公开招标、邀请招标、竞争性谈判、单一来源、询价。规范的政府采购要按一定程序进行。采购方式不同，其采购程序也不一样，适用的范围也不一样。

### （一）公开招标采购

公开招标采购是政府采购广泛适用的一种方式，即采购方根据已经确定的采购需求，提出招标采购项目条件，邀请所有有兴趣的供应商参与投标，最后由招标人通过对各投标人提出的价格、质量、交货期限、该投标人的技术水平、财务状况等因素进行综合比较，确定其中最佳的投标人为中标，并与其最终签订合同。公开招标采购适用于所采购产品具有竞争性，能向所有供应商提供公平机会的采购。其采购程序为招标—投标—开标—评标—决标—授予合同。

### （二）邀请招标采购

邀请招标采购也是一种使用较普遍的政府采购方式，是指由采购人根据供应商或承包商的资信和业绩，选择一定数目的法人或其他组织，一般不能少于三家，向其发出招标邀请书，邀请他们参与投标竞争，从中选定中标的供应商。邀请招标采购带有局限性，不利于充分竞争，一般情况下都限制邀请招标的使用，同时严格规定其适用条件，只有采购复杂的采购项目时才允许使用。邀请招标的适用范围是政府采购的货物和服务项目，不包括工程项目。

### （三）竞争性谈判采购

竞争性谈判采购是指采购方通过与多家供应商进行谈判，最后从中确定中标商的一种采购方式。采购中的谈判是指采购和销售双方就交易的条件达成一项双方都满意的协议的过程。竞争性谈判采购由于不能最有效地促进竞争、节约费用和实现高效率，因此《政府采购法》规定了其适用条件：（1）招标后没有供应商投标，或者没有合格标的，或者重新招标未能成立的；（2）技术复杂或者性质特殊，不能确定详细规格或者具体要求的；（3）采用招标所需的时间不能满足用户紧急需要的；（4）不能事先计算出价格总额的。竞争性谈判采购的程序：成立谈判小组—制作谈判文件—确定邀请参加谈判的供应商名单—谈判—确定成交供应商。

### （四）单一来源采购

单一来源采购也称直接采购，是指采购方向供应商直接购买的采购方式。《政府采购法》规定了其适用条件：（1）只能从唯一的供应商处采购的；（2）发生了不可预见的紧急情况，不能从其他供应商处采购的；（3）必须保证原有采购项目一致性或服务配套的要求，需要继续从原供应商处添购，且添购资金总额不超过原合同采购金额10%的。单一来源采购的程序：确定采购需求—预测采购风险—确定单一来源采购方式—资格审查—执行采购方式—签订采购合同—履行采购合同—验收—结算—效益评估。

### （五）询价采购

询价采购是指采购单位向国内外有关供应商（通常不少于三家）发出询价单，然后对供应商提供的报价进行比较，并确定中标供应商，以确保价格具有竞争性的采购方式。《政府采购法》规定：采购的货物规格、标准统一，现货货源充足，且价格变化幅度小的政府采购项目，可以采用询价采购方式。询价采购的程序：成立询价小组—确定被询价的供应商名单—发出询价单—评价比较—签订合同—履行采购。

## 八、政府采购的监督检查

各级财政部门是负责政府采购的监督管理部门，依法履行对政府采购活动的监督管理职责。各级人民政府和其他有关部门依法履行与政府采购活动有关的监督管理职责。政府采购监督管理部门不得设置集中采购机构，不得参与政府采购项目的采购活动。监督检查的主要内容是：有关政府采购的法律、行政法规和规章的执行情况；采购范围、采购方式和采购程序的执行情况；政府采购人员的职业素质和专业技能。

**【案例4-2】**某一单位准备新建一幢办公大楼，为节省时间和缩短工期，决定采用邀请招标采购方式。有一供应商未中标，怀疑招标采购程序不合法，立即向当级人民代表大会举报。请指出以上说法有哪些不正确。

**【案例评析】**工程采购不得采用邀请招标采购方式，财政部门是负责政府采购的监督管理部门。

# 第三节 国库集中收付制度

2001年，我国开始了中央财政国库管理制度改革试点，要求中央试点单位的财政性资金通过国库单一账户体系存储、支付和清算，国库单一账户制度是国外普遍采用的一种有效的政府财政资金管理制度。这里所指的财政性资金包括财政预算内资金、纳入财政预算管理的政府性基金、纳入财政专户管理的预算外资金和其他财政性资金。

## 一、国库集中收付制度

国库集中收付，是指以国库单一账户体系为基础，将所有财政性资金都纳入国库单一账户体系管理，收入直接缴入国库和财政专户，支出通过国库单一账户体系支付到商品和劳务供应者或用款单位的一项国库管理制度。实行国库集中收付制度，改革以往财政性资金主要通过征收机关和预算单位设立多重账户分散进行缴库和拨付的方式，有利于财政性资金按规定程序在国库单一账户体系内规范运作，有利于收入缴库和支出拨付过程的有效监管，有利于预算单位用款及时和便利，解决了财政性资金截留、挤占、挪用等问题。

## 二、国库单一账户体系

国库单一账户体系是指在财政国库管理制度改革中设立的政府资金管理的银行账户体系，主要包括财政部门在中国人民银行开设的国库单一账户、财政部门在商业银行开设的用于财政直接支付的零余额账户、财政部门在商业银行为预算单位开设的零余额账户、用于核算预算外资金的财政专户以及用于核算特殊性质资金的特设专户等。

### （一）财政部门开设的银行账户

主要有：

1. 在中国人民银行开设的国库单一账户

该账户为国库存款账户，用于记录、核算和反映纳入预算管理的财政收入和支出活动，并用于与财政部门在商业银行开设的零余额账户进行清算，实现支付。该账户按收入和支出设置分类账，收入账按预算科目进行明细核算，支出账按资金使用性质设立分账册。

2. 在商业银行开设的零余额账户

该账户用于财政直接支付和国库单一账户支出清算。

3. 在商业银行开设的预算外资金专户

该账户用于记录、核算和反映预算外资金的收入和支出活动，并用于预算外资金收支清算。该账户按收入和支出设置分类账。

### （二）财政部门为预算单位开设的银行账户

主要是在商业银行开设零余额账户，该账户用于财政授权支付和清算。

### （三）特设账户

该账户是经国务院和省级人民政府批准或授权财政部门开设的特殊过渡性专户。该账户用于记录、核算和反映预算单位的特殊专项支出活动，并用于与国库单一账户清算。特设专户在按规定申请设置了特设专户的预算单位使用。

## 三、财政收入收缴方式和程序

### （一）收缴方式

财政收入的收缴分为直接缴库和集中汇缴两种方式。

1. 直接缴库

直接缴库是指由缴款单位或缴款人按有关法律法规的规定，直接将应缴收入缴入国库单一账户或预算外资金财政专户。

2. 集中汇缴

集中汇缴是指由征收机关（有关法定单位）按有关法律规定，将所收的应缴收入汇总缴入国库单一账户或预算外资金财政专户。

### （二）收缴程序

1. 直接缴库程序

直接缴库的税收收入，由纳税人或税务代理人提出纳税申报，经征收机关审核无误后，由纳税人通过开户银行将税款缴入国库单一账户。直接缴库的其他收入，比照上述程序缴入国库单一账户或预算外资金财政专户。

2. 集中汇缴程序

小额零散税收和法律另有规定的应缴收入，由征收机关于收缴收入的当日汇总缴入国库单一账户。非税收入中的现金缴款，比照本程序缴入国库单一账户或预算外资金财政专户。

## 四、财政支出支付方式和程序

按照国库管理办法的规定，财政支出总体上分为购买性支出和转移性支出。根据支付管理的需要，具体分为：工资支出，即预算单位的工资性支出；购买支出，即预算单位除工资支出、零星支出之外购买服务、货物、工程项目等的支出；零星支出，即预算单位购买支出中的日常小额部分，除《政府采购品目分类表》所列品目以外的支出，或虽列入《政府采购品目分类表》所列品目，但未达到规定数额的支出；转移支出，即拨付给预算单位或下级财政部门，未指明具体用途的支出，包括拨付企业补贴和未指明具体用途的资金、中央对地方的一般性转移支付等。

## （一）支付方式

财政性资金的支付方式实行财政直接支付和财政授权支付两种方式。

1. 财政直接支付

财政直接支付是指由财政部门向中国人民银行和代理银行签发支付指令，代理银行根据支付指令通过国库单一账户体系将资金直接支付到收款人（即商品或劳务的供应商等，下同）或用款单位（即具体申请和使用财政性资金的预算单位，下同）账户。

2. 财政授权支付

财政授权支付是指预算单位按照财政部门的授权，自行向代理银行签发支付指令，代理银行根据支付指令，在财政部门批准的预算单位的用款额度内，通过国库单一账户体系将资金支付到收款人账户。

## （二）支付程序

1. 财政直接支付程序

预算单位实行财政直接支付的财政性资金包括工资支出、工程采购支出、物品和服务采购支出。财政直接支付的申请由一级预算单位汇总，填写“财政直接支付汇总申请书”，报财政部门国库支付执行机构。

财政部门国库支付执行机构审核一级预算单位提出的支付申请无误后，开具“财政直接支付汇总清算额度通知单”和“财政直接支付凭证”，经财政部门国库管理机构加盖印章签发后，分别送中国人民银行和代理银行。代理银行根据“财政直接支付凭证”及时将资金直接支付给收款人或用款单位。代理银行依据财政部门国库支付执行机构的支付指令，将当日实际支付的资金，按一级预算单位分预算科目汇总，附实际支付清单与国库单一账户进行资金清算。代理银行根据“财政直接支付凭证”办理支出后，开具“财政直接支付入账通知书”发一级预算单位和基层预算单位。“财政直接支付入账通知书”作为一级预算单位和基层预算单位收到或付出款项的凭证。一级预算单位下设二级或多级预算单位的，由一级预算单位负责向二级或多级预算单位提供收到和付出款项的凭证。预算单位根据收到的支付凭证做好相应会计核算。

2. 财政授权支付程序

财政授权支付程序适用于未纳入工资支出、工程采购支出、物品和服务采购支出管理的购买支出和零星支出。包括单件物品或单项服务购买额不足 10 万元人民币的购买支出；年度财政投资不足 50 万元人民币的工程采购支出；特别紧急的支出和经财政部门批准的其他支出。

财政部门根据批准的一级预算单位用款计划中月度授权支付额度，每月25日前以“财政授权支付汇总清算额度通知单”、“财政授权支付额度通知单”的形式分别通知中国人民银行、代理银行。

代理银行在收到财政部门下达的“财政授权支付额度通知单”时，向相关预算单位发出“财政授权支付额度到账通知书”。

基层预算单位凭据“财政授权支付额度到账通知书”所确定的额度支用资金；代理银行凭据“财政授权支付额度通知单”受理预算单位财政授权支付业务，控制预算单位的支付金额，并与国库单一账户进行资金清算。

预算单位支用授权额度时，填制财政部门统一制定的“财政授权支付凭证”送代理银行，代理银行根据“财政授权支付凭证”，通过零余额账户办理资金支付。

**【案例4－3】**甲事业单位为财政全额拨款的事业单位（以下简称甲单位），自2004年起，实行国库集中支付和政府采购制度。经财政部门核准，甲单位的工资支出、10万元以上的物品和服务采购支出实行财政支付方式，10万元以下的物品和服务采购支出以及日常零星支出实行财政授权支付方式。

（1）甲单位按规定的政府采购程序与A供货商签订一项购货合同，购买一台设备，合同金额55万元。合同约定，所购设备由A供货商于5天内交付，设备价款在交付验货后由甲单位向财政申请直接支付。

（2）甲单位收到所购计算机，并收到B供货商转来的购货发票9万元。甲单位验货后，向代理银行开具了支付令，通知代理银行支付B供货商货款。

（3）甲单位报销差旅费4.8万元，并用现金1 000元购买一批随买随用的办公用品。

分析：甲单位对各事项的做法是否正确？如不正确，说明正确的做法。

**【案例评析】**以上做法均正确。

## 本章小结

国家预算是政府的财政收支计划，是政府集中和分配资金、调节社会经济生活的主要财政机制，是国家的重要立法文件。我国的国家预算由中央预算和地方预算组成。地方预算分为省、自治区、直辖市，设区的市、自治州，县、自治县、不设区的市、市辖区，乡、民族乡、镇四级。《预算法》明确规定了国家各级权力机构、政府机关、各级财政部门以及各预算具体执行部门和单位在预算管理中的职权。预算包括预算的编制、审批、执行和调整等组织程序。

政府采购是以公开招标、投标为主要方式选择供应商，从国内外市场为政府部门或所属团体购买商品或劳务的一种制度。政府采购应该遵循公开透明原则、公平竞争原则、公正原则和诚实信用原则四个基本原则。政府采购的主要方式有公开招标、邀请招标、竞争性谈判、单一来源和询价。

国库集中收付，是指以国库单一账户体系为基础，将所有财政性资金都纳入国库单一账户体系管理，收入直接缴入国库和财政专户，支出通过国库单一账户体系支付到商品和劳务供应者或用款单位的一项国库管理制度。国库单一账户体系主要包括财政部门在中国人民银行开设的国库单一账户、财政部门为预算单位开设的银行账户和特设专户等。财政收入的收缴分为直接缴库和集中汇缴两种方式。财政性资金的支付方式实行财政直接支付和财政授权支付两种方式。

## 练习题

**一、单项选择题**

1. 我国国家预算的级次是按照一级政权设立一级预算的原则设立的。我国共有(　　)级预算。

A. 二　　B. 三

C. 四　　D. 五

2. 设立预算的乡、民族乡、镇的(　　)审查和批准本级预算和本级预算执行情况的报告。

A. 人民代表大会常务委员会　　B. 人民代表大会

C. 政府　　D. 财政部门

3. (　　)应当在中央本级预算中单独列示。

A. 上一年度结余用于本年度安排的支出

B. 返还或者补助地方的支出

C. 中央财政本年度举借的国内外债务和还本付息数额

D. 地方上解的收入

4. 采购人应按照事先公布的原则对待所有的供应商，不偏袒和歧视任何供应商，不滥用手中的权力是政府采购中的(　　)。

A. 公开透明原则　　B. 公平竞争原则

C. 公正原则　　D. 诚实信用原则

5. 各级(　　)是负责政府采购的监督管理部门，依法履行对政府采购活动的监督管理职责。

A. 人民代表大会常务委员会　　B. 人民代表大会

C. 政府　　D. 财政部门

6.(　　)用于记录、核算和反映纳入预算管理的财政收入和支出活动，并用于与财政部门在商业银行开设的零余额账户进行清算，实现支付。

A. 国库单一账户　　B. 零余额账户

C. 预算外资金专户　　D. 特设账户

7. 代理银行凭据(　　)受理预算单位财政授权支付业务，控制预算单位的支付金额，并与国库单一账户进行资金清算。

A. 财政授权支付凭证　　B. 财政授权支付额度通知单

C. 财政直接支付入账通知书　　D. 财政直接支付汇总清算额度通知单

8. 预算单位实行财政直接支付的财政性资金不包括(　　)。

A. 工资支出　　B. 工程采购支出

C. 服务采购支出　　D. 零星支出

9. 预算收入不包括(　　)。

A. 税收收入　　B. 依照规定应当上缴的国有资产收益

C. 专项收入　　D. 经济建设收入

10.《预算法》规定各单位的职权不包括(　　)。

A. 编制本单位预算、决算草案

B. 根据需要调整本单位预算

C. 接受国家有关部门的监督

D. 按照国家规定上缴预算收入，安排预算支出

**二、多项选择题**

1.《预算法》规定全国人民代表大会的职权有(　　)。

A. 审查中央和地方预算草案

B. 批准中央预算和中央预算执行情况的报告

C. 改变或者撤销全国人民代表大会常务委员会关于预算、决算的不适当的决议

D. 审查中央和地方预算执行情况的报告

2. 各级政府编制年度预算草案的依据有（　　）。

A. 法律、法规

B. 国民经济和社会发展计划、财政中长期计划以及有关的财政经济政策

C. 本级政府的预算管理职权和财政管理体制确定的预算收支范围

D. 上一年度预算执行情况和本年度预算收支变化因素

3. 以下关于预算调整的说法正确的有(　　)。

A. 中央预算的调整方案必须提请全国人民代表大会常务委员会审查和批准

B. 县级以上地方各级政府预算的调整方案必须提请本级人民代表大会常务委员会审查和

批准

C. 乡、民族乡、镇政府预算的调整方案必须提请本级人民代表大会常务委员会审查和批准

D. 乡、民族乡、镇政府预算的调整方案必须提请本级人民代表大会审查和批准

4. 地方各级政府预算的编制内容包括(　　)。

A. 本级预算收入和支出

B. 上一年度结余用于本年度安排的支出

C. 上级返还或者补助的收入

D. 返还或者补助下级的支出

5. 政府采购制度的基本内容包括(　　)。

A. 政府采购法规　　B. 政府采购政策

C. 政府采购程序　　D. 政府采购管理

6. 政府采购的原则包括(　　)。

A. 公开透明原则　　B. 公平竞争原则

C. 公正原则　　D. 诚实信用原则

7. 政府采购方式包括(　　)。

A. 公开招标采购　　B. 邀请招标采购

C. 竞争性谈判采购　　D. 询价采购

8. 国库单一账户体系的构成为(　　)。

A. 财政部门开设的银行账户

B. 财政部门为预算单位开设的银行账户

C. 特设专户

D. 支出账户

9. 按照国库管理办法的规定，财政支出根据支付管理需要，具体分为(　　)。

A. 工资支出　　B. 购买支出

C. 零星支出　　D. 转移支出

10. 财政收入的收缴方式有(　　)。

A. 直接缴库　　B. 集中汇缴

C. 财政直接支付　　D. 财政授权支付

**三、判断题**

1. 国家预算按照收支管理范围，分为总预算和部门（或单位）预算两类。　（　　）

2. 不具备设立预算条件的乡、民族乡、镇，经省、自治区、直辖市政府确定，可以暂不设立预算。　（　　）

3. 中央预算的调整方案必须提请全国人民代表大会审查和批准。　（　　）

4. 全国人民代表大会对中央和地方预算、决算进行监督。　（　　）

5. 我国《政府采购法》规定，政府采购的主体主要是指国家机关、事业单位、社会团体

和国有企业。 （ ）

6. 政府采购应允许所有有权参加投标的供应商、承包商、服务提供者参与竞争；待遇平等是指政府采购应对所有的参加者一视同仁，给予其同等的待遇，体现政府采购的公正原则。 （ ）

7. 邀请招标的适用范围是政府采购的货物和服务项目，不包括工程项目。 （ ）

8. 财政授权支付程序适用于未纳入工资支出、工程采购支出、物品和服务采购支出管理的购买支出和零星支出。 （ ）

9. 按照国库管理办法的规定，财政支出总体上分为购买性支出和转移性支出。 （ ）

10. 财政授权支付是指预算单位按照财政部门的授权，自行向代理银行签发支付指令，要求代理银行将其指定用款通过国库单一账户体系将资金支付到收款人账户。 （ ）

**四、简答题**

1. 国家预算分几个级次？
2. 国家预算如何调整？
3. 政府采购有哪些作用？
4. 政府采购有哪几种方式？
5. 财政收缴方式和程序各有几种？
6. 财政支出方式有哪几种？

**五、案例分析题**

1. 某单位采购一批网络设备，在中标通知书发出后，由于发现部分供应商和采购单位经办人存在不规范的行为，政府采购监管部门及时进行了核查，对相关当事人处以罚款，并作出了采购程序合规、维护中标结果的处理意见。但该单位以所购设备已有替代品，计划取消为由拒绝与中标供应商签订采购合同。中标供应商向监管部门投诉，要求采购人赔偿损失。后经政府采购监管部门、采购人主管单位协调，该单位已在限期内与中标供应商签订了采购合同。

分析：其行为是否符合《政府采购法》的规定，应如何处理。

2. 某一市直事业单位因为开拓业务需要，决定在原办公楼旁新建一栋附属楼，由于时间紧急，决定自行组织进行邀请招标采购。一供应商因未中标，向当地市人民代表大会常务委员会举报，检举其采购程序不符合《政府采购法》。

分析：该案例中各事项的做法是否正确？如不正确，说明正确的做法。

# 第五章　会计职业道德

本章学习目的

通过本章的学习，使会计人员了解会计职业道德的概念和功能；掌握会计职业道德规范的主要内容；认识会计职业道德和会计法律制度的联系与区别；了解会计职业道德教育与修养，熟悉会计职业道德建设组织与实施的途径。

## 第一节　会计职业道德概述

### 一、职业道德的概念及主要内容

#### （一）职业道德的概念

道德是一种社会意识形态，是由一定的社会经济基础决定并形成的，以美与丑、善与恶、是与非、正义与邪恶、公正与偏激、诚实与虚伪等范畴为评价标准，以法律为保障，依靠社会舆论、传统习俗和内心信念的约束力量实现调整人与人之间、个人与社会之间关系的行为准则和规范的总和。

职业道德的概念有广义和狭义之分。广义的职业道德是指从业人员在职业活动中应该遵循的行为准则，涵盖了从业人员与服务对象、职业与职工、职业与职业之间的关系。狭义的职业道德是指在一定职业活动中应遵循的、体现一定职业特征的、调整一定职业关系的职业行为准则和规范。职业道德的基本要求是忠于职守。注册会计师的职业道德是独立、客观、公正。

#### （二）职业道德的主要内容

我国《公民道德建设实施纲要》提出了职业道德的主要内容：爱岗敬业、

诚实守信、办事公道、服务群众、奉献社会。职业道德是道德在职业实践活动中的具体体现。

1. 爱岗敬业

爱岗敬业是职业道德的基础，是社会主义职业道德所倡导的首要规范。人们之间只有社会分工不同，而无贵贱之分。爱岗就是热爱自己的工作岗位，热爱自己从事的职业，忠于自己的职业，对本职工作尽心尽力。敬业是爱岗的升华，就是以恭敬、严肃、负责的态度对待自己的职业，对本职工作一丝不苟，兢兢业业，专心致志。爱岗敬业，就是要热爱自己的工作，对从事的工作有荣誉感、幸福感，对自己的工作认真负责，刻苦勤奋，精益求精，为实现职业上的奋斗目标而努力。

2. 诚实守信

诚实守信是做人的基本准则，也是职业道德的精髓。诚实就是真心诚意，忠诚老实，实事求是，不虚假，不欺诈，不歪曲，不讲假话；守信就是遵守承诺，讲究信用，说话算数，注重质量和信誉，履行自己应承担的任务。

3. 办事公道

办事公道是指处理各种职业事务要客观公正、恰如其分、不偏不倚、公平公开，不管对什么人都按照统一标准统一原则执行。办事公道就是要求人们对不同的服务对象一视同仁、秉公办事，不因职位高低、贫富亲疏的差别而区别对待。

4. 服务群众

服务群众就是为人民服务。服务群众是为公众服务这一职业道德核心在职业生活中的具体化，服务群众指要倾听群众的呼声，体察群众的困难，尊重群众的意愿，忧群众所忧并解除群众所忧，满足群众需要；以群众为本，树立服务理念，端正服务态度，不断改善服务环境，提高服务技能，保证服务质量。

5. 奉献社会

奉献社会是职业道德的出发点和归宿。奉献社会就是要履行对社会、对他人的义务，把自己的知识、才能、智慧等，毫无保留地、不计报酬地贡献给公众，贡献给社会。当社会利益与局部利益、个人利益发生冲突时，要求每一个从业人员把公众利益和社会利益放在首位。

### （三）职业道德的特点

尽管职业道德是道德的重要组成部分，是道德在职业上的体现，但是职业道德与道德相比仍然具有自身的特点：

1. 多样性与具体性

职业是多种多样的，他们各自都有其特殊的活动方式和特点。不同的职业道德鲜明地标志着本职业的职业义务和职业责任，以及职业行为上的道德准则，这就形成了各种职业特定的道德传统和道德习惯以及从事不同职业的人所特有的道德心理和道德品质，从而形成了职业道德的多样性与具体性。

2. 稳定性和连续性

职业的形成是一个漫长的历史过程。人们在长期的职业实践活动和职业生活方式中，形成了一定的职业兴趣、爱好、情操和作风，形成了一定的职业习惯和职业心理。这些都会作为传统，在本职业中世代相传，从而使得从事同一职业的人们有着相似的道德面貌。随着社会进步，每种职业道德的内容都会不断丰富和深化，但它的总方向和一些基本内容是不会变的，在这个基础上产生的职业道德就具有了稳定性和连续性。

3. 适应性和实用性

职业道德的要求不是千篇一律的，而是因职业而异的。各行各业都有本行业的特点和具体的职业条件。根据从事职业人员的能力，制定一些条款和规章，把职业道德具体化和通俗化，从而使人们易于把握、便于实行，并在此过程中体现出其适应性和实用性。

## 二、会计职业道德的概念与功能

### （一）会计职业道德的概念

会计职业道德是指在会计职业活动中应遵循的、体现会计职业特征的、调整会计职业关系的职业行为准则和规范。

会计职业道德包括他律和自律两个方面：他律是以会计职业责任和义务为核心，侧重于防范会计人员的不正当的职业行为，通常采用政府或社会组织的限制性或禁止性条款（如法律、规章制度）的形式公布会计从业人员不应该做什么。自律是以职业良心、职业精神为核心，侧重于倡导会计从业人员应自觉遵循的职业行为，通常采用描述形式提出会计从业人员应该做什么。自律是会计从业人员职业道德建设的基石。

### （二）会计职业道德的基本特征

会计职业道德是会计人员在长期的职业实践活动中逐步形成和总结出来的，其特征主要体现在以下三个方面。

1. 会计职业道德是调整会计职业活动利益关系的手段

会计职业道德体现了自觉性与强制性相结合的特点。会计职业道德可以配合国家法律制度，调整职业关系中的经济利益关系，维护市场经济秩序。此外，会计职业道德以条例的形式固定下来，具有一定规范的约束性。对于某一现象，可能既属于道德调整范围，也属于法律调整范围。

2. 会计职业道德具有相对稳定性

一个社会的经济发展水平，不仅决定着人们的行为方式，也决定着他们的生活方式和消费方式，更决定着人们的道德水平。无论社会经济关系如何变迁，会计人员在职业活动中诚实守信、客观公正始终是相对稳定的。没有任何一个社会制度能够容忍虚假会计信息，也没有任何一个行业会允许会计人员利用经济不确定性随意操纵会计信息。在市场经济活动中，作为对单位经济业务事项进行确认、计量、记录和报告的会计，其会计政策和会计方法的选择，都必须遵循客观经济规律的要求。职业道德在不同的社会中虽然会有变化，但由于固有的职业传统习惯的历史继承性和经济规律的客观存在，会计职业道德会呈现出相对的稳定性和连续性。

3. 广泛的社会性

会计职业道德是人们对会计职业行为的客观要求。从会计自身服务对象看，随着企业产权制度改革的不断深化，会计不仅要为政府机构、企业管理层和金融机构等提供符合质量要求的会计信息，而且要为投资者、债权人及社会公众服务。从纵向看，会计职业道德随着会计活动贯穿人类社会的始终，渗透到人类社会的各个发展阶段。从横向看，会计职业道德渗透到各个工商企业、行政单位、事业团体以及每一个独立核算单位。会计深入到社会历史未来的方方面面，具有广泛的社会性。

此外，会计职业道德具有自觉性与强制性、经济实践性与广泛社会性、规范性与灵活性、实践性与程序性四个方面相结合的特征。

### （三）会计职业道德规范的功能

1. 指导功能。
2. 评价功能。
3. 教化功能。

## 三、会计职业道德与会计法律制度

会计职业道德与会计法律制度作为社会规范，均属于会计人员行为规范的范畴，两者既有联系，也有区别。

### （一）会计职业道德与会计法律制度的联系

两者之间的联系主要表现在以下几个方面：

1. 两者在根本目的上一致

会计职业道德是通过调整会计工作中的人际关系，激发会计人员的工作热忱，把提高会计水平作为自身的道德责任，来达到的。会计法律制度也是旨在通过稳定会计工作秩序和保证社会再生产过程顺利进行，从而达到目的。这个目的就是为单位利益和国家利益聚财、理财和生财。

2. 两者在作用上相互补充

会计行为不可能都由会计法律制度进行规范。不需要或不宜由会计法律制度进行规范的行为，可以通过会计职业道德规范来实现。

3. 两者在内容上相互渗透、相互重叠

会计法律制度中含有会计职业道德规范的内容。同时，会计职业道德规范中也包含会计法律制度的某些条款。凡是会计法律制度不允许的行为，都是会计职业道德要谴责的行为；会计法律制度所规定的行为，又都是会计职业道德所倡导的行为。

4. 两者在地位上相互转化、相互吸收

最初的会计职业道德规范就是对会计职业行为约定俗成的基本要求，后来规定的会计法律制度吸收了这些基本要求，便形成了会计法律制度。会计法律制度是会计职业道德的最低要求。

5. 两者在实施过程中相互作用、相互促进

会计职业道德是会计法律制度正常运行的社会和思想基础，而会计法律制度是促进会计职业道德规范形成和遵守的制度保障。

### （二）会计职业道德与会计法律制度的主要区别

1. 会计职业道德与会计法律制度性质不同

会计法律制度充分体现了统治阶级的愿望和意志，通过国家机器强制执行，具有很强的他律性。而会计职业道德作为规范主要是从品行角度对会计人员的会计行为作出规范。它主要依据社会舆论、传统习惯和内心信念的力量来调整会计工作中会计人员之间以及他们与其他社会成员之间的利益关系。会计职业道德对会计人员基本上是非强制执行的，对他们的行为只产生约束作用。主要依靠会计从业人员的自觉性，具有很强的自律性。

2. 会计职业道德与会计法律制度作用范围不同

会计法律制度侧重于调整会计人员的外在行为和结果的合法化，具有较强的

客观性。会计职业道德不仅要求调整会计人员的外在行为，还要求调整会计人员内在的精神世界。因而，会计职业道德在时间上和空间上对会计人员的影响比会计法律制度要广泛、深刻、持久得多。会计职业道德能够调整会计法律制度所没有规定的行为，且具有较长时期的普遍约束力。会计法律制度的各种规定是会计职业关系得以维系的最基本条件，是对会计从业人员行为的最低限度的要求，用以维持现有的会计职业关系和正常的会计工作秩序。

3. 会计职业道德与会计法律制度表现形式不同

会计法律制度是通过一定的程序由国家立法部门或行政管理部门制定的，其实现形式是具体的、明确的、正式形成文字的成文规定。会计法律制度要求的是“必须”，评价使用的范畴是对或错。而会计职业道德出自于会计人员的职业生活和职业实践，日积月累，约定俗成。其表现形式既有明确的成文的规定，也有不成文的规范，尤其是那些较高层次的会计职业道德，存在于人们的意识和信念之中，并无具体的表现形式，它依靠社会舆论、道德教育、传统习俗和道德评价来实现。会计职业道德要求的是“应该”，评价使用的范畴是善与恶，是一个价值判断。

4. 会计职业道德与会计法律制度实施保障机制不同

会计法律制度由国家强制力保障实施。会计职业道德既有国家法律的相应要求，又需要会计人员的自觉遵守。大家知道，会计法律制度不仅仅是一种权利和义务的规定，而且为了达到有法必依、执法必严、违法必究的目的，还需要一套保障机制。会计法律制度的这种保障机制不仅体现在其法律规范的内容中，而且体现在有与之相配合的权威的制裁和审判机关，而当人们对会计职业道德上的权利与义务发生争议时，没有像会计法律制度那样得到明确裁定的保障机制，主要是靠有关部门的惩戒处罚和社会舆论、良心、道义上的谴责，靠会计人员的自觉遵守。

**【案例5－1】**王某在一家企业担任会计工作，由于在当地朋友众多，又自认为很讲义气，所以应酬相应较多。他很喜欢将所在企业的经营情况当作谈资，无意中将企业经营信息等商业秘密泄露出去，给企业经营带来很大的压力，你认为王某的行为违反了会计法律制度吗？

**【案例评析】**王某的行为虽然没有违反会计法律制度，但违反了会计职业道德，作为会计人员应保守企业的商业秘密，否则会给企业带来很大的压力，会计人员必须自觉遵守会计职业道德。

## 第二节 会计职业道德规范的主要内容

我国会计职业道德规范的主要内容包括以下八个方面：爱岗敬业、诚实守信、廉洁自律、客观公正、坚持准则、提高技能、参与管理、强化服务。

1. 爱岗敬业

爱岗就是热爱自己的工作岗位，热爱本职工作，安心本职岗位，尽心尽力，并为做好本职工作恪尽职守。敬业就是用严肃的态度对待自己的工作，勤勤恳恳、兢兢业业，忠于职守，尽职尽责。或者说，敬业是会计人员充分认识本职工作在社会经济活动中的地位和作用，认识本职工作的社会意义和道德价值，具有会计职业的荣誉感和自豪感，对本职活动具有高度的劳动热情，在职业活动中主动发挥创造性，以强烈的事业心、责任感从事会计工作。

爱岗敬业是职业道德的基本要求，是每个从业者是否具有职业道德的首要标志。爱岗是敬业的基础，敬业是爱岗的升华。爱岗是整个职业道德的前提，敬业是整个职业道德的核心。爱岗敬业是会计人员干好本职工作的基础和条件，是其应具备的基本道德素质。

爱岗敬业的基本要求是会计人员热爱会计工作，安心本职岗位，忠于职守，尽心尽力，尽职尽责。它的具体要求包括：

（1）热爱会计工作，敬重会计职业。

（2）严肃认真，一丝不苟。

（3）忠于职守，尽职尽责。

忠于职守主要表现为三个方面，即忠实于服务主体、忠实于社会公众、忠实于国家。单位会计人员要忠实于所服务的主体，注册会计师不仅要忠实于服务主体，更要忠实于社会公众，对被审计单位的财务状况和经营成果作出客观、公允的审计报告，不仅是对委托人负责，更是对广大的信息使用者负责，其所出具的审计报告理应成为债权人、投资者和社会公众作出明智决策的有用依据。

所谓尽心尽力，就是要全身心地投入到自己所从事的会计工作之中，尽自己的最大努力做好本职工作。所谓尽职尽责，就是要努力完成自己的本职工作任务，勇于承担应当承担的工作责任。

2. 诚实守信

诚实守信，简称“诚信”，是职业道德的根本。它既是中华民族的传统美德，也是职业生活中从业人员对社会、对人民所承担的义务和职责，是人们在职业活动中处理人与人之间关系的道德准则。诚实是指言行跟内心思想一致，不弄虚作假、不欺上瞒下，做老实人、说老实话、办老实事。守信就是要遵守自己所作出的承诺，讲信用，重信用，信守诺言，保守秘密。

诚实守信要求会计人员做老实人、说老实话、办老实事，执业谨慎，信誉至上，不为利益所诱惑，不弄虚作假，不泄露秘密。它的具体要求包括：

（1）做老实人、说老实话、办老实事，不弄虚作假。做老实人要求会计人员言行一致，表里如一，光明正大。说老实话要求会计人员说话诚实，如实反映和披露单位经济业务事项。办老实事要求会计人员工作踏踏实实，不弄虚作假，不欺上瞒下。“厂长成本”、“经理利润”、“干部出数字，数字出干部”、“假账真做，真账假做”都是违反诚实守信要求的表现。

（2）实事求是，如实反映。

（3）保守秘密，不为利益所诱惑。

商业秘密是指不为公众所知悉、能为权利人带来经济利益、具有实用性并经权利人采取保密措施的技术信息和经营信息。

保守秘密一方面是指会计人员要保守企业自身秘密；另一方面也包括会计人员不得以不道德的手段去获取他人的秘密。《注册会计师法》第十九条规定：“注册会计师对执行业务中知悉的商业秘密，负有保密义务。”财政部印发的《会计基础工作规范》第二十三条规定：“会计人员应当保守本单位的商业秘密。除法律规定和单位领导人同意外，不能私自向外界提供或者泄漏单位的会计信息。”

（4）执业谨慎，信誉至上。要求注册会计师在执业中始终保持应有的谨慎态度，维护职业信誉及客户和社会公众的合法权益。

3. 廉洁自律

廉洁自律是中华民族的一种传统美德，也是会计职业道德规范的重要内容之一。廉洁是指不收受贿赂，不贪污钱财。自律是指自律主体按照一定的具体标准作为具体行为或言行的参照物，进行自我约束、自我控制，使具体的行为或言论达到至善至美的过程。

会计职业自律包括两层含意：会计人员自律和会计行业自律。会计人员自律是会计职业道德的最高境界，因为这是一种自觉的行为，无需强制。会计行业自律是一个群体概念，是会计职业组织对整个会计职业的会计行为进行自我约束、自我控制的过程。

廉洁是会计职业道德自律的基础，而自律是廉洁的保证。会计人员必须既廉洁又自律，两者不可偏颇。

廉洁自律的核心是用道德观念自觉地抵制自己的不良欲望。

廉洁自律的基本要求是会计人员应树立正确的人生观和价值观，公私分明，不贪不占，遵纪守法，清正廉洁。廉洁自律的具体要求包括：

（1）树立正确的人生观和价值观。

（2）公私分明，不贪不占。公私分明，是指会计人员在会计工作中要严格划分公私界限。不贪不占，是指会计人员不得利用职务之便贪污、化公为私、损公肥私，不得贪图国家或单位的便宜，不得占用国家或单位的资金或财产。廉洁自律的天敌是“贪”与“欲”。

（3）遵纪守法，抵制行业不正之风。社会上不正之风和违法违纪现象具体到会计工作上是会计信息失真的问题。其主要表现为国有企业调增收入、调减费用，以达到虚增利润的目的；集体企业和其他非国有企业虚减收入和虚增费用，以达到避税的目的。会计人员要严格要求自己，不为金钱私利所动，不违法乱纪，不以权谋私，依法同违反会计法律、会计法规和财务制度的现象做斗争。

（4）清正廉洁，加强自律。清正廉洁，要求会计人员必须加强世界观的改造，自觉抵制享乐主义、个人主义、拜金主义等错误思想的侵袭，这是会计工作中做到廉洁自律的思想基础。

4. 客观公正

客观公正是会计人员必须具备的行为品德，是会计职业道德规范的灵魂。客观是指会计人员在处理经济业务时必须以实际发生的交易或事项为依据，如实反映企业的财务状况、经营成果和现金流量情况；公正是指会计人员应该具备正直、诚实的品质，不偏不倚地对待有关利益各方。禁止弄虚作假或者串通作弊，为了企业内部一部分人的利益而更改现有的责任中心的考核办法等，导致丧失会计信息的中立性，并直接损害会计信息可靠性的行为。

客观公正的基本要求是会计人员在履行职责时，应摒弃自我利益威胁，避免各种可能影响其职业判断的利益冲突，按实际办事，实事求是地办事，在会计工作中保持公正客观的立场。客观公正的具体要求包括：

（1）依法办事，遵规守法。依法办事，认真遵守法律法规，是会计工作保证客观公正的前提。必须遵守各种法律、法规、准则和制度，依照法律规定进行核算，并作出客观的会计职业判断。只有熟练掌握并严格遵守会计法律法规，才能客观公正地处理会计业务。客观公正要求会计人员在工作中必须做到坚持原则，照章办事，不能因关系亲疏而异，要把好“贪欲”关、“人情”关，做到“经手万贯、一尘不染”，做到“糖衣打不中，美酒泼不进”。

（2）实事求是，不偏不倚。一是会计核算过程的客观公正，即指会计人员在具体进行业务处理时，或需要进行职业判断时，应保持客观公正的态度，实事求是。二是最终结果公正，是指会计人员对经济业务的处理结果是公正的，如注册会计师出具的审计意见，既不违背事实，也不夸大事实，才能算是客观公正。

（3）保持应有的独立性。客观公正，一是要求保持会计人员从业的独立性；二是要求会计人员保持客观公正的从业心态，遇事三思而后行。

人们对注册会计师信任的基础是建立在其独立性强之上的，注册会计师是被审计单位聘请的外部人员，与被审计单位没有直接的利益关系。独立性是注册会计师行业存在的基础。独立性是指注册会计师在执行审计业务的过程中，与相关利益当事人应保持独立。注册会计师尽管承担了对整个社会公众的责任，但他们却是接受委托单位的委托执行业务，并且向委托单位收取一定的费用，这不属于直接的利益关系。

5. 坚持准则

坚持准则是指会计人员在处理业务过程中，要严格按照会计法律制度办事，不为主观或他人意志左右。坚持准则所指的“准则”不仅指会计准则，而且包括会计法律、会计行政法规、国家统一的会计制度以及与会计工作相关的法律制度。坚持准则是会计职业道德的核心。现实生活中经常会出现单位、社会公众和国家利益发生冲突的情况。面对这种情况会计人员应作出“是”、“非”判断，坚持准则，以维护国家利益、社会公众利益和正常的经济秩序。

坚持准则的基本要求是会计人员在处理业务过程中，严格按照会计法律制度办事，不为主观或他人意志左右。坚持准则的具体要求包括：

（1）熟悉准则。所谓熟悉准则，就是要求会计人员熟悉国家法律、法规和国家统一的会计制度。其目标在于提高会计人员遵守准则的能力。

（2）遵循准则。会计人员不仅要经常学习、掌握准则的最新变化，了解本部门、本单位的实际情况，准确地理解和执行准则，还要掌握一定的会计准则的制定理论和技术，从而能够在面对不断变化的经济形势和出现的新情况、新问题以及准则未涉及的经济业务或事项时，正确理解和运用会计准则，作出客观的职业判断，能够妥善地解决出现的新情况，处理疑难的新问题。

（3）坚持准则。所谓坚持准则，是指会计人员在会计工作中要始终坚持按法律、法规和国家统一的会计制度的要求进行会计核算。具体来说，会计人员在会计核算中要建账，对具体经济业务或会计事项要按照规定的会计处理方法进行处理，要按规定报告格式对外披露会计信息。

《会计法》规定，单位负责人对本单位会计信息的真实性和完整性负责，即单位的会计责任主体是单位负责人。会计人员坚持准则，也是对单位负责人负责。对领导惟命是从，迎合领导，对关系好的同事、朋友随意“迁就”和“照顾”，凭证审核不严，开支标准尺度放宽，甚至主动参与串通作弊，作为会计人员，也应当承担相应责任。

一些单位负责人为了自身的利益或小集团的利益对会计人员施压，如果会计人员坚持准则，往往会受到单位负责人和其他方面的阻挠、刁难甚至打击报复。坚持准则，依法办事，是会计人员职业道德的重中之重。会计人员在遇到道德冲突时，应与直接上级讨论这些问题。如果直接上级也卷入的话，应上报更高的领导层。如果种种努力均不奏效，会计人员只能提出辞职并提交给适当的领导层一份详细的备忘录。

（4）提高执行准则的技能。对会计人员而言，这种能力通常包括会计、审计、税收、金融、经营管理、法律知识、专业技能和职业经验，以及分析、判断和表达能力。要掌握过硬的本领，就必须谦虚好学、刻苦钻研、锲而不舍、精益求精。

6. 提高技能

职业技能是指从事某一职业在相应专业技术方面所应具备的能力或应当达到的水平。会计职业技能的内容主要包括：一是专业基础知识；二是会计理论、专业操作的创新能力；三是组织协调能力；四是主动更新知识的能力；五是提供会计信息的能力等。

提高技能是指会计人员通过学习、培训和实践等途径，持续提高会计职业技能，达到和维持足够的专业胜任能力的活动。

提高技能的基本要求是会计人员要具有不断提高会计专业技能的意识和愿望，在具有勤学苦练的精神和科学的方法的前提下，通过学习、培训和实践等途径，达到和维持足够的专业胜任能力。提高技能的具体要求包括：

（1）要有不断提高会计专业技能的意识和愿望。首先，会计人员应达到准入条件。其次，会计人员应通晓并遵守国家、专业团体及本单位的有关法规、规章和制度。

（2）要有勤学苦练的精神和科学的学习方法。不学无术、鄙视专业技能，轻视会计业务，满足于一知半解或者似懂非懂、似通非通，对会计工作者来说，是一种不道德的表现。会计是一门不断发展变化的学科和技术，新的法律制度不断颁布和实施，会计人员负有持续获得及维持该项专业能力的责任。会计之道就是会计的职业技能和专业胜任能力，娴熟的会计之道是会计之德的依托。

7. 参与管理

参与管理就是为管理者当参谋，为管理活动服务。参与管理中的“管理”，不是指会计本身的管理，而是指整个企业或单位管理活动或业务活动的管理。

参与管理的基本要求是会计人员在做好会计本职工作的基础上，参与本单位的经营活动或业务活动，出谋划策，发挥参谋服务作用，经常主动地向领导反映经营管理活动中的情况和存在的问题，主动提出合理化建议、协助领导决策、参与经营管理活动，不能消极被动地记账、算账和报账。它的具体要求包括：

（1）努力钻研相关业务，熟悉财经法规和相关制度，提高业务技能，为参与管理打下基础。

（2）熟悉服务对象的经营活动和业务流程，使参与管理的决策更具针对性和有效性。

8. 强化服务

强化服务是现代经济社会对劳动者所从事职业的更高层次的要求，它表现为人们在参与对外工作交往和组织内部协调运作过程中，人与人之间人际关系的融洽程度和与之相对应的工作态度。强化服务是指会计人员应具有文明的态度、强烈的服务意识和优良的服务质量。

强化服务的基本要求是会计人员树立服务意识，提高服务质量，努力维护和提升会计职业的良好社会形象。强化服务的具体要求包括：

（1）树立强化服务意识。树立服务意识要求会计人员做到：第一，谦虚谨慎、彬彬有礼；第二，态度和蔼，语言文明；第三，以诚相待，尊重事实；第四，团结协作，以和为贵。

（2）提高服务质量。单位会计人员的强化服务就是真实、客观地记账、算账和报账，积极主动地向单位领导反映经营活动情况和存在的问题，提出合理化建议，协助领导决策，参与经营管理活动。注册会计师（或会计师事务所）与委托人发生的经济交往关系是一种服务与被服务的关系。其强化服务的内容就是以客观、公正的态度正确评价委托单位的财务状况，为社会公众及信息使用者服务。

（3）努力维护和提升会计职业的良好社会形象。会计职业强化服务的结果，就是奉献社会。如果说敬业是前提，爱岗是基础，那么强化服务就是表现。如果说“忠于职守”是爱岗敬业的内在品质，那么强化服务就是爱岗敬业的外在表现。如果将爱岗敬业看作是会计职业道德的出发点，奉献社会作为职业的崇高责任则就是职业道德的基本要求和最终归宿。

**【案例 5－2】** 李某是某代理记账公司提供专业服务的会计人员，为了遵循会计职业道德强化服务的要求，李某为客户提供了下列服务。

（1）向委托单位提出改进内部控制的建议和意见。

(2) 利用专业知识向委托单位提出偷税的建议。

(3) 在委托单位举办财会知识培训，宣讲会计法律制度，帮助树立依法理财观念。

(4) 为帮助委托单位负责人完成业绩考核任务，提出将固定资产折旧和银行借款利息挂账处理的建议。

分析：李某的行为哪些正确？哪些错误？为什么？

**【案例评析】**(1)(3) 正确 符合提高技能、参与管理的准则，(2)(4) 错误 违犯了廉洁自律、客观公正、坚持准则。

## 第三节 会计职业道德教育与修养

道德教育属于意识形态范畴，是思想教育的一种，是会计职业道德活动的重要形式，是外在的会计职业道德规范得以转化为会计人员内在品质和行为的有效途径。为了提高会计人员职业道德水平，必须多管齐下，开展全方位、多形式、多渠道的会计职业道德教育，逐步培养会计职业道德情感，树立会计职业道德观念，使会计职业健康发展。

### 一、会计职业道德教育

#### (一) 会计职业道德教育的含义

会计职业道德教育的主要任务是帮助和引导会计人员培养会计职业道德情感，树立会计职业道德信念，遵守会计职业道德规范，使会计人员懂得什么是对的，什么是错的；什么是可以做的，什么是不应该做的；什么是必须提倡的，什么是坚决反对的。会计职业道德教育的主要形式有接受教育和自我教育两种：

1. 接受教育。接受教育即外在教育，主要是通过学校或培训单位对会计人员进行以职业责任、职业义务为核心内容的正面灌输，以规范其职业行为，维护国家和社会公众利益的教育。

2. 自我教育。自我教育是会计人员自我学习，加强自身道德修养的行为活动。

接受教育是教育的外在教育，自我教育是教育的内在教育。把外在的会计职业道德的内容要求，逐步转变为会计人员内在的职业道德认识、会计职业道德情感、会计职业道德意志和会计职业道德信念，要通过内在的自我教育才能实现。

## （二）会计职业道德教育的内容

1. 会计职业道德观念教育

会计职业道德观念教育就是在社会上广泛宣传会计职业道德基本常识，使广大会计人员懂得什么是会计职业道德，了解会计职业道德对社会经济秩序、会计信息质量的影响，以及违反会计职业道德将受到的惩戒和处罚。同时利用广播电视、报纸杂志等媒介，表彰坚持原则、德才兼备的会计人员，鞭挞违法违纪的会计行为。形成遵守职业道德光荣，违反职业道德可耻的社会氛围。

2. 会计职业道德规范教育

会计职业道德规范教育就是指对会计人员开展以会计职业道德规范为内容的教育。会计职业道德规范的主要内容包括爱岗敬业、诚实守信、廉洁自律、客观公正、坚持准则、提高技能、参与管理和强化服务等。这是会计职业道德教育的核心内容，应贯穿于会计职业道德教育的始终。

3. 会计职业道德警示教育

会计职业道德警示教育就是指通过开展对违反会计职业道德行为和对违法会计行为典型案例的讨论和剖析，给会计人员以启发和警示，从而可以提高会计人员的法律意识和会计职业道德观念，提高会计人员辨别是非的能力。

4. 其他与会计职业道德相关的教育

其他与会计职业道德相关的教育包括形势教育、品德教育、法制教育等。

## （三）会计职业道德教育的途径

1. 岗前职业道德教育

在学习会计理论技能的同时，学习会计职业道德规范内容，了解会计执业面临的道德风险，树立会计职业道德情感，提高运用道德标准判断是非的能力，是进行会计职业道德教育的好途径。在大专院校会计类专业就读的学生，是会计队伍的预备人员，他们当中的大部分将进入会计队伍，从事会计工作。在大专院校的学习阶段是他们的会计职业情感、道德观念、是非善恶判断标准初步形成的时期，所以会计专业类大专院校是会计职业道德教育的重要环节，是会计人员岗前教育的主要场所，在会计职业道德教育中具有基础性地位。在会计学历教育中开展会计职业道德教育，可以促使会计队伍预备人员将会计职业道德要求转化为内在的会计职业道德品质，从而对潜在的会计人员的职业道德水准起着基础性作用。会计职业道德教育在会计学历教育中的目标是：第一，使学生了解会计职业道德内容，树立职业道德观念；第二，使学生了解会计执业面临的道德风险，提高运用道德标准判断是非的能力；第三，培养学生树立起会计职业情感和观念，为今后从事会计工作，并在职业活动中自觉遵守职业道德规范奠定基础。

2. 岗位职业道德继续教育

会计人员继续教育是指会计从业人员在完成某一阶段专业学习后，重新接受一定形式的、有组织的、知识更新的教育和培训活动。继续教育是强化会计职业道德教育的有效形式。在不断更新、补充、拓展会计专业理论、业务能力的同时，通过会计职业信念教育、会计职业义务教育、会计职业荣誉教育，形成良好的会计职业道德品行，这是非常重要的会计职业道德教育途径。

因此，应把会计职业道德教育贯穿于整个会计人员继续教育的始终。其具体的内容包括：

（1）形势教育。这是会计职业道德教育的重要内容。通过形势教育，让会计人员了解国家政治、经济、科技发展形势，正确理解党的路线、方针、政策，把握会计工作和理论发展趋势，引导会计人员正确认识会计事业，深刻领会会计工作在整个国民经济发展中的重要作用。立志改革、艰苦奋斗、脚踏实地做好本职工作。教育的重点是要贯彻“以德治国”的重要思想和“诚信为本，操守为重，坚持准则，不做假账”的指示精神，进一步全面、系统地加强会计职业道德培训，提高广大会计人员的政治水平和思想道德意识。

（2）品德教育。这是最基础的会计职业道德教育，是会计职业道德原则和规范的必要补充。品德教育主要包括会计职业信念教育、会计职业义务教育、会计职业荣誉教育、会计职业尊严教育和会计职业节操教育。品德教育的目的是培养会计人员热爱祖国、爱岗敬业、勇于创新、不断进取的良好品德。加强爱国主义、集体主义、社会主义教育，增强会计人员对党、对祖国、对社会主义制度的深厚感情，增强职业责任感和社会责任感；大力开展以为人民服务为核心、以集体主义为原则的社会主义道德教育，树立与社会主义市场经济相适应的道德观念和道德行为，正确处理国家、集体、个人三者的利益关系。会计职业道德教育的重点是引导会计人员自愿地应用会计职业道德规范指导和约束自身的行为，提高职业道德自律能力，最终形成良好的、稳定的道德品行。

（3）法制教育。我国所有的会计规范是以法律法规的形式制定、颁布和执行的。也就是说，会计人员是在会计法律法规的指导和约束下从事会计工作的，他们从事会计工作不仅承担法律责任，而且同样也享受法定权利。会计人员仅有良好的思想道德和勇于创新的精神是不能成为一名合格的、称职的会计工作者的，还必须要熟悉并了解不同历史时期的会计法律、法规、政策，学会运用法律的手段处理会计事务。

## 二、会计职业道德修养

### （一）会计职业道德修养的含义

会计职业道德修养，是指会计人员在会计工作岗位上对自己的思想意识、道德行为和品质方面的自我教育、自我改造和自我提高。它包括两层含义：一是会计人员根据会计职业道德的基本要求而进行的反省、检查、自我批评和自我剖析；二是会计人员在会计岗位上形成的举止风貌、仪表、情操以及应该达到的境界。会计职业道德修养是道德品质修养的一个重要组成部分。会计职业道德品质是会计职业道德原则和规范在会计职业道德行为上的反映。道德品质是道德行为长期积累的结果，良好的会计职业道德是会计人员长期道德修养的结果。会计职业道德品质修养，是坚持不懈地以会计职业道德原则、规范指导自己的行为，是自觉接受道德教育，在实践中进行刻苦的自我完善的过程。

会计职业道德修养和会计职业道德教育是相辅相成的两个方面。在我国经济体制转型期间，先进与落后的道德思想并存。因此，必须通过教育、灌输和培养，以使先进的道德思想发扬光大。而道德觉悟和道德境界的形成，最终必须通过自我修养和自我改造，甚至要经过一个非常复杂的自我磨练过程。因此，会计职业道德教育是外因，会计职业道德修养是内因，职业道德原则和规范转化为会计人员的职业道德品质和行为，是一个内外结合、外因通过内因起作用的过程。

### （二）会计职业道德修养的环节

1. 形成正确的会计职业道德认识。
2. 培养高尚的会计职业道德情感。
3. 树立坚定的会计职业道德信念。
4. 养成良好的会计职业道德行为。

### （三）会计职业道德修养的途径和方法

要想通过会计职业道德修养形成良好的职业品德，会计人员必须掌握正确而有效的方法。会计职业道德修养的方法，指的是会计从业人员在学习和实践的基础上，在会计职业道德方面进行自我教育的方法，是实现会计职业道德修养目标的具体措施和途径。道德修养的途径和方法是多方面的，结合实践进行道德修养，是最根本的途径和方法。会计职业道德修养的途径很多，最根本的途径是社会实践。只有亲自参加实践，才能深刻理解和接受会计职业道德的原则和规范。

"社会存在决定社会意识，人们的正确认识从社会实践中来"。这是人们在长期社会实践中总结出来的真理。人们只有在改造客观世界的实践中，才能改造自己的主观世界，离开社会实践，人们的行为就无所谓善恶，更谈不上道德修养；只有亲身参加实践，才能检验会计人员的职业道德品质。会计职业道德从本质上是一种实践的道德，它要求人们严格遵守言行一致的原则，会计人员自身的实践是衡量会计职业道德品质修养的标准；只有亲身参加实践，才能不断提高会计职业道德修养水平。会计工作实践是不断发展变化的，会计人员在实践中所遇到的诸多关系也是发展变化的，这要求会计人员及时作出新的、科学的、全面的判断，也就相应推动会计人员在职业道德修养方面永不满足、永不停步，随着实践的发展而发展。

会计职业道德修养的方法。一是不断地进行"内省"。它要求会计人员用会计职业道德标准在自己内心深处检查反省，找出错误思想和行为之所在，并加以克服；二是提倡"慎独"精神。它要求会计人员时时处处严格要求自己，防止各种私心杂念和不道德行为的产生。会计工作的性质决定了会计人员总是直接或间接地与金钱打交道，因此每一位会计人员都应保持清醒的头脑，不被各种利益所迷惑，努力做到自我警戒、自我克制；三是虚心向先进人物学习，闻过则改。会计人员为了更好地反躬内省，除了进行自我批评和自我剖析外，还需要有虚心听取意见的精神，向先进人物学习。

**【案例5－3】** 新华公司的会计部门2007年4月接到通知，从2008年1月1日起我国将实施新的《中华人民共和国企业所得税法》，小王认为，先把会计工作做好，等到2007年底再学习新税法，至于新税法对企业的影响则无需会计人员考虑，你认为小王的想法对吗？

**【案例评析】** 了解、学习国家新的财经政策是会计人员应尽的职责，会计人员应积极主动地自我学习，了解国家新财经政策，并根据政策对企业可能带来的影响，从会计的角度为企业的决策者提供经营上的参考意见。

## 第四节 会计职业道德建设

会计职业道德建设是一项复杂的系统工程，要抓好会计职业道德建设，关键在于加强和改善会计职业道德建设的组织和领导，并得到贯彻和实施。各级政府及其财政部门、会计职业团体、各单位要充分认识到加强会计职业道德建设对于促进实现《会计法》立法宗旨的重要性，积极探索会计职业道德建设组织与实施的制度与机制，齐抓共管，保证会计职业道德建设的各项任务和要求落到实处。

## 一、财政部门组织推动

《会计法》第 7 条规定："国务院财政部门主管全国的会计工作，县级以上地方各级人民政府财政部门管理本行政区域内的会计工作。"会计职业道德建设是会计管理工作的重要组成部分，是会计管理工作的一项重要内容。要做好会计职业道德建设，必须发挥财政部门的政府主导作用，只有这样，才能使我国的会计职业道德建设朝着正确的方向前进。财政部门应组织和推动会计职业道德建设，依法行政，探索会计职业道德建设的有效途径和实现形式。

财政部门可以从以下方面组织实施：

### （一）采用多种形式开展会计职业道德宣传教育

### （二）会计职业道德与会计从业资格证书注册登记管理建设相结合

会计从业资格证书注册登记制度是指取得会计从业资格的人员被单位聘用从事会计工作时，由本人或本人所在单位提出申请，按照会计从业资格管理部门规定的时间进行注册登记。年检即年度检查验证制度。会计从业资格行政管理部门按《会计从业资格管理办法》规定，对参加年检的持证人员报送的年检材料进行审核、检查，符合规定条件的通过年检。通过会计职业道德检查和会计从业资格证书年检制度相结合，对那些不遵守会计职业道德规范，道德考核不合格的人，不予通过年检。这样就会使会计人员像重视自己的从业资格一样，重视自身的职业道德操守，自觉遵守会计职业道德规范。

### （三）会计职业道德与会计专业技术资格考评、聘用建设相结合

我国会计专业技术资格分为高级会计师、会计师、助理会计师和会计员 4 个级别，其中会计员、助理会计师为初级资格，会计师为中级资格。初级资格、中级资格通过全国专业技术资格考试取得。取得初级资格的，可聘任会计员职务，满足国家有关规定条件的可聘任助理会计师职务；取得中级资格，并符合国家有关制度规定的，可聘任会计师职务。根据财政部、人事部联合印发的《会计专业技术资格考试暂行规定》及其实施办法规定，报考初级资格、中级资格的人员，应"坚持原则，具备良好的职业道德品质"等。会计专业技术资格考试管理机构在组织报名时，应对参加报名的会计人员职业道德情况进行检查，对有违反会

计职业道德记录的，应取消其报名资格。

各单位在聘用专业会计人员时，除要求其必须具备同级专业技术资格外，也应考察其遵守职业道德的情况。对于因违法犯罪行为而受过刑事处罚的，因在财务会计工作中犯有严重错误受到行政处分的，或者参与所在单位偷税、漏税、共同舞弊等活动的，或者组织会计作假等其他违反会计职业道德行为的，可以不予聘用。这些人专业技术水平越高，可能对单位带来的会计、财务等风险也会越大。

### （四）会计职业道德与会计执法检查建设相结合

财政部门作为《会计法》的执法主体，可以依法对各单位执行会计法律、法规情况及会计信息质量情况进行检查。通过检查可以发现各单位是否严格执行会计法律法规，与此同时也可以检查出各单位的会计从业人员执行会计职业道德的情况。例如，2001 年财政部在全国范围内开展《会计法》执法检查，检查的主要内容是《会计法》及国家统一会计制度的执行情况。但从会计职业道德来看，上述会计执法检查内容是与爱岗敬业，诚实守信、廉洁自律、客观公正、坚持准则、提高技能、参与管理和强化服务等道德规范联系在一起的。即开展《会计法》执法检查的同时，也对会计人员是否遵守职业道德情况进行了检查。对于检查中查出的违反会计法律的行为，按照法律规定进行依法处理，构成犯罪的依法追究其刑事责任。违反《会计法》的行为，一般也是违反会计职业道德要求的。会计从业人员若存在违法行为不但要承担相应的行政处罚或刑事处罚，同时还要接受相应职业道德惩罚。法律和道德惩罚应同时并处，不可替代。

### （五）会计职业道德建设与会计人员表彰制度相结合

充分利用行政资源，依法建立健全会计职业道德建设的检查和奖惩机制。财政部门应利用会计执法检查、从业资格管理等行政资源，建立完善会计职业道德的检查制度，依照法律法规的规定，建立健全根据检查结果进行奖励和惩罚的机制，同时将职业道德教育作为会计人员继续教育的一项主要内容。

## 二、会计职业组织建立行业自律机制

会计职业组织起着联系会员与政府的桥梁作用，应充分发挥协会等会计职业组织的作用，改革和完善会计职业组织自律机制，有效发挥自律机制在会计职业道德建设中的促进作用。

应当借鉴国外通过会计职业组织实施职业道德约束的做法和经验，在注册会计师协会、会计学会、总会计师协会等职业组织中设立职业道德委员会，专司职业道德规范的制定、解释、修订和实施之职。职业道德委员会的人员构成，由若干专职人员负责日常工作，同时聘请来自会计师事务所、高等院校等部门的专家作为兼职人员来负责协会的日常工作。随着我国市场经济的发展，在会计职业组织中设立专门的职业道德委员会，配备一定的专职人员，同时聘请大量兼职专家的做法是必要的。

对于会计职业组织实施的职业道德惩戒，其程序可分为以下几个阶段：

### （一）调查、分析和确认事实

会计职业组织中的职业道德委员会根据报刊、杂志、电视等新闻媒介所发布的信息，政府部门的有关公告以及单位会计人员、注册会计师或其他单位及个人的投诉、举报等，进行立案调查。查明事实真相以后，就需对事实进行分析，确认这些事实是否具有违反职业道德规范的性质等。

### （二）确定适用规则条款

在确认事实的基础上，还需进一步分析适用职业道德规范的何种条款最为适宜。

### （三）作出决定

这是实施职业道德惩戒的决定性阶段，决定包含具体处罚类型，受处分的注册会计师名单或会计人员名单、所属会计师事务所或所属单位、地址、事由等。

### （四）执行决定

这是运用职业道德规范处理具体职业道德案件的终结环节。执行决定必须注意以下几个方面：

1. 及时将职业道德委员会的决定通知有关会计师事务所、注册会计人员本人及相关单位。

2. 由相关部门负责执行决定。

3. 检查执行效果，应由职业道德委员会对执行决定情况进行后续检查，以保证执行效果。

## 三、社会各界的齐抓共管

全面加强会计职业道德建设，提高会计人员道德素质，是一项重大而紧迫的任务。各部门、行业、会计职业组织和社会各界应积极行动起来，共同把会计职业道德建设搞好。在依法治国与以德治国相结合的思想指导下，政府部门组织推动，会计职业组织自律约束，社会各界各尽其责、相互配合、齐抓共管，会计职业道德建设一定会开创新的局面，会计职业一定会以崭新的姿态、良好的精神风貌、优良的社会公信力，为全面建设小康社会，建设中国特色社会主义事业作出新的贡献。

## 四、社会舆论监督，形成良好的社会氛围

良好会计职业道德风尚的树立，离不开社会舆论的支持和监督。“银广厦”等会计造假案被发现，媒体的追踪报道功不可没。强化舆论监督，有利于在全社会形成诚实守信的氛围。要以新闻媒体为阵地，广泛开展会计职业道德的宣传教育，使社会各界了解会计职业道德规范的内容，促进良好的会计职业道德深入人心。要在全社会会计人员中倡导诚信为荣、失信为耻的职业道德意识，引导会计人员加强职业修养。通过会计职业道德建设中正反典型的宣传，弘扬正气，打击歪风。

舆论监督是最重要的社会监督。正确运用会计职业道德的一般规范，造成某种舆论氛围，可以较好地发挥舆论监督的力量。由于舆论监督具有相当大的震慑作用，因此其曝光面广且具有广泛的影响力和约束力，它能够企及于一般监督达不到的空白地带和“死角”。故除了独立的监督机构外，最行之有效、成本最低廉的就是舆论监督，它具有强大的监督功能。

开展舆论监督是加强社会主义民主建设的重要方面，也是强化会计职业道德约束机制的重要内容。近年来，各级财政部门充分利用新闻媒体的特殊约束作用，对会计领域的违法违纪行为、腐败现象和各种歪风邪气，进行了公开揭露、批评和剖析，深受广大人民群众的欢迎，也有力地震慑了意图铤而走险的违法犯罪分子。作为不可缺少的监督工具，新闻媒体的积极作用日益凸显。在今后实践会计职业道德建议的过程中，应注意有意识地借助和发挥舆论监督的独特作用。比如，积极建立与新闻单位的情况通报制度，采用开辟专栏、设置新闻焦点、新闻报道等方式，一方面加强对会计职业道德建设的引导，积极宣传会计职业道德规范，宣传各地会计职业道德建设的成效和经验，宣传诚实守信、廉洁自律的先进典型；一方面及时批评纠正某些会计人员违反会计职业道德的行为，在他们误入歧途的初始阶段就对他们猛击一掌，使其幡然醒悟、悬崖勒马，同时也给其他会计从业人员敲响警钟，达到抑恶扬善，从而逐步培养其高尚的会计职业道德品德。

**【案例5－4】** 某国有企业集团总会计师李军参加了财政部门组织的会计职业道德培训班后，认识到会计诚信教育事关重大，随即组织了本集团会计人员职业道德培训。培训结束时进行了考试，试题中有一案例，要求学员进行分析，案例如下：

晓东电子公司会计赵丽因工作努力，钻研业务，积极提出合理化建议，多次被公司评为先进会计工作者。赵丽的丈夫在一家私有电子企业任总经理，在其丈夫的多次请求下，赵丽将在工作中接触到的公司新产品研发计划及相关会计资料复印件提供给其丈夫，给公司带来一定的损失。公司认为赵丽不宜继续从事会计工作。试分析回答下列问题：

（1）赵丽违反了哪些会计职业道德要求？

（2）哪些单位或部门可以对赵丽违反会计职业道德行为进行处理？

**【案例评析】** （1）赵丽违反了诚实守信、廉洁自律会计职业道德要求。（2）财政部门、会计职业团体、本单位对赵丽违反会计职业道德的行为，均可以在各自的职权范围内进行处理。

## 本章小结

会计职业道德是指在会计职业活动中应遵循的、体现会计职业特征的、调整会计职业关系的职业行为准则和规范。

会计职业道德与会计法律制度作为社会规范，均属于会计人员行为规范的范畴，两者既有联系，也有区别。

我国会计职业道德规范的主要内容包括以下八个方面：爱岗敬业、诚实守信、廉洁自律、客观公正、坚持准则、提高技能、参与管理、强化服务。

会计职业道德教育与会计职业道德修养相辅相成，加强会计职业道德教育具有重要的意义。

会计职业道德建设由财政部门、会计职业组织、单位内部、社会各界和社会舆论监督等共同组织与实施。

## 练习题

### 一、单项选择题

1. (　　)是职业道德的出发点和归宿。

A. 爱岗敬业　　B. 诚实守信

C. 办事公道　　D. 奉献社会

2. 在现实社会中，道德准则和法律制度是(　　)。

A. 相互联系的　　B. 相互排斥的

C. 相互制约的　　D. 完全等同的

3. 会计人员对于工作中知悉的商业秘密应依法保守，不得泄露，这是会计职业道德中(　　)的具体体现。

A. 诚实守信　　B. 廉洁自律

C. 客观公正　　D. 坚持准则

4. 某公司为获得一项工程合同，拟向工程发包方有关人员支付好处费10万元。公司市场部持公司董事长的批示到财会部申领该笔款项。财会部经理王某认为，该项支出不符合有关规定，但考虑到公司主要领导已作了批示，即同意拨付该笔款项。下列各项中，正确的有(　　)。

A. 王某的行为违背了坚持准则的会计职业道德要求

B. 王某的行为违背了爱岗敬业的会计职业道德要求

C. 王某的行为符合参与管理的会计职业道德要求

D. 王某的行为与会计职业道德无关

5. “理万金分文不沾”、“常在河边走，就是不湿鞋”体现的会计职业道德是(　　)。

A. 参与管理　　B. 廉洁自律

C. 提高技能　　D. 强化服务

6. 下列各项中，(　　)是对注册会计师职业道德的特别规定。

A. 爱岗敬业　　B. 诚实守信

C. 独立性　　D. 客观公正

7. 会计职业组织对会计人员遵守职业道德情况进行检查，并根据检查结果进行表彰或惩戒。这种制度属于(　　)。

A. 服务机制　　B. 法律机制

C. 自律机制　　D. 行政管理机制

8. 我国有关法律规定：“会计人员应当遵守职业道德，提高业务素质”。该法律为(　　)。

A.《会计法》　　B.《注册会计师法》

C.《审计法》　　D.《统计法》

9. 会计人员违反职业道德，情节严重的，由(　　)吊销其会计从业资格证书。

A. 工商行政管理部门　　B. 人事管理部门

C. 财政部门　　D. 会计行业组织

10. 下列各项中，(　　) 不属于会计职业道德教育的途径。

A. 会计学历教育　　B. 会计人员继续教育

C. 会计人员自我教育　　D. 会计专业技术资格考试

**二、多项选择题**

1. 某企业会计人员在讨论会计职业道德和会计法律制度两者的关系时提出的下列观点中正确的有(　　)。

A. 两者在实施过程中相互作用、相互补充

B. 会计法律制度是会计职业道德的最低要求

C. 违反会计法律制度一定违反会计职业道德

D. 违反会计职业道德也一定违反会计法律制度

2. 会计职业道德中的“提高技能”，其主要内容包括(　　)。

A. 会计及相关专业理论水平　　B. 会计实务操作能力

C. 沟通交流能力　　D. 职业判断能力

3. 会计职业道德和会计法律制度的区别主要包括(　　)。

A. 性质不同　　B. 作用范围不同

C. 实现形式不同　　D. 实施保障机制不同

4. 下列行为中，违反注册会计师职业道德规范有关保密要求的有(　　)。

A. 注册会计师李某取得客户授权对外披露该客户的有关信息

B. 注册会计师王某在其所在事务所与甲客户的业务约定终止后，将其执业中获知的甲客户的信息告知他人

C. 注册会计师赵某向主管财政部门报告所发现的乙公司的违法违规行为

D. 注册会计师魏某在审计某上市公司期间获知该上市公司财务状况良好、股票有望升值，随即告知其妻大量买入该公司股票

5. 会计职业道德的内容之一，就是要“坚持准则”，这里的“准则”包括(　　)。

A. 会计法律　　B. 会计法规

C. 会计制度　　D. 会计准则

6. 在市场经济条件下，会计工作和会计人员在企业经营管理中发挥着越来越重要的作用。下列关于会计人员参与企业管理的表述中，正确的有(　　)。

A. 会计人员在企业经营管理中主要发挥参谋作用

B. 会计人员在企业经营管理中主要发挥决策作用

C. 会计人员在企业经营管理中主要发挥鉴证作用

D. 会计人员在企业经营管理中主要发挥服务作用

7. 下列各项中，不符合会计职业道德“强化服务”要求的有(　　)。

A. 出纳人员在稽核会计生病期间主动提出兼任稽核检查工作

B. 会计人员在采购部门人手不足的情况下，代理采购人员办理采购业务

C. 会计机构负责人在单位负责人苦于无法实现盈利目标时，主动提出虚构销售合同、虚增利润的建议

D. 总会计师在单位负责人外出开会的情况下，代替单位负责人在财务会计报告上签章

8. 下列关于单位会计人员和注册会计师职业道德的表述中，正确的有（　　）。

A. 单位会计人员和注册会计师都必须在形式上和实质上保持独立

B. 单位会计人员和注册会计师应遵循的职业道德完全相同

C. 诚实守信、客观公正、坚持准则、廉洁自律是单位会计人员与注册会计师应遵循的职业道德规范

D. 单位会计人员和注册会计师职业道德要求各具特点，应当分别对单位会计人员和注册会计师规定相应的职业道德规范

9. 下列单位或部门中，可以对违反职业道德的会计人员进行处罚的有（　　）。

A. 财政部门　　B. 业务主管部门

C. 行业自律组织　　D. 所在单位

10. 会计职业道德教育的途径包括（　　）。

A. 会计学历教育　　B. 会计人员继续教育

C. 会计人员自我教育　　D. 警示教育

**三、判断题**

1. 向不同的会计资料使用者可以提供编制依据不一致的财务会计报告。（　　）

2. 会计职业道德与会计法律制度一样，都是以国家的强制力来保障实施的。（　　）

3. 会计资料的真实性和完整性，是会计资料最基本的质量要求，是会计工作的生命。（　　）

4. 会计机构、会计人员对违反会计法和国家统一的会计制度规定的事项，有权拒绝办理或者按照职权予以纠正。（　　）

5. 注册会计师提供审计服务要向客户收费，因此注册会计师的责任是维护客户的利益。（　　）

6. 社会实践是进行会计职业道德自我教育的根本途径。（　　）

7. 会计法律制度是会计职业道德的最低要求。（　　）

8. 财政部门可以通过将会计从业资格证书注册登记管理与会计职业道德检查相结合的途径来实现对会计职业道德的监督检查。（　　）

9. 诚实守信是做人的基本准则，也是职业道德的精髓。（　　）

10. 会计人员违背会计法律，就一定违背会计职业道德。（　　）

**四、简答题**

1. 什么是会计职业道德？其作用有哪些？

2. 会计职业道德与会计法律制度的主要区别有哪些？

3. 什么是会计职业道德规范？其主要内容有哪些？

4. 什么是诚实守信？诚实守信的基本要求是什么？

5. 什么是坚持准则？坚持准则的基本要求是什么？

6. 什么是客观公正？客观公正的基本要求是什么？

7. 简述会计职业教育的内容。

8. 会计职业道德教育的途径有哪些？

9. 简述开展会计职业道德检查与奖惩的意义。

10. 财政部门可以通过哪些方式开展会计职业道德检查？

**五、案例分析题**

1. 某单位会计存在以下现象：

现象一：会计人员看人办事："官大办得快，官小办得慢，无官拖着办。"

现象二：会计人员"站得住的顶不住，顶得住的站不住"，领导怎么说就怎么做，只要领导高兴，"原则"可以变成"圆则"。

现象三：会计人员整天与钱物打交道，"常在河边走，就是不湿鞋"，只要坚持"不犯罪"这根底线就行了。

要求：根据上述现象分析，分别写出上述三种现象违背了哪三种会计职业道德规范？为什么？

2. 2003 年 11 月，某公司因产品销售不畅，新产品研发受阻。公司财会部预测公司本年度将发生 800 万亏损。刚刚上任的公司总经理责成总会计师王某千方百计实现当年盈利目标，并说："实在不行，可以对会计报表做一些会计技术处理。"总会计师很清楚公司本年度亏损已成定局，要落实总经理的盈利目标，只能在财务会计报告上做手脚。总会计师左右为难：如果不按总经理的意见去办，自己以后在公司不好呆下去；如果照总经理意见办，对自己也有风险。

要求：根据《会计法》和会计职业道德的要求，分析总会计师王某应如何处理，并简要说明理由。

3. 安徽王某，23 岁，大学专科毕业后分配到某市国债服务部，担任柜台出纳兼任金库保管员。2008 年 5 月 11 日，王某偷偷从金库中取出 2006 年国库券 30 万元，4 个月后，王某见无人知晓，胆子开始大了起来，又取出 50 万元，通过证券公司融资回购方法，拆借人民币 89.91 万元，用来炒股，没想到赔了钱。王某在无力返还单位债券的情况下，于 2008 年 12 月 14、15 日，将金库里剩余的 14.03 万元国库券和股市上所有的 73.7 万元人民币全部取出后潜逃，用化名在该市一处民房租住隐匿。至此，王某共贪污 2006 年国库券 94.03 万元，折合人民币 118.51 万元。案发后，当地人民检查院立案侦查，王某迫于各种压力，于 2009 年 1 月 10 日投案自首，检察机关依法提起公诉。

根据上述案例回答下列问题：

（1）上述案例中犯罪嫌疑人王某年轻，有学历，有比较重要岗位的工作，但胆大妄为，从学校刚刚走上工作岗位就犯罪。这说明什么？

（2）结合上述案例简述会计职业道德教育的意义？

（3）简述会计职业道德教育的层次及具体内容？

4. 2002 年 9 月 7 日，锦州港董事会突然通过了一项变更会计师事务所的议案。不足半月后，9 月 18 日，公司又公告称，暂时搁置变更会计师事务所的议案。此次贸然变更会计师事务所，又中途戛然而止，不禁让人生疑，毕马威和锦州港之间出了什么问题？抑或是毕马威察觉到了什么风险，想提前离场？毕马威不敢继续审计的客户谁又敢审？中国上市公司每一次更换会计师事务所，几乎都是一个不祥的征兆。

2002 年 10 月 16 日，一位从事会计教育工作署名“飞草”的网友通过和讯网发表了一篇分析锦州港固定资产异常的文章，舆论哗然。第二天，10 月 17 日，上海交易所对锦州港实施停牌处理。锦州港公告称，交易所的理由是因“市场重大传闻”。这一天，锦州港的大股东——东方集团（600811）的股价也随之下跌 5.7%。5 天后，10 月 22 日，锦州港又发布公告，称第一大股东——东方集团董事长张宏伟辞去锦州港董事长职务。同时公告了财政部 2001 年对该公司的核查结果，锦州港承认在 2000 年以前有虚增业绩和资产的事实，从而部分证实了“飞草”的质疑。

2001 年 9 月至 12 月，财政部对锦州港 2002 年及以前年度执行《会计法》情况进行核查，结果发现：锦州港在 2000 年及以前年度多确认收入 3.6717 亿元，少计财务费用 4 945 万元，2000 年度少计提折旧 780 万元，另外，1998 ~ 2000 年多列资产 1.1939 亿元，实际虚增资产约 43 803 万元。财政部勒令整改并罚款 10 万元。

从会计专业角度来看，锦州港做假账的手法很简单：一方面虚增收入，一方面又少计算费用和折旧，结果就是虚增利润。在 2000 年及以前年度多确认的收入 3.6717 亿元，比公司 2000 年前任何一年的主营业务收入都要多；少计提的财务费用 4 945 万元，也比公司披露的 1998 ~ 2000 年 3 年的财务费用总和还要多。按照披露的数字，2000 年以前，公司将虚增利润总额共计 4.24 亿元。如果按照公司平均 16% 的所得税率，公司虚增净利润 3.56 亿元，与该公司 2000 年披露的 3 年的净利润总和大体相当。

其中，出具审计报告的毕马威是否尽了独立审计所要求的勤勉尽责义务，是否按独立审计准则要求与程序对相关的银行存款或应收款项进行了有效的函证调查，都有待查实。据代理此案的上海闻达律师事务所宋一欣律师介绍，按照法律规定，审计者的责任是过错推定责任原则，也就是说，被告毕马威负有举证责任，需要拿出证据证明没有参与造假，或者没有隐瞒真相。

根据锦州港调整公告显示：该公司已依据财政部处罚分别调整了会计报表中的“应收账款”、“其他应收款”、“固定资产原价”、“在建工程”、“累计折旧”等科目。我们可以看出其中一些问题是比较明显的。比如 1997 ~ 2000 年度该公司将应计入财务费用的利息额 4 945 万元，计入了资产。费用是影响当期损益的，而资本化后，就变成在未来年度摊销。这是会计上的一个基本判断，目前，国家的会计制度对于这些方面的规定是很明确的。

试分析回答下列问题：

（1）根据资料对锦州港造假的原因，各相关部门的责任进行分析。

（2）该案例对会计职业界带来了那些启示？

【分析提示】锦州港造假是为了实现其所谓资本运作的目标，这其中责任方有公司、会计师事务所、银行等。从加强会计职业道德，同时强化事务所的责任，加强监管等方面分析。

# 参考文献

1. 张洪军:《财经法规与会计职业道德》,经济科学出版社 2006 年版。

2. 李立新:《财经法规与会计职业道德》,机械工业出版社 2007 年版。

3.《中华人民共和国会计法》、《中华人民共和国注册会计师法》、《企业会计准则》等法律法规条文。

4. 项怀诚:《会计职业道德》,人民出版社 2003 年版。

5. 程思、王辉:《会计法规(第二版)》,东北财经大学出版社 2008 年 3 月版。

6. 会计从业资格考试教材编委会:《财经法规与会计职业道德(2010 年北京市会计从业资格考试用书)》,中国财政经济出版社 2009 年版。

7. 中华人民共和国现行财政法规及优惠政策汇编编委会:《中华人民共和国现行财政法规及优惠政策汇编(2009 年版)》,立信出版社 2009 年版。

8. 陈新玲:《会计法规》,清华大学出版社 2005 年版。

9. 安仲文:《税法》,东北财经大学出版社 2008 年版。

10. 中国法制出版社编:《税收法律政策选编(最新)》,中国法制出版社 2009 年版。

11. 中国人民银行支付结算司:《中国支付结算制度汇编》,中国长安出版社 2009 年版。